全国财政职业教育教学指导委员会审定
全国高职高专院校财经类专业规划教材

基 础 会 计

黄 骥 主 编

中国财政经济出版社

图书在版编目（CIP）数据

基础会计/黄骥主编．—北京：中国财政经济出版社，2008.4
全国高职高专院校财经类专业规划教材
ISBN 978－7－5095－0582－3

Ⅰ.基… Ⅱ.典… Ⅲ.会计学－高等学校：技术学校－教材 Ⅳ.F230

中国版本图书馆 CIP 数据核字（2008）第 038872 号

中国财政经济出版社 出版
URL：http：//www.cfeph.cn
E－mail：cfeph @ cfeph.cn

社址：北京市海淀区阜成路甲 28 号 邮政编码：100036
发行处电话：88190406 财经书店电话：64033436
北京财经印刷厂印刷 各地新华书店经销
787×1092 毫米 16 开 19 印张 369 000 字
2008 年5月第 1 版 2011 年 8 月北京第 3 次印刷
印数：5 061—7 060 定价：32.00 元
ISBN 978－7－5095－0582－3/ F·0475
（图书出现印装问题，本社负责调换）

编写说明

会计专业的课程建设应从社会对会计职业发展的需求出发，分析会计职业的能力构成，确定高职会计专业的教育培养目标，进而确定各门课程目标。

《基础会计》课程既是高职高专财会专业的核心专业课，也是财经类专业的基础课。该课程具有理论性、实践性、技术性强的特点，同时也存在教师使用传统教学方法讲解难，初学者理解会计专业术语难、运用会计方法难的教学特点。在这一背景下，本教材主编黄骥教授依据《教育部关于启动高等学校教学质量与教学改革工程精品课程建设工作的通知》（教高［2003］1号）和《关于全面提高高等职业教育教学质量的若干意见》（教高［2006］16号）的精神，尤其是教育部2007年2月在南京市召开的“示范院校建设促高职内涵发展案例研讨会”上，教育部张尧学司长强调课程建设要“打破学科体系，不减少知识总量，但必须改变知识的排序”等最新理论研究成果，集重庆市2007年高等学校市级精品课程建设——《基础会计》建设之精华，精心组编，并邀请我国东部、中部和西部几所高职院校具有丰富教学经验的老师，共同编写了本教材。

本教材的主要特点是：理念先进、结构新颖、文字简洁、适用的阅读范围广泛。

理念先进：根据高等职业教育内在的特点和发展趋势，引进最新的“中国—澳大利亚职教理念”中的C－TAFE模式，参考和借鉴了高等职业教育最新研究成果，突出以能力为本位的高等职业教育特点，弱化了高职学生不愿意学习深奥、晦涩难懂的会计理论。

结构新颖：打破传统的、按会计学科体系设计的高等职业教育会计教材结构，改按以培养会计职业能力为本，依据学习的渐进性，创新组合《基础会计》教材，形成基本知识和技能实训“2合1”的结构形式。其中：基本知识分为5单元14章，这部分内容是会计专业和非会计专业教学对象都应该把握的；在课程安排上基本知识教学共计60学时，其中理论讲授仅46学时，实训10学时，机动4学时。技能实训内容分为课后实训、阶段实训和综合实习三个部分，其中课后实训时间和内容安排已经包括在基本知识教学中，集中安排1周时间的实习，主要是用于“阶段模拟实训”和课程结业综合模拟实习，这部分教学内容主要针对会计专业教学对象设计的。在教学中各个学校根据地域特点自行编制技能实训的内容。

这种教材结构和教学安排已在重庆城市管理职业学院持续改进和使用了四年，收到很好的教学效果。

本书的编写人员及分工是：重庆城市管理职业学院黄骥教授任主编，负责撰写大纲、文稿统审，编写基本知识第一、二章，并和刘红梅讲师共同编写技能实训的内容；重庆城市管理职业学院邓人芬硕士编写基本知识第三章，江苏财经职业技术学院郭晓明硕士编写基本知识第四章，重庆城市管理职业学院副教授刘满华编写基本知识第五、六章，乐山职业技术学院梅淑先讲师编写基本知识第七章；重庆城市管理职业学院刘红梅讲师编写基本知识第八、九章，并和黄骥教授共同编写技能实训的内容；重庆城市管理职业学院张军讲师编写基本知识第十、十一章，武汉职业技术学院夏迎峰讲师编写基本知识第十二章，重庆城市管理职业学院李姣姣讲师编写基本知识第十三、十四章。全书由江苏财经职业技术学院程淮中教授担任主审。

技能实训是为了配合实施《基础会计》“1333 教学模式”需要编写的，在编写中注意了基础会计的基础性、系统性和完整性，重点突出如何使用会计专门方法，运用会计基本理论核算会计业务。其内容对会计知识学习和会计实践技能的训练具有较强的指导性，符合循序渐进的教学规律，能够帮助会计专业学生正确掌握会计的基本理论知识和专门方法。技能实训实习所需凭证、账簿和报表等用具，各个学校可以根据自身特点进行设计制作或者购买，本教材为了节约篇幅就不再列示。

自测题和技能实训的参考答案随教材配送，也可以直接向中国财政经济出版社 E-mail：liyan@cfeph.cn 索取；教材中多次提到的建议观看“会计职业情景演示”资料，请见重庆城市管理职业学院网站的《基础会计》精品课程有关内容，网址是：http：//61.128.163.23/kjx/。

本教材是我们对高等职业教育教材改革的一个初步尝试，今后将在课程专家、会计实践专家和会计教育专家的共同努力下，争取开发更好的、更适合高职教育的系列教材。

编　者

2008 年 1 月

目 录

基本知识篇

技能实训篇

基本知识篇

第一章

会计信息与会计职业

学习提示

《基础会计》课程是会计专业学生学习会计的第一门启蒙课程，也是经济管理类专业学生学习的重要基础课程。该课程主要介绍会计工作的基本理论、基本知识和基本技能，为进一步学习后续专业会计课程打下基础。

本章是全书的总纲，主要讲述了会计信息来源于生产经营活动，会计信息是管理经济活动的重要手段；会计信息的记录、加工和传递是按一定程序进行的，也需要依靠一定的介质和形式来实现；会计的概念、会计职业和会计法规体系等知识。

学习时应该从会计信息来源于生产经营活动、会计信息是经济信息的重要组成部分入手，了解会计信息的记载形式和方法，认识会计信息的分类、记录、传递和保存等流程，把握会计是经济管理活动的重要组成部分、并处于企业管理的核心价值地位，初步认识会计职业的重要性。

建议观看会计职业情景动画演示：0101 记录会计信息的载体，0102 会计职场情景。

第一节　会计信息来源

人类的生存除了材料和能源之外还需要信息。信息与人类的生产实践活动紧密相关，当人类步入21世纪后，人们对各种信息的依赖愈加明显。经济信息是生产实践活动中最有价值的信息之一，会计信息是用会计专门方法加工处理后的重要经济信息。

一、经济信息和会计信息的含义

信息来源于生产实践活动，会计信息是生产实践活动的反映，是经济信息的重要部分。

（一）经济信息

经济信息是反映经济活动并为经济活动服务的信息，它具有两个主要的特征：(1) 经济信息是反映经济活动的信息。经济活动与经济信息是“形”与“影”的关系，形是影之源。经济活动的有关分类和组织，也会反映到经济信

提示：

在日常生活中，人们往往把经济方面的数据（资料）、消息（新闻）、情报、知识等直接视为经济信息。

息的相应分类和组织中来。因此，对经济信息的管理有利于对经济活动的管理，把经济信息管好了，经济信息在管理经济活动中的作用就得以发挥出来。经济活动的管理过程实际上就是对经济信息的处理过程，对经济信息的管理是对经济活动管理的基础和前提。(2) 经济信息是为经济服务的信息。在日常生活中，人们对经济活动进行计划组织、过程监控、效益评估、分析总结等工作，其目的是使经济活动按照人们预定的方向发展，达到预期目标。这些活动都得依靠对各类经济信息的充分利用和开发，这就是常说的经济决策要依靠经济信息。

（二）会计信息

会计信息是指反映企业财务状况、经营成果的消息、数据、资料等的总称。会计信息是重要的经济信息，它反映了经济业务的主要内容。

会计信息按其来源的顺序可以分为原始会计信息和加工后的会计信息。原始会计信息就是直接从生产经营活动中获取的、与会计工作紧密相连的经济信息，如投资者投入企业的资本金、购买生产所需的机器设备、支付生产工人的工资、缴纳税金、支付水电费用等，这些活动发生后，都会有记录的单据，这些单据就是最原始的会计信息，这些单据在会计工作中称为“原始凭证”。

加工后的会计信息，是在原始会计信息的基础上，通过会计的专门方法，对其分类、计算、记录等，用于管理的各种反映企业财务状况、经营成果等的会计信息。至于具体的分类、计算、记录方法，将在本书以后的相关章节中逐一讲述。

二、会计信息的记录

会计信息是通过一定记录形式来反映经济业务的。20 世纪中后期以来，记录会计信息的介质主要有两种：一是传统材料——纸质形式，二是现代科技发展后的新型材料——磁盘、光盘等。

（一）记录会计信息的载体

记录会计信息的物体称为会计信息的载体。记录会计信息的常用载体，按其介质的材料构成不同可以分为纸质的、磁盘的和光盘的载体。

会计信息的纸质载体记录的经济业务数据资料，就是我们传统方式下通常所说的各种原始凭证、记账凭证、会计账簿（总账和明细账）和会计报表等。会计信息的磁盘、光盘等介质载体，其记载的内容与纸质数据资料的内容是一致的，只是载体的介质材料不同，它是在现代社会科学技术高度发达下，新型材料运用在计算机上的产物。

（二）会计信息记录的内容

会计信息记录，不仅要记录经济业务发生或者完成的时间、业务主体、业务内容、数量、金额和经办人员等项目，还要记录初始会计信息经过加工后的会计信息，还要记录对外输出的各类会计信息。

经济业务发生或者完成时，之所以要记录，最根本的动因是管理的需要。由于企业生产经营活动的多样性、复杂性，同一业务也会大量重复发生。如果仅凭人的大脑记忆，是无法完成的，因此，必须要借助大脑以外的介质加以记录。

记录经过加工后的会计信息，要使用会计专门方法——登记账簿。记录对外输出的各类会计信息时要使用会计报告。这些方法将在以后的相关章节中予以介绍。

三、记录会计信息的原始凭证

（一）常见的原始凭证

日常生活中，经常会遇到以下记录经济活动的单据，详细的内容和样式如图 1-1—1-8 所示。

图 1-1：发票。普通版，电脑打印样式，适应范围宽泛。

重庆市自来水公司水费发票

发 票 联

重庆市（01）

全国统一发票监制章 国家税务局监制

税务登记号：500103202801××× 发票代码：150000651×××

地址：渝中区金汤街××号 电话：63729××× 发票号码：00780×××

抄表日期：2007-04-12 单位：元/m^3

区号	0511	户号	1011	户名	重庆×××厂		
起度	31690	止度	34008	地址	苦竹坝厂内		
类别	水量	水价	金额	类别	水量	水价	金额
城镇居民水费	2318	2.10	4867.80				
污水处理费	2318	0.70	1622.60				
水费合计大写	⊗陆仟肆佰玖拾元零肆角整			小写	¥6490.40		
备 注	上次余额：0.00 本次余额：0.00						

发票联

（印章：重庆市自来水公司 5-2 水费发票专用章）

收费日期：2007-4-25 11：59 制票：梁珍兰 收费：梁珍兰

图 1-1 发 票

图 1-2：增值税专用发票。电脑打印加密版，适合增值税一般纳税人使用。

图 1-3：现金支票。中国工商银行样式，适合开户单位支取人民币现钞时使用。

图 1-4：转账支票。中国工商银行样式，适合开户单位办理人民币转账时使用。

图 1-5：差旅费报销单。单位内部自制凭证，适合出差人员返回单位后报账时使用。

图 1-6：材料入库单。单位内部自制凭证，适合材料验收入库时由材料保管员填写，相关部门使用。

重庆增值税专用发票

5000062×××　　　　　　　　　　　　　　　　NO 00972×××

发 票 联

开票日期：2007年04月02日

购货单位	名　称：重庆××××股份有限公司 纳税人识别号：50011320281×××× 地址　电话：重庆市××××　6285×××× 开户行及账号：工行××分理处 2642210××××	密码区	94676<835+42>2>0＊＊177　加密版本：01 /993631/＊/4<51+>19211　5000062140 1/+1<＊68-834391<3597＊　00972179 ＊5>8-204941222/6>>>4-

货物或应税劳务名称	规格模型	单位	数量	单价	金　额	税率	税　额
（详见货物清单）					17424.08	17%	2962.11
合　计					¥17424.08		¥2962.11
价税合计（大写）	⊗贰万零叁佰捌拾陆圆壹角玖分					（小写）	¥20386.19

销售单位	名　称：重庆荣达彩印厂 纳税人识别号：50010373396×××× 地址　电话：渝中区地母亭×号　636113×× 开户行及账号：中行市分行营业部　801003627208091×××	备注	重庆荣达彩印厂 发票专用章 50010373396065X

收款人：　　　复核：　　　开票人：秦晓梅　　　销货单位（签章）　（略）

图1-2　增值税专用发票

中国工商银行（甘）
现金支票存根
BB 02 0839XXXX
附加信息

出票日期　年　月　日
收款人：
金　额：
用　途：
单位主管　　会计

本支票付款期限十天

中国工商银行　现金支票（甘）甘肃 BB 02 0839XXXX

出票日期(大写)　年　月　日　付款行名称
收款人：　出票人账号

人民币（大写）	亿	千	百	十	万	千	百	十	元	角	分

用途
以上款项请从
我账户内支付
出票人签章　　　复核　　记账

图1-3　现 金 支 票

中国工商银行（渝）
转帐支票存根
BB 02 0839XXXX
附加信息

出票日期　年　月　日
收款人：
金　额：
用　途：
单位主管　　会计

本支票付款期限十天

中国工商银行　转账支票（渝）重庆 BB 02 0839XXXX

出票日期(大写)　年　月　日　付款行名称
收款人：　出票人账号

人民币（大写）	亿	千	百	十	万	千	百	十	元	角	分

用途
以上款项请从
我账户内支付
出票人签章　　　复核　　记账

图1-4　转 账 支 票

重庆××××股份有限公司

差旅费报销单

<table>
<tr><td>姓名</td><td colspan="2">杨小林</td><td>职务</td><td>职　员</td><td>出差事由</td><td colspan="6">运送××销售产品到购物方</td></tr>
<tr><td colspan="2">2007 年</td><td rowspan="2" colspan="3">途　程</td><td colspan="7">旅 费 金 额</td></tr>
<tr><td>月</td><td>日</td><td>飞机费</td><td>火车及轮船费</td><td>短途车费</td><td>伙食</td><td>住宿</td><td></td><td>其他</td><td>合计</td></tr>
<tr><td>12</td><td>8</td><td colspan="3">本公司——四川汽车厂</td><td></td><td></td><td></td><td>15.00</td><td></td><td></td><td></td><td></td></tr>
<tr><td>12</td><td>22</td><td colspan="3">本公司——四川汽车厂</td><td></td><td></td><td></td><td>15.00</td><td></td><td></td><td></td><td></td></tr>
<tr><td></td><td></td><td colspan="3"></td><td></td><td></td><td></td><td></td><td></td><td></td><td></td><td></td></tr>
<tr><td colspan="5">合　　计</td><td></td><td></td><td></td><td>30.00</td><td></td><td></td><td></td><td></td></tr>
<tr><td colspan="2">备　注</td><td colspan="10">（金额大写）叁拾圆整</td></tr>
</table>

批准人：木地平　财务总监：李兆兰　分管领导：杜　志　单位主管：马　非　经办人：杨小林

图 1－5　差旅费报销单

ZJ06－07

<table>
<tr><td colspan="2">供 货 单 位
重庆东琼汽车配件经营部</td><td colspan="3">重庆×××股份有限公司
材料入库单
制单日期　2007 年 4 月 16 日</td><td rowspan="3">日
期</td><td colspan="2">采　购</td><td colspan="2">年　月　日</td></tr>
<tr><td colspan="2"></td><td colspan="3"></td><td colspan="2">提　货</td><td colspan="2">年　月　日</td></tr>
<tr><td colspan="2"></td><td colspan="3"></td><td colspan="2">入　库</td><td colspan="2">2007 年 4 月 16 日</td></tr>
<tr><td colspan="2"></td><td colspan="3"></td><td colspan="3">财 务 编 号</td><td colspan="2">2007－4－55</td></tr>
<tr><td colspan="2" rowspan="2">序　号</td><td rowspan="2">材 料 名 称</td><td rowspan="2">详 细 规 格</td><td rowspan="2">单位</td><td rowspan="2">数量</td><td colspan="4">金　　额</td></tr>
<tr><td>单　价</td><td>金　额</td><td colspan="2">总金额</td></tr>
<tr><td colspan="2">发　票
目　录</td><td>1134E 分金集成</td><td>大理木对孔</td><td>件</td><td>2</td><td>256</td><td>256</td><td colspan="2">256</td></tr>
<tr><td>检验结果</td><td>检验员　　2007 年 4 月 16 日</td><td colspan="2"></td><td>备注</td><td colspan="5">二车间刘朝清领用</td></tr>
</table>

材料稽核　　仓库验收　史　真　　提货　刘朝清　　采购　龚　力

图 1－6　材 料 入 库 单

图 1－7：材料领料单。单位内部自制凭证，适合材料核准出库时由领用者填写，相关部门使用。

图 1－8：扣缴个人所得税报告表。个人所得税的扣缴义务人在扣收了纳税义务人的税款后，定期向税务机关报告时使用。

部门	一车间	重庆××××股份有限公司 领料单 2007年4月27日					材料编号	
							领料编号	
							发料编号	
材料名称	规格	单位	请领数量	实发数量	计划单价	总金额	材料账卡号	实物结存量
木板	1.7mm	张	10 620	10 620	2.0032	21 273.98		
用途：				备注： 极板工段				
发料　年　月　日		发料主管	记账员	发料员	发料主管	材料员	领料人	
记账　年　月　日					赵洁	袁国秀	黄又军	

图 1-7　材料领料单

扣缴个人所得税报告表

扣税义务人编码：（略）　　　　金额单位：元（列至角分）

扣税义务人名称（公章）重庆××××股份有限公司　所属期 2007 年 1-2 月　　填表日期　2007 年 3 月 5 日

序号	纳税人姓名	身份证照号码	国籍	所得项目	所得时间	收入额	免税收入额	免税收入	允许扣除	费用扣除标准	准予扣除的捐款额	应纳税收入额	税率%	速算扣除数	应扣（纳）税额	已扣（纳）税额	备注
1	2	3	4	5	6	7	8	9	10	11	12	13	14	15	16	17	18
合		计				9851	6895.70		0	–	–	2955.30	–	–	147.77	147.77	
	李子兴	510213195802080×××	中国大陆		07-1-2	1600	1120.00			70%		480.00	5%	0	24	24	
	赵倩兰	500113198601102×××	中国大陆		07-1-2	1568	1097.60			70%		470.40	5%	0	23.52	23.52	
	赵智见	510213195508160×××	中国大陆		07-1-2	0	0.00			70%		0.00	5%	0	0	0	
	李子荣	510213195506100×××	中国大陆		07-1-2	0	0.00			70%		0.00	5%	0	0	0	
	廖昌木	510213195905100×××	中国大陆		07-1-2	1916	1341.20			70%		574.80	5%	0	28.74	28.74	
	王以舒	510213550221×××	中国大陆		07-1-2	1516	1.61.20			70%		454.80	5%	0	22.74	22.74	
	李　立	5102133590530×××	中国大陆		07-1-2	2240	1568.00			70%		672.00	5%	0	33.60	33.60	
	李大强	51021396112250×××	中国大陆		07-1-2	1011	707.70			70%		303.30	5%	0	15.17	15.17	
扣缴义务人声明	我声明此扣缴报告是根据国家税收法律、法规填报的，我确定它是真实的、可靠的、完整的。声明人签字：																

会计主管签字：刘世平　　　负责人签字：　　　扣缴单位（或法人代表）（签章）：（略）

受理人（签章）：　　　受理日期：2007 年 3 月 7 日

本表一式二份，一份扣缴义务人留存，一份报主管税务机关。　　　共 2 页，第 2 页

图 1-8　扣缴个人所得税报告表

教学互动

认识自己身边的原始凭证

请同学们把自己身边留下的汽车票、飞机票、船票等拿出来，观察认识原始凭证的要素。

（二）原始凭证是记载会计信息的最初工具

从管理的角度，企业发生的各类经济活动都应当同时办理与之相关的业务手续，其中与会计工作紧密联系的业务手续就是填制记录经济业务完成情况的原始凭证。

1. 原始凭证的概念。原始凭证是指在经济业务发生或者完成时取得或者填制的，载明经济业务具体内容，明确经济责任，作为记账依据的原始书面文件。凡是不能证明经济业务已经发生或者已经完成的各种单据，不能作为原始凭证，如购销业务签订的合同、订货单，银行对账单，费用预算表等。原始凭证是会计凭证的一种。

2. 原始凭证的法律意义。原始凭证既是记录经济业务发生或者完成的最初记录，也是证明经济业务双方发生经济权力和承担经济义务的证据。如，航空公司向旅客提供航空服务，就要向旅客出售飞机票，这有两层含义：一是航空公司要保证按指定的航班为旅客提供运输服务的业务必然发生，同时航空公司取得了航空服务业务收入；另一方面旅客向航空公司支付了相应的费用，有权获得航空服务。又比如，学校向学生开据的学费收据，一方面表明学校按规定收到了学生缴纳的学费，应该向学生提供教育服务；另一方面表明学生按规定交清了学习费用，获得了学习资格。再比如，商场向顾客出售商品，就需要向顾客出据发票，发票一方面表明商场向顾客提供了商品，收取了与商品价值相当的货款，丧失了商品所有权；另一方面表明顾客支付了所购商品的价款，获得了所购买的商品，取得了商品的所有权。

3. 原始凭证的分类和基本要素。

（1）原始凭证的分类。原始凭证按其取得的来源可以分为外来原始凭证和自制原始凭证。自制原始凭证是指单位有关部门或人员自行填制的凭证，如材料入库单、材料领料单、工资结算单、差旅费报销单、成本结算单等。外来原始凭证是指业务发生或者完成时由经办人员从外部取得的凭证，如销售方提供的发票、银行收款通知单等。

（2）原始凭证的基本要素。经济业务的内容是多种多样的，记录经济业务的原始凭证的样式也各有不同。但是，任何一种原始凭证所需记录的经济业务内容的基本要素是一致的。原始凭证的内容通常包括以下七个要素：①原始凭证的名称；②填制原始凭证的日期和凭证的编号；③接收凭证单位的名称；④经济业务的主要内容、业务数量、计量单位、单价和总金额；⑤填制凭证的单位名称或者填制人员的姓名；⑥相关经办人员签名或者盖章；⑦原始凭证的附件。

凡是不具备上述要素的原始凭证，就不能完整、真实地记录和反映经济业务的发生或者完成情况，也无法明确相关经办人员、单位的经济责任。

在实际工作中，原始凭证从产生、传递，最后流转到会计部门，由此进行会计信息的初步加工。原始凭证除了应该具备上述七个基本要素外，还应该注意以下几点：

①单位内部自制的原始凭证，应该有三个以上相关人员的签名或者盖章，

以体现会计内部控制制度的要求。

②从外单位取得的原始凭证，应该使用统一格式的发票，应该加盖出具单位的行政公章；同样，企业对外出具原始凭证，也应该加盖本单位的行政公章，没有加盖公章的对外原始凭证不能作为合法有效的书面证明。但是，个别公用性事业单位对外出具的一些特殊原始凭证，不一定都要求加盖行政公章，如汽车票、火车票等。

③企事业单位外购的各种材料、物资在取得发票的同时，还应该有与之相匹配的材料、物资验收入库证明单（即材料入库单），做到付款有依据（发票），实物入库有证明（入库单）。

④单位内部职工预借的各种业务备用金，应该有借据，在借据中应该填明资金的用途，有主管人员按审批权限的审批意见。

（三）填制与审核原始凭证

原始凭证的填制和审核，应该符合国家会计工作主管部门的相关规定，这些规定的内容主要有五个方面：真实、完整、正确、清楚和书写规范。这里我们重点讲解书写规范的内容。

填制原始凭证是办理会计事项的一种工作，要求书写正规的文字与数字。书写正规的文字和数字是会计人员的基本功，也是会计基础工作好坏的重要标志。凡未实现会计电算化的单位，会计数字与文字书写一般应按以下规定执行：

1. 填制会计凭证、登记账簿和编制会计报表等，应使用钢笔或碳素笔，用蓝色或黑色墨水，禁止使用圆珠笔或铅笔；按规定需要书写红字的，用红墨水，需要复写的会计凭证、会计报表，可使用圆珠笔。

2. 在凭证、账簿、报表上填写摘要或数字时，要在格子的上方留有1/2的空距，用以更正错误。

3. 书写阿拉伯数字，应紧靠底线书写，字体要自右上方斜向左下方，倾斜度为55度~60度。字与字之间的距离要相同，大约空出半个数字的位置，数字之间不许连写。

写6上出头，写7和9下出头，并超过底线，出头的长度约为一般字体高度的1/4；写0时，字高、字宽要与其他数字相同；写6、8、9、0时，圆圈必须封口。

4. 大写金额数字，应用汉字正楷或行书体书写。书写的文字以国务院公布的简化字为标准，力求工整、清晰。不要自造简化字，也不要滥用繁笔字，禁止使用连笔字。

大写（正楷、行书）：壹、贰、叁、肆、伍、陆、柒、捌、玖、拾、佰、仟、万、亿、圆（元）、角、分、零、整（正）。不得用一、二、三、四、五、六、七、八、九、十、念、毛、仨、另（0）等字样代替。

大写金额数字到元或角为止的，在“元”或“角”字之后应写“整”或“正”字样，大写金额数字有分的，分字后面不写“整”或“正”字。

大写金额数字前未印有“人民币”字样，应加填“人民币”三字，“人民币”三字与金额数字之间不得留有空白。小写金额数字合计前，要填写人民币符号“¥”，与金额数字之间也不得留有空白。

阿拉伯金额数字之间有0时，汉字大写金额要写“零”字，如101.50，汉字大写金额应写成“人民币壹佰零壹元伍角整”。阿拉伯金额数字中间连续有几个“0”时，汉字大写金额中可以只写一个“零”字，如1 004.56，汉字大写金额应写成“人民币壹仟零肆圆伍角陆分”，阿拉伯金额数字元位是“0”，或数字之间连续有几个“0”，元位也是“0”，但角位不是“0”时，汉字大写金额可只写一个“零”字，也可不写“零”字，如1 320.56，汉字大写金额应写成“人民币壹仟叁佰贰拾圆零伍角陆分”，或“人民币壹仟叁佰贰拾圆伍角陆分”。又如1 000.56，汉字大写金额应写成“人民币壹仟圆零伍角陆分”，或“人民币壹仟圆伍角陆分”。

5. 书写数字发生错误时，要采用正确的更正方法，即将错误数字全数用单红线注销，并在错误数字上盖章，另在上方填写正确的数字，严禁用刮擦涂抹或用药水消除字迹方法改错。

提示：

原始凭证的审核主要是从真实性、合法性、合理性、完整性和正确性等五个方面进行，审核的标准就是相关的会计法规和财经制度。

教学互动

1. 结合图1-3，指出现金支票中的七个基本要素。
2. 结合图1-5，指出“差旅费报销单”的不完善地方。

第二节 会计信息流转

会计信息流转是指会计信息从产生后到搜集，集中于会计部门等待分类加工，然后按特定的会计记录方法进行全面、综合、系统和完整的计量、计算和记录，再总括性地传递会计信息，最后把一定期间的会计信息妥善地保存下来的全过程。

一、会计信息的分类加工与系统记录

（一）会计信息搜集

经济业务发生或者完成时取得或者填制的各类原始凭证，是记载会计信息的最初文件。各个会计单位的内部职能部门应该按规定的时间和流程，把原始凭证及时、准确、安全地传送到会计部门，这就完成了会计信息的搜集工作。会计部门能及时准确地获得原始凭证，为进一步加工这些会计信息获得了基础性资料，也为能否按时为管理部门提供有用的会计信息奠定了基础。

需要说明的是，任何单位发生的某项经济业务，企业管理部门需要从多个角度来记录和反映这个经济信息，这就需要在经济业务发生或者完成时，要填制一式几联的原始凭证。比如，销售商品业务，至少需要填制一式四联的商品

销售发票，以满足销售方业务留存、会计记账、仓库发货的需要（即销售方需要使用三联）；同时还需要有一联发票用来满足购货方支付货款的需要。

既然同一笔经济业务需要从多个角度记录和反映，由此就会产生企业多种经济数据之间的相互关联和衔接问题，而会计工作处在企业各种数据的中心，能做到会计信息的准确无误。比如，销售方销售货物应该缴纳的增值税额，就应该与购买方可以抵扣的增值税额一样多，这就产生了国家税务总局的“金税工程”和财政部门的“金财工程”，从而有效地防止人为的偷漏税等行为。在销售方内部，每一张销售货物的发票应该缴纳的增值税金额相加之和，就是企业在一定时期应该缴纳的销项税额总数。总之，企业会计核算过程中发生的各种经济业务数据，有来龙去脉，也有相互核对、相互制约的勾稽关系。

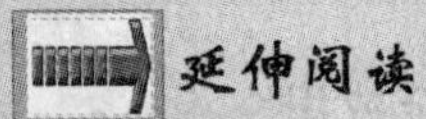

会计数据的相互牵制

会计数据的牵制有两层含义：一是会计数据与外部其他管理工作之间的数据关系；二是会计数据内部各个环节、各个指标之间的数据关系。

记录经济活动的各种数据，除了会计管理要进行加工处理外，其他管理活动也需要对这些数据进行加工和处理。比如，生产部门生产的产品数量、产值等指标，与会计部门当期同产品的入库数量、库存金额变动数量相联系；再比如，一定地区某时期内缴纳的税金总额，与该地区同时期的税收入库金额是一致的。

会计数据内部牵制，主要是指会计核算环节中的牵制，如原始凭证金额与记账凭证金额之间的数量衔接与牵制，记账凭证金额与账簿记录金额之间的数量衔接与牵制，账簿记录金额与会计报表金额之间的数量衔接与牵制。同时账簿记录金额与实物资产实际数量之间也必须相符，保持一致。

（二）会计信息加工与记录

会计信息加工与记录是指把已经搜集到的会计原始信息，按会计专门方法进行分类、计量、计算和记录，最后总括性地对外输出会计信息的会计工作过程。

1. 会计信息的分类加工。会计信息的分类是指对搜集到的会计原始信息，运用会计专门方法，即复式记账法，在会计专用格式的记账凭证中进行分类的会计核算工作之一。例如，某投资者以现金方式向企业投入资本金 30 万元，企业收到后按规定把这笔资本金存入了银行，在实际的会计工作中就要作下列的账务处理：业务发生时，会计部门需要填制一张记录投资人投入资本金的“资金收款收据”原始凭证（样式略）；企业出纳员把这笔货币资金送存银行应该向开户银行索取缴存款项“进账单”（样式略）。

会计核算时，依据这两张原始凭证，按照借贷复式记账方法，填制通用记账凭证，格式如图 1－9 所示。

关于会计核算的专门方法和专门技术，我们将在以后的相关章节中逐一讲述。

收 款 凭 证

借方科目：银行存款　　　　2007年12月3日　　　　银收 字第 001 号

摘要	贷方科目		金额											记账
	总账科目	明细科目	亿	千	百	十	万	千	百	十	元	角	分	
收到投资款	实收资本	某投资者				3	0	0	0	0	0	0	0	
附件 张	合	计			¥	3	0	0	0	0	0	0	0	

会计主管　　　记账　　　出纳　　　审核 李正荣　　　制证 张 立

图1-9 收 款 凭 证

会计信息经过初步加工后，把原始会计信息按会计专门方法的内在要求进行了分类，使平时发生的、杂乱无章的、零星的会计信息得以条理化，为下一步分门别类的计量、计算、记录会计信息奠定了基础。

2. 会计信息的记录。随着经济业务的开展，企业资金运动川流不息，反映出来的会计信息就是一个十分庞大、复杂的系统，仅对会计信息进行初步加工，还不能满足全面、综合、系统、完整地反映企业财务状况和经营成果的需要，这就要借助会计专门方法中的会计簿籍技术。比如，上述企业收到投资人投入货币资金的业务，在作上述分类后，仅仅反映了某一个投资人对企业的投资情况，当企业有多个投资人，投入多种形式的资本金就需要别的记录会计信息的工具了。在日常生活中，人们通常把全面、综合、系统、连续地记录会计信息的簿籍，称之为账簿。

对会计信息的记录主要有序时记录和分类记录两种方式，其中分类记录按照分类的详略程度，又可以分为总括记录与明细记录。

(1) 序时账簿。按经济业务发生的时间先后顺序进行记录的账簿称为序时账簿，其主要功能是对经济业务提供及时、连续的会计记录，用以反映会计业务内容的具体变化情况，便于随时核对账目。在实际工作中，为了简化序时账的登记工作，大多数会计单位都只记载现金和银行存款两种特殊的日记账。

(2) 分类账簿。按经济业务内容的类别进行登记的账簿称为分类账簿，其主要功能是对经济业务按类别全面、综合、系统地登记，用以反映会计业务涉及的企业财务状况和经营成果的具体变化情况，便于提供全面、综合、系统的会计信息资料。分类账按其提供会计信息资料的详略程度可分为总分类账簿和明细分类账簿。

总分类账簿是指对各项会计业务按照总分类账户进行分户登记的账簿，它提供的会计信息比明细分类账簿提供的会计信息更概括，是编制会计报告的重要依据。

明细分类账簿是指对各项会计业务按照明细分类账户进行登记的账簿，它提供的会计信息比总分类账簿提供的会计信息更详细，是编制各种明细会计报表的依据。

账簿、账页的具体格式、填写要求等将在以后章节中介绍。

企业对会计信息进行分类记录的核心意义在于为管理提供全面、综合、系统、连续的会计信息资料，为对外总括性地提供会计信息做好准备。

3. 会计信息的总结。会计信息的总结是指对已经记录的会计信息的进一步加工，是按国家统一的格式，总括性地、条理化地编制企业一定期间财务状况、经营情况和经营结果的书面报告。总括性报告的会计信息，一般是在月末、或季末、或年末等重要时期，采用财务会计报告（会计报表和会计报表附注）的方式表达出来。

趣味比喻

账户设置与班级管理

企业会计账户设置				学校班级管理设置			
会计要素	总账	二级明细账	三级明细账	教学系部	专业设置与教学班	学习小组	学员
资产	库存现金			工商管理	会计 0601	第一组	陈世红
	原材料	木材	原木				谢莹莹
			板材				…
			…			第二组	…
		钢材	…			…	…
		…	…		会计 0602	…	…
	库存商品	…	…		物流 0601	…	…
	…	…	…		…	…	…
负债	…	…	…	法律	…	…	…
所有者权益	…	…	…	计算机	…	…	…
…	…	…	…	…	…	…	…

二、会计信息传递与储存

企业会计部门按照一定的方法，把收集到的会计信息进行分类加工、分类记录和编制总括性报告后，会计信息的流转并没有结束，还需要向会计信息的使用者传递会计信息，同时也应该把这些会计信息妥善地保存下来。

（一）会计信息传递

经过加工后的各种会计信息，是各类经济管理工作十分需要的、重要的经济资源。正确地实现会计信息在空间上的流转，是实现会计目标的重要手段。

1. 会计信息传递的对象。会计信息传递的对象主要是指会计信息的使用者，包括内部使用者和外部使用者。使用者不同，会计信息传递的方式、内容和时间也有差异。

提示：

在众多的会计信息使用者中，投资者、债权人和企业管理者是会计信息的主要使用者。

会计信息的内部使用者，主要是指企业内部的各级管理者，如董事会、总经理以及相关职能部门。它们需要随时随地掌握企业经营业务的活动情况，尤其是来自经过会计处理的各种数据。会计部门有责任、有义务向这些管理者提供会计信息。此外，企业员工也十分关注会计信息。

会计信息的外部使用者主要是指投资者、国家对会计信息的监管部门、债权人、顾客，此外还有社会中介组织会计师事务所、潜在的未来投资者等。投资者需要根据会计信息进行投资决策，他们最关心的会计信息是企业经营能力、盈利情况、现金流量，以及由此产生的产品市场占有率等数据指标；他们还关心董事会成员经营水平和职业品质（非会计信息）。会计信息的监管部门主要是财政、税务、审计、金融监督等部门，他们最关心的是会计信息的真实性和完整性。债权人主要是企业金融机构贷款人和货物供应商，他们最关心的是能否按时收回贷款的本息或者货款，即企业的偿债能力。会计师事务所需要根据会计信息进行公正审计，等等。

2. 会计信息传递的格式。一般情况下，会计部门向企业内部传递会计信息，其格式、方式比较灵活。作为企业内部的各级管理者，主要采取按权限、经过内部传输（计算机程序化的）系统，随时查阅有关的会计信息，到月末、季末和年末也需要会计部门报送书面的表格形式的会计数据资料，必要时还可以直接询问会计人员，及时了解发生的会计信息。

会计部门向外部传递会计信息的时间、格式相对比较固定，主要是在月末、季末或者年末，采用书面的、规定格式的会计报告形式。在我国，在会计电算化操作与会计手工核算同时并存的局面下，企业向外部传递会计信息还要同时报送电子数据（磁盘或者光盘）。我国现行法律规定，上市公司对外报送的会计信息必须经过会计师事务所的审查，以保护广大投资者的利益。

3. 会计信息传递应注意的问题。会计信息在传递过程中应注意传递的安全性、完整性和保密性。会计信息是重要的经济信息，它反映的业务内容是生产经营过程中的各种经济活动。在传递过程中必须做到：接受的对象要确实，接收的地址要准确，接收人员要签字确认，按管理权限传递会计信息，按保密工作条例交接会计信息等。

会计信息的传递要依靠企业现有组织管理机构来实现。会计信息在传递过程中总是要受到企业管理机构和人员素质的影响，因此，要确保会计信息在传递过程中的安全、完整和保密。在确保会计部门最初发出的会计信息真实、准确和及时的前提下，还应该加强对企业其他机构和人员的教育管理，防止因为机构臃肿、办事效率不高，或者办事人员素质低下，在传递中延误和失真，从而影响会计信息传递的真实性和时效性。

（二）会计信息储存

1. 会计信息储存的含义。会计信息储存是指把经过会计部门加工记录的各种会计信息，用特定方式保存下来以便在不同时间上流转。通过会计信息储存，能够随着时间的推移而不断地把会计信息传递下去，以满足不同时间段上的管理需要。从运动的角度说，储存是流动的间歇，它迟早都要转换为流动，否则就会失去储存的意义。我们在前面讲述的会计信息的传递，应该说是会计信息在空间上的流转，它能满足不同地域管理者的需要。

2. 会计信息储存方式。会计信息储存方式是随着科学技术的发展而不断发展和更新的。一般来说，会计信息传统的储存方式主要是采用以纸为介质来保存会计信息，如纸质的会计凭证、会计账簿和会计报表等会计资料。

伴随着科学技术发展，会计信息储存的介质也广泛利用了磁盘、电脑硬盘、光盘等新型介质材料。在会计电算化方式下，为防止计算机病毒对会计信息资料的破坏，通常要对电脑资料多做一些防护准备，否则会计数据资料可能会毁于一旦。一旦灾害发生后，我们可启用防备措施以使损失降到最低程度。一般用作外部备份储存的介质材料，除了3.5寸的磁盘以外，光盘可以说是目前电脑上最普遍的存储介质了。会计信息存储介质，要具备可读、可写的能力。而CD－ROM、DVD－R则是仅能写入一次的存储介质，至于其他的CD－RW、DVD－RAM、DVD－RW等媒体，则是可以重复擦写的产品；而磁带机现在一般都用在服务器上，可以存储较大容量的资料。

（三）会计信息流转程序

会计信息的流转与一般经济信息的流转，在渠道上、方式上有所不同，它主要强调传递的对象性、时效性和保密性。例如，一般经济信息可以通过大众传媒、互联网等传递，而只有上市公司的会计信息可以在公众传媒上公开披露，其余的会计信息是通过纵向单独传递的。会计信息的流转程序如图1－10所示。

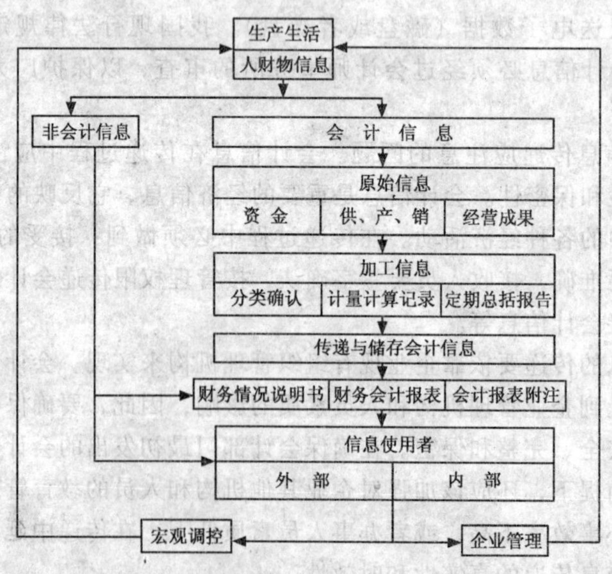

图1－10 会计信息流转程序示意图

第三节 会计与会计职业

如前所述，信息来源于生产实践活动，会计是在生产实践活动中产生的，会计信息是对生产经营活动的反映和记录，是经济信息的重要组成部分。会计活动是企业管理活动的有机组成部分，会计职业是重要的管理类职业之一。

一、会计

会计是对经济活动的反映和监督，以货币信息数据为主要计量单位，运用专门的方法，对会计单位的生产经营活动或者业务收支活动进行全面、综合、系统、连续的记录，定期总括性地传递管理者所需要的会计信息，是一种重要的经济管理活动。

在实际生活中，人们口头上所说的会计通常有以下两种：一是指会计职业；二是指从事具体会计工作的人员。

二、会计职业

会计职业既是传承历史的职业，又是与时俱进的职业。会计的萌芽源于人们有了数字的概念，但其真正成为一种职业，应该是在出现剩余价值后的原始社会晚期。马克思曾经考证，在远古的印度公社中，簿记工作已经独立为公社官员的专职，配备有一个农业记账员。

（一）会计职业概述

1. 会计职业是指个人在社会中所从事的作为主要生活来源的会计工作。我国将职业分为8个大类、64个中类、301个小类和若干细类，八大类职业的从业人员最多的是各类专业、技术人员，会计职业者是在专业技术人员之列。

对从事具体会计工作的会计职业者，按职业立场标准又划分为企业会计师（industrial accountant）和注册会计师（certificated public accountant）两类。会计职业从行业行为上看和其他职业行为存在着差异，其他职业在不违反职业道德的前提下，其立场完全站在维护客户利益的角度。如教师全心全意为学生着想,律师完全站在委托人的角度进行工作，而会计职业所要维护的利益则是广泛的，主要有股东、债权人、监管部门、客户以及其他利益相关者。

会计职业技术职称具有层次性。企业会计师按照我国对会计专业技术职称的管理办法，分为会计员、助理会计师、会计师和高级会计师。

会计职业伴随着人类文明史的发展而发展。在当今网络技术和计算机日益被广泛采用的背景下，知识经济已成为未来经济发展的主流，全球经济一体化的趋势日益明显，会计职业也将面临新的机遇和挑战。会计职业的发展出现了以下的特征：一是会计职业的产生源于经济的发展；二是经济愈发展，会计愈重要；三是会计是一个与时俱进的职业。在我国由于所有权和经营权“两权”分离，会计的公证性必将会越来越成为其职业生命的核心。

2. 会计职场环境。职场是职业场所的简称，职场环境是指职业工作者在履行工作职责时，必须与之发生职能关系的、相对稳定的关系总和。会计的基本职能是提供会计服务，存在于社会经济管理大系统。会计职场环境就是会计人员在履行会计工作职责时，所必需的业务素质、业务技能和工作条件。

会计职场环境按影响会计工作职责的内部和外部关系为标准，可以分为内部环境和外部环境。会计职场内部环境主要是指会计工作组织机构、人员分工、管理制度、办公条件等；会计职场外部环境主要是指对会计工作发生直接影响的会计工作法律制度、行政管理规章等。

（二）会计职业素质

会计人员要能够正确履行职责和行使权限，应具备以下四个方面的职业素质。一是职业态度方面的素质：要遵纪守法，廉洁奉公，热爱本职工作，遵守职业道德；二是职业能力方面的素质：要认真学习国家财经政策、法令，熟悉财经制度，积极钻研会计业务，精通专业知识，掌握会计技术方法；三是职业纪律方面的素质：要严守法纪，坚持原则，执行会计法规，维护国家、投资者和债权人的利益，抵制一切违法乱纪、贪污盗窃的行为；四是职业身心方面的素质：要身体强健、心理健康。

（三）会计职业道德

职业道德是人们在从事各种特定的职业活动过程中应遵循的道德规范和行为准则的总和。职业道德是随着社会分工的出现而形成和发展起来的，是同职业联系在一起的。职业道德来源于职业实践，会计亦如此。会计职业道德的形成取决于会计职业的产生，它是会计人员在长期的职业活动中逐步形成和总结出来的，用以调整会计人员与社会之间、会计人员个人之间、个人与集体之间关系，是主观意识和客观行为的统一。

《会计基础工作规范》根据我国的国情和现有的会计职业道德规范，结合国际上会计职业道德的一般要求，规定了会计人员职业道德的内容为：敬业爱岗、熟悉法规、依法办事、客观公正、提高技能、搞好服务。

（四）会计职业人员

会计人员是企业重要的管理人员。在企业管理系统中，会计人员的特定职能决定了其特定的地位和作用。会计人员在实际的工作中负有双重责任，一方面要做好本单位的会计工作，维护本单位的合法利益，促进本单位加强经营管理，提高经济效益；另一方面又要严格执行国家的财经法规、会计制度，维护国家、投资者和债权人等多方面的利益，对本单位的财务收支活动进行严格的监督，抵制各种违法行为。会计人员要做好上述工作，要求具有较高的政治素质和较强的业务素质。

延伸阅读

（注册会计师）会计职业面临的三大困境

1. 社会公众对会计师的期望。社会公众把会计师视作“经济警察”，期望会计师能毫无遗漏地发现被审计单位存在的严重舞弊行为，否则就认为会计师没有勤勉尽责或与公司共同做假，而忽视了公司本身的经营风险与财务风险，混淆了公司应承担的会计责任与会计师应承担的审计责任之间的关系。

2. 业务单一，缺乏分层。会计师目前开展的主要业务是财务审计，作为重要业务内容的并购重组、资产证券化、投资顾问、内控制度设计等咨询业务，基本上没有开展。由于经营范围集中，再加上大小事务所之间缺乏业务分层与市场定位，引发事务所之间的恶性竞争。价格战不可避免，极大地降低了行业的获利能力，使行业的可持续发展收到严重制约。

3. 会计市场需求严重扭曲。在市场化国家，一流的会计师选择一流的客户，一流的客户需要一流会计师；而中国由于会计信息的使用者，诸如银行、工商、税务、大小股东等与经营者的目标差异，再加上公司治理结构的缺陷，使得虚假会计信息在会计市场上的需求，尤如“劣币驱逐良币”的现象在蔓延，扭曲了会计市场的需求。

资料来源：彭启发：“会计职业面临三大困境”，《集团经济研究》，2005 年 7 月上半月刊。

三、会计法规

会计法规是国家权力机构和国家行政机构制定的各种会计法律规范性文件的总称。我国会计法规由会计法律、会计行政法规、国家统一的会计制度和地方性会计法规四个部分组成。

会计法律是指由国家权力机关制定的调整我国经济社会中会计关系的法律。如 1999 年 10 月 31 日第九届全国人大常委会第十二次会议修订的《中华人民共和国会计法》，它是会计法律制度中层次最高的法律规范。

会计行政法规是指由国务院制定并发布，或者由国务院有关部门拟定经国务院批准发布，调整经济社会中某些方面的会计关系的法律规范。主要有 1992 年 11 月 16 日经国务院批准、财政部发布，2006 年先后修订的《企业会计准则》和《企业财务通则》，1992 年 12 月 31 日发布的《总会计师条例》，2000 年 6 月 21 日国务院发布的《企业财务会计报告条例》等。

国家统一的会计制度是指由主管全国会计工作的行政部门，即财政部门根据会计法律、法规制定的，关于会计核算、会计监督、会计机构和会计人员以及会计工作管理体制方面的制度。主要有 2001 年 2 月 20 日财政部发布的《财政部门实施会计监督办法》，2005 年 1 月 22 日财政部发布的《会计从业资格管理办法》和《代理记账管理办法》。还有财政部发布的规范性文件，如《企业会计制度》、《小企业会计制度》、《会计基础工作规范》、《民间非营利组织会计制度》、《村集体经济组织会计制度》，以及由财政部和国家档案局联合发布的《会计档案管理办法》等。

地方性会计法规是指由省级（含自治区、直辖市）人民代表大会或者常务委员会，在宪法和会计法的框架下，制定的与上层法律法规不相抵触的、适合地方会计工作管理需要的会计规范性文件。

本章小结

会计信息是反映会计单位财务状况、经营成果的消息、数据、资料等的总称。会计信息按其来源的顺序可以分为原始会计信息和加工后的会计信息。

记录会计信息的介质材料主要有两种：一是传统材料纸质形式；二是现代科技发展后新型材料磁盘、光盘等形式。

会计信息的流转与传递是按一定的程序进行的，且应当符合会计内控制度的要求。

会计是对经济活动的反映和监督，以货币信息数据为主要计量单位，运用专门的方法，对会计单位的生产经营活动或者业务收支活动进行全面、综合、系统、连续的记录，定期总括性地传递管理者所需要的会计信息，是一种重要的经济管理活动。

关键词（中英文对照）

信息　information
经济信息　economic information
会计信息　accounting information
原始凭证　original voucher
会计学　accounting
会计职业　accountancy

自 测 题

一、填空题

1. 信息来源于________，会计信息是生产经营活动的反映，会计信息是________的重要部分。

2. 经济信息是一种特殊的________，是反映________并为________服务的信息。

3. 会计信息按照其来源的顺序可以分为________和________。

4. 记录会计信息的常用载体，按其介质的材料构成不同可以分为________、________和________载体。

5. 原始凭证按取得的来源不同可以分为________原始凭证和________原始凭证。

6. 对会计信息的记录主要有________和________两种方式。

7. 我国职业有八大类，会计职业者应该是在________之列。

8. 会计职场环境就是会计人员在履行会计工作职责时，所必须的________、________和________。

二、单项选择题

1. 会计信息主要是指(　　)。

A. 政治信息　　B. 管理信息

C. 经济信息　　D. 财产信息

2. 以下单据不属于原始凭证的是(　　)。

A. 银行对账单　　B. 飞机票

C. 增值税发票　　D. 普通发票

E. 差旅费报销单　　F. 材料入库单

3. 记载会计信息的最初工具是(　　)。

A. 原始凭证　　B. 会计账簿

C. 会计报表

4. 会计信息的收集是指(　　)。

A. 取得原始凭证　　B. 登记会计账簿

C. 编制会计报表

5. 会计的(　　)必然会越来越成为其职业生命的核心。

A. 层次性　　B. 公证性

C. 主观性

6. 填制记账凭证是对会计信息的(　　)。

A. 收集　　B. 加工

C. 记录　　D. 总结

三、多项选择题

1. 会计人员职业道德的内容有(　　)。

A. 敬业爱岗　　B. 熟悉法规

C. 依法办事　　D. 客观公正

E. 提高技能　　F. 搞好服务

2. 属于外来原始凭证的有(　　)。

A. 学费交费收据　　B. 定额发票

C. 零售发票　　D. 材料入库单

3. 社会信息包括(　　)。

A. 经济信息　　B. 政治信息
C. 人口信息　　D. 科技信息
E. 文化信息　　F. 教育信息

4. 会计信息在传递过程中主要注意传递(　　)。

A. 安全性　　B. 完整性
C. 有效性　　D. 保密性

5. 我国会计法规的构成体系包括(　　)。

A. 会计法律　　B. 会计行政法规
C. 国家统一的会计制度　　D. 地方性会计法规
E. 企业内部会计制度

四、简答题

1. 原始凭证的基本要素包括哪些?
2. 简答会计信息的记录方式。
3. 什么是会计职业素质? 会计职业道德应包括哪些内容?

第二章

会计为管理服务

学习提示

本章内容是学习会计课程入门的基础性知识，有较多的会计专业概念、名词和术语，要注意理解和记忆。

本章主要讲述会计的产生和发展。会计是经济管理的重要组成部分，会计必须为管理服务，并以生产过程中能以货币计量的经济活动为其特定对象；会计目标是会计工作所要达到的目的；会计具有核算和监督两大基本职能；会计方法是从事会计工作的手段，会计核算方法包括设置账户、复式记账、填制和审核会计凭证、登记账簿、成本计算、财产清查及编制会计报表等。

学习时应从会计产生的主、客观原因入手，抓住会计是经济管理的重要组成部分的线索，了解会计对象和会计目标，明确会计核算和会计监督是会计的基本职能，掌握会计核算的具体方法，树立会计为经济管理服务的职业态度。

第一节　管理需要会计

管理是伴随着生产实践活动而产生的一种必不可少的活动，有生产就有管理，有管理就必然有会计。

一、生产活动是人类生存和发展的基础

众所周知，人类的生产活动是最基本的实践活动。人类要生存和发展，首先必须谋得衣、食、住、行等生活所需的物质资料，而这些物质资料只有靠人类自身开展生产活动，在劳动中创造与获取。

二、管理是提高生产效益的重要手段

人的生产能力是有限的，但需求却是无限的。为有效解决生产的有限性与需求的无限性之间的矛盾，便产生了管理活动。管理是指管理者为有效地达到组织目标，对组织资源和组织活动有意识、有组织、不断进行的协调活动。管理的一般职能是合理组织生产力和维护生产关系，促进生产力的提高和经济效益的增长，具体包括计划、组织、领导和控制基本职能。

三、会计是管理的重要组成部分

会计产生于管理的需要。管理的最初形式是计量、计算，这就是原始的会计实践。

会计与人类的经济活动联系极为密切，其起源可以追溯到远古时代。在人类历史发展的早期阶段，人们从事生产活动极为简单，对生产活动的计量、记录也非常粗略，会计只是生产职能的一种附带管理工作。

随着生产的发展，生产规模不断扩大和社会化，生产过程与生产关系逐渐复杂，人们为了掌握生产过程和安排好生产，就必须对生产过程中的人力、物力和财力的耗费以及取得的成果，作出必要的记录，以便有效地组织生产和管理经济活动。这种作为记录和计算生产过程中的耗费与取得成果的会计，也就随之产生。据考证，人类的原始计量、记录行为产生于旧石器时代的中、晚期。一般认为，会计的产生始于人类社会的早期生产。随着社会生产的不断发展和管理要求的不断提高，会计也得以不断的发展、丰富和完善。马克思曾经指出，会计最初只是“生产职能的附带部分”，也就是人们在“生产时间之外附带地把收入、支付日等记载下来”。只有当社会生产力发展到一定水平，特别是当商品经济有了一定的发展之后，会计才“从生产职能中分离出来，成为特殊的、专门委托当事人的独立的职能”。由此可见，会计是人类社会发展到一定历史阶段的产物，它起源于生产实践，是为管理生产活动而产生的。

知识窗

会计在我国历史悠久。早在西周时代，就已经出现了“会计”一词，清代学者焦循在《孟子正义》一书中曾将其解释为“零星算之为计，总合算之为会”。据史料记载，我国西周王朝设有专门管理钱粮赋的官员，总管王朝会计的官职为“司会”，为计官之长，进行“月计岁会”。在西汉，还出现了名为“计簿”或“簿书”的账册，用以登记会计账册。以后各朝代都设有官吏管理钱粮、赋税和财物的收支。从秦汉到唐宋，逐步形成了一套记账、算账的古代会计模式，即“四柱清册”方法，它通过“旧管+新收-开除=实在”这一平衡公式，对一定时期内财产物资的收支记录加以总结，以检查日常记账的正确性，完整、系统地反映经济活动全貌，成为我国封建社会会计的一个杰出成就。明末清初，随着手工业和商业的发展，出现了以四柱为基础的“龙门账”，它把全部账目划分为“进”（各项收入）、“缴”（各项支出）、“存”（各项资产）、“该”（各项负债）四大类，运用“进-缴=存-该”的平衡公式进行“分类记录”，并编制“进缴表”（即损益表）和“存该表”（即资产负债表），实行双轨计算盈亏，在两表上计算得出的盈亏数应当相等，称为“合龙门”，以此核对全部账目的正误。后来，又产生了“四脚账”（也称天地合账），这种方法是：对每一笔账项既登记“来账”，又登记“去账”，以反映同一账项的来龙去脉。“四柱清册”、“龙门账”、“四脚账”显示了我国不同历史时期传统中式簿记的特色。

会计在国外历史也很漫长。据马克思考证，远在印度太古时期的共同体中，就已经有了农业记账员，在那里，簿记独立地成为一个官员的专职。起源于意大利的复式记账原理是近代会计形成的标志。1494 年，意大利数学家卢卡·巴其阿勒出版了世界上第一部关于复式簿记的专著《算术、几何及比例概要》（亦译《数学大全》），对借贷复式记账法作了系统介绍。它的出版发行，有力地推动了西式复式记账簿记的传播与发展，为西方会计科学的建立与发展奠定了坚实的理论基础。

第二次世界大战结束后，资本主义的生产社会化程度得到了空前发展，现代科学技术与经济管理科学的发展突飞猛进。受社会政治、经济和技术环境的影响，传统的财务会计得到了不断充实和完善，财务会计核算工作更加标准化、通用化和规范化。与此同时，会计学科在 20 世纪 30 年代成本会计的基础上，紧密配合现代管理理论和实践的需要，逐步形成了为企业内部经营管理提供信息的管理会计体系，从而使会计工作从传统的事后记账、算账、报账，转为事前的预测与决策、事中的监督与控制、事后的核算和分析。管理会计的产生和发展，是会计发展史上的一次伟大变革，从此，现代会计形成了财务会计和管理会计两大分支。随着现代化生产的迅速发展，经济管理水平的提高，电子计算机技术广泛应用于会计核算，使会计信息的搜集、分类、处理、反馈等操作程序摆脱了传统的手工操作，大大提高了工作效率，实现了会计科学的根本变革。20 世纪之交，网络的发展，给企业财务管理提供了更广阔的空间。

从会计的产生和发展的历史来看，会计既是经济管理必不可少的工具，同时它本身又是经济管理的组成部分。其发展受经济环境、社会环境、政治环境、法律环境等因素的影响，经济愈发展，会计愈重要。

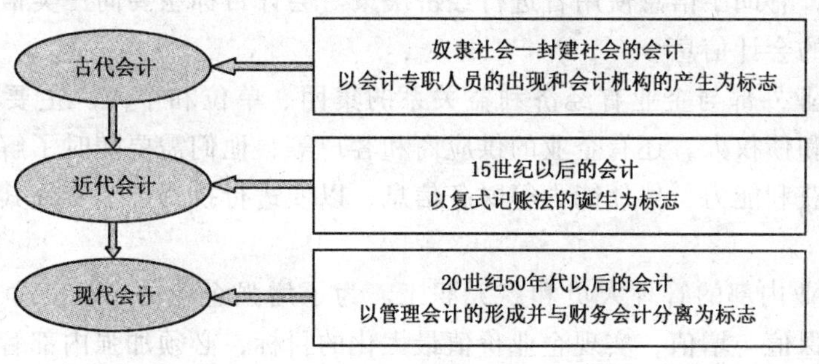

图 2－1　会计产生与发展示意图

延伸阅读

从会计的产生与发展历程，我们可以看出会计是一项经济管理活动。它与生产管理、技术管理、营销管理、劳动人事管理、物资管理、设备管理、财务管理、成本管理等各项管理工作一样，是一项管理工作。无数事实表明，会计的本质就是一项管理活动。

第二节　会计为管理服务

会计是经济管理的重要组成部分，会计必须为经济管理服务。

一、会计对象

会计的对象是指会计所要核算和监督的内容。会计是以货币为主要计量单位对经济活动进行的价值管理。因此，会计的对象就是生产过程中能用货币计量的经济活动。而货币计量的经济活动，就是价值运动，即资金运动。因此，会计的一般对象就是企业与非营利组织在社会再生产过程中的资金运动。

无论是工业企业还是商品流通与服务企业，它们都要进行生产经营活动，并追求盈利。其资金运动是一种循环周转式运动。

非营利组织从事业务工作所需要的资金，或者全部由财政预算拨款解决，或者部分由财政预算拨款解决，部分由其他方面的收入解决。其资金运动是一种单向直线运动。

教学互动

工业企业的资金运动如何实现循环周转？

二、会计目标

会计目标是指会计工作所要达到的目的。具体来说，就是反映受托责任的履行情况，有助于信息使用者进行经济决策。会计目标主要向三类信息使用者提供有用的会计信息。

1. 企业外部与企业有经济利益关系的集团、单位和个人。主要包括企业的投资者和债权人，还有企业的供应商和客户等，他们需要随时了解企业的财务状况、获利能力、偿债能力等财务信息，以便进行投资、信贷或其他有关经济决策。

2. 企业内部的管理人员和广大职工。为了增强企业的市场竞争能力，实现资本的保值与增值，实现企业价值最大化的目标，必须加强内部管理，充分利用会计信息资料，进行科学的预策和决策，协调各方面的关系，实行科学管理，不断提高经济效益。

3. 进行宏观管理的国家综合经济部门。实行社会主义市场经济，离不开国家的宏观调控和管理。进行宏观调控和管理的国家综合经济部门必须充分利用企业、单位提供的会计信息，因为这些信息是制定宏观调控政策、方针、制度、办法的基础资料。没有这些基础资料，宏观调控就会失灵或根本失去作用。进行宏观调控和管理的国家综合经济部门主要包括财政、税务、审计、物价、统计、工商行政管理和银行等部门。

此外，一些中介机构、组织和个人，如证券发行与交易机构、经纪人、会计师事务所及注册会计师、律师事务所及律师、经济报刊、经济研究单位及研究人员等，也常常要利用企业的会计信息资料。这些信息用户，主要是为前三类用户提供咨询、代理和服务。

三、会计职能

会计管理是通过会计的职能来实现的。会计的职能是会计在经济管理中所具有的功能。会计的基本职能是核算和监督职能。

1. 会计的核算职能。会计的核算职能又称反映职能，是指会计运用一系列专门方法对经济活动过程及其结果进行计量、计算、记录和登记，最后以财务会计报告的形式进行总结，并报告给有关各方。

会计核算贯穿于经济活动的全过程。从核算时间看，既包括事后的核算，也包括事前、事中的核算；从核算的内容看，既包括记账、算账、报账，又包括预测、分析和考核。

2. 会计的监督职能。会计的监督职能是指以一定的标准和要求利用会计核算所提供的信息对各单位的经济活动进行有效的指导、控制和调节，以达到预期的目的。会计监督包括事前监督、事中监督和事后监督。

3. 会计核算和会计监督的关系。会计核算和监督两者不可分割、相辅相成。核算是监督的基础，没有核算就无法进行监督，只有正确地进行核算，监督才有真实可靠的依据；而监督是核算的继续，如果只有核算而不进行监督，就不能发挥会计应有的作用，只有严格地进行监督，核算所提供的数据资料，才能在经济管理中发挥更大的作用。

四、会计的作用

会计的作用是指会计活动在特定历史时期和特定经济环境下实际产生的效果。会计作用的发挥取决于两个重要因素：一是外部环境，即会计工作所处的特定历史时期和经济环境；二是会计活动本身，即会计职能被人们认识和利用的程度。会计的具体作用可以归纳为预测经济前景、参与经营决策、反映经营情况、控制经济活动、促进经济发展、评价经营业绩等。

延伸阅读

随着社会生产力水平的日益提高、社会经济关系的日趋复杂和管理理论的不断深化，会计所发挥的作用日益重要，其职能也在不断丰富和发展。除核算和监督两大基本职能外，会计还具有预测经济前景、参与经济决策、评价经营业绩等职能。

第三节　会计职能的履行

一、会计方法体系

会计方法是履行会计职能，完成会计任务，实现会计目标的方式，是会计管理的重要手段。会计方法体系包括会计核算方法、会计分析方法和会计检查方法。

会计核算是会计的基本环节。在会计方法体系中，会计核算方法处于基础和核心的地位，是其他各种方法的基础。会计分析、会计检查都是在会计核算的基础上利用会计核算资料进行的。本书主要介绍会计核算方法。

会计核算方法、会计分析方法和会计检查方法之间的关系可用图 2-2 表示。

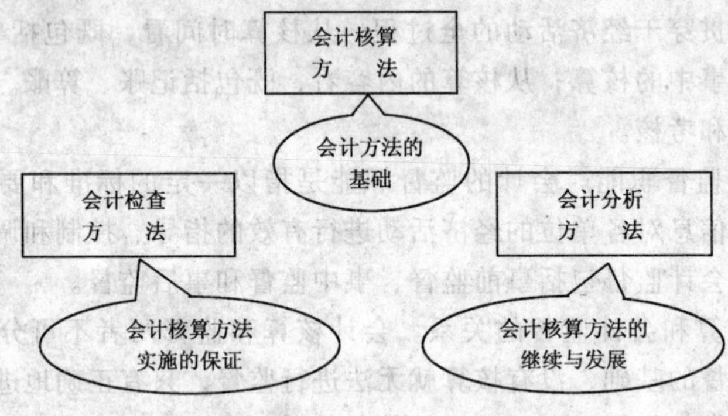

图 2-2 会计方法体系图

二、会计核算方法

会计核算方法是对经济业务进行全面、连续、系统的记录和计算，为经营管理提供必要的信息所应用的方法。具体包括设置账户、复式记账、填制和审核会计凭证、登记账簿、成本计算、财产清查和编制会计报表。

1. 设置账户。设置账户是指对会计对象要素的具体内容进行分类核算和监督的一种专门方法。

2. 复式记账。复式记账是对每一项经济业务，以相等的金额，在两个或两个以上相互联系的账户中进行登记的一种专门方法。

3. 填制和审核会计凭证。会计凭证是记录经济业务、明确经济责任的书面证明，是登记账簿的依据。填制和审核会计凭证是为了保证会计记录真实可靠，审查经济活动是否合理合法而采用的一种专门方法。

4. 登记账簿。账簿是由具有一定格式、相互联系的账页所组成的。登记账簿就是在账簿中全面、连续、系统地记录和反映经济活动及财务收支的一种专门方法。

5. 成本计算。成本计算是企业按照一定的对象，对生产经营过程中所发生的成本、费用进行归集和分配，以确定各对象的总成本和单位成本的一种专门方法。

6. 财产清查。财产清查是通过盘点实物，核对往来款项，以查明账实是否相符的一种专门方法。

7. 编制会计报表。编制会计报表是以书面报告的形式，定期总括反映生产经营活动的财务状况和经营成果的一种专门方法。

上述七种会计核算方法并不是彼此孤立的，而是相互联系、密切配合的，构成了一个完整的会计核算方法体系。在会计核算方法体系中，就其工作程序和工作过程来说，主要有三个环节：填制和审核会计凭证、登记账簿和编制会计报表。其基本内容就是经济业务发生后，经办人员要填制或取得原始凭证，经会计人员审核整理后，按照设置的会计科目，运用复式记账法，编制记账凭证并据以登记账簿。对于生产经营过程中发生的各项费用，要进行成本计算。一定时期终了通过财产清查，在保证账实相符的基础上定期编制会计报表。

会计核算七种方法之间的关系可用图 2－3 表示。

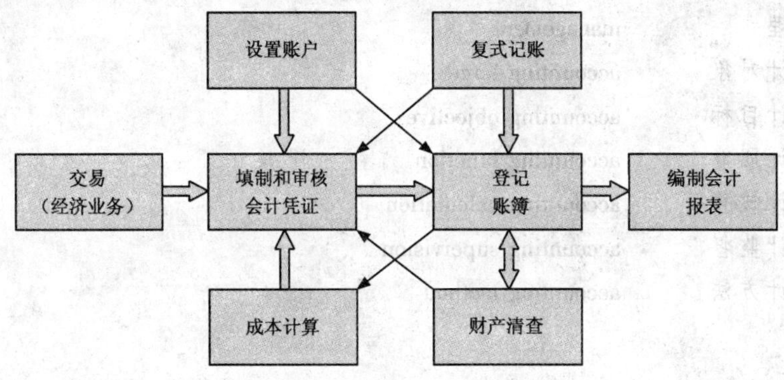

图 2－3　会计核算方法体系图

知识窗

会计学主要研究会计基本理论和方法，包括会计的本质、目标、对象、内容、职能、准则、方法论和运行环境等，以指导会计工作的实践。按照会计对象和任务的差别，分别形成相对独立的几门会计学分支，如会计基本理论、财务会计、成本会计、管理会计、部门会计、国际会计、审计等会计学科体系；亦可按照国民经济各主要部门分类，形成相应的部门会计学科体系。

本章小结

管理是指管理者为有效地达到组织目标，对组织资源和组织活动有意识、有组织、不断进行的协调活动。管理作为协调各成员有效地实现组织目标的社会行为，随着人类社会的产生而产生，同时随着人类社会活动的发展而发展，是生产的内在需要。

会计这种社会现象，产生于管理的需要，一开始就以经济管理的形式出现。管理的最初形式是计量、计算，是原始的会计实践。经济愈发展，会计愈重要。

会计是以货币为主要计量单位对经济活动进行的价值管理，会计对象就是生产过程中能用货币计量的经济活动。

会计目标是指会计工作所要达到的目的。具体来说，就是反映受托责任的履行情况，有助于信息使用者进行经济决策。

会计的职能是指会计在经济管理中所具有的功能。会计的基本职能是核算和监督职能。

会计方法体系包括会计核算方法、会计分析方法和会计检查方法。会计核算方法包括设置账户、复式记账、填制和审核会计凭证、登记账簿、成本计算、财产清查和编制会计报表。

关键词（中英文对照）

管理	management
会计对象	accounting target
会计目标	accounting objective
会计职能	accounting function
会计核算	accounting calculation
会计监督	accounting supervision
会计方法	accounting method

自 测 题

一、单项选择题

1. 近代会计形成的标志是(　　)。

A. 货币计量　　B. 管理会计的产生

C. 复式记账原理　　D. 电子计算机在会计上的应用

2. 会计的基本职能是(　　)。

A. 决策，分析　　B. 控制，考核

C. 核算，监督　　D. 反映，控制

3. 对于会计工作来说，参与预测和决策是(　　)。

A. 一项主要职能　　B. 一项重要职能

C. 一项基本职能　　D. 不是会计的职能

4. 下列项目中不属于会计核算方法的是(　　)。

A. 复式记账　　B. 登记账簿

C. 分配费用　　D. 财产清查

5. 会计核算和会计监督这两种职能的关系是(　　)。

A. 相互代替　　B. 相互排斥

C. 相辅相成　　　　　　　　　D. 互为因果

6. 会计是(　　)。

A. 单纯的记账工作　　　　　　B. 分析、考核的技术方法

C. 经济信息管理系统　　　　　D. 经济管理的工具，经济管理组成部分

7. 企业资金运动与非营利组织资金运动的主要差别在于(　　)。

A. 时间跨度不一致　　　　　　B. 资金流量有差距

C. 资金运动方式不同　　　　　D. 资金存在与分布状态不相同

8. 会计对象是指会计核算和监督的(　　)。

A. 目的　　　　　　　　　　　B. 内容

C. 职能　　　　　　　　　　　D. 方法

9. 会计的产生和发展是由于(　　)。

A. 社会分工的需要

B. 社会技术进步的需要

C. 社会生产发展和加强经济管理的需要

D. 分配社会剩余产品的需要

10. (　　)在会计方法体系中处于基础和核心的地位，是其他各种方法的基础。

A. 会计核算方法　　　　　　　B. 会计分析方法

C. 会计检查方法

二、多项选择题

1. 从会计的产生和发展过程，我们认识到(　　)。

A. 有生产活动就必然有会计

B. 经济越发展，会计越重要

C. 社会生产从低级向高级发展，会计也由简单向复杂不断完善，不断发展

D. 会计从来就是一项独立的专门的管理工作

E. 会计从来都是以货币为主要计量尺度

2. 会计的方法有(　　)。

A. 复式记账法　　　　　　　　B. 单式记账法

C. 会计核算方法　　　　　　　D. 会计检查方法

E. 会计分析方法

3. 在会计核算方法体系中，就其工作程序和工作过程来说，主要是以下三个环节(　　)。

A. 填制和审核会计凭证　　　　B. 登记账簿

C. 财产清查　　　　　　　　　D. 成本计算

E. 编制会计报表

4. 会计主要向以下人员提供经济信息(　　)。

A. 企业外部与企业有经济利益关系的集团、单位和个人

B. 企业内部的管理人员和广大职工

C. 进行宏观管理的国家综合经济部门

D. 中介机构、组织、个人

5. 会计的职能有(　　)。

A. 核算　　B. 监督

C. 预测经济前景　　D. 参与经济决策

E. 评价经营业绩

三、判断题

1. 会计从来就是一项重要的专门管理工作，因为它具有很强的技术性。(　　)

2. 会计一开始就是以货币为主要计量尺度，因为只有货币才具有综合性。(　　)

3. 经济愈发展，会计愈重要。会计工作搞不好，经济就会停滞不前甚至倒退。(　　)

4. 会计的职能是会计内在的固有的功能。实践证明，核算、监督、预测、决策都是会计最基本的职能。(　　)

5. 会计的方法实质上就是指记账、算账和报账方法。(　　)

6. 会计是经济管理的重要组成部分，它是适应社会生产的发展和经济管理的需要而产生和发展的。(　　)

第三章

会计要素与会计恒等式

学习提示

本章介绍的内容是会计基础的核心知识，是会计人员必须掌握的专业基础知识，初学者不能忽略其中的任何一项内容，务求系统理解和全面掌握。

会计的对象是资金运动，但这种描述比较抽象、难以理解。为便于会计核算和监督，有必要对会计对象作进一步的分类，使会计对象更加具体化，由此而形成了会计要素的概念。而会计科目则是对会计要素又作的进一步分类。账户是根据会计科目设置的，设置账户是会计核算的专门方法之一。会计要素之间存在着一定的内在联系，即会计的恒等关系。企业无论发生哪一种经济业务，都不会破坏会计等式的平衡关系。

学习时需要在对各个知识点感性理解的基础上，将本章的理论知识与实践相结合，然后再运用于实践。

建议观看会计职业情景动画演示：0301 会计信息的初次分类——会计要素，0302 会计信息的二次分类——会计科目，0303 奇妙的会计恒等式。

第一节　会计要素

会计要素是对会计对象进行的基本分类，也是会计核算对象的具体化。会计要素的确立是对会计信息的初次分类，它为会计信息系统的正常运行奠定了基础。

一、会计要素的内容

营利性组织会计要素可以分为反映财务状况的会计要素和反映经营成果的会计要素两大类。营利性组织是指以营利为目的的各种性质的企业，如公司、工厂、商店等。

（一）反映企业财务状况的会计要素

财务状况是指企业一定日期的资产及权益情况，是资金运动相对静止状态时的表现。反映企业财务状况的会计要素包括资产、负债和所有者权益三项。

1. 资产。资产是指企业过去的交易或事项形成的、由企业拥有或者控制的、预期会给企业带来经济利益的资源。具体来讲，企业从事生产经营活动必须具备的物质资源，如货币资金、厂房场地、机器设备、原材料等，这些都是企业从事生产经营的物质基础，都属于企业的资产。此外，像专利权、非专利技术、商标权、著作权、特许权等不具有实物形态，但却有助于生产经营活动进行的无形资产，以及企业对其他单位的投资等，也都属于资产。

资产具有以下几个方面的特征：

(1) 资产预期会给企业带来经济利益。所谓经济利益，是指直接或者间接地流入企业的现金或现金等价物。资产都应具有直接或间接导致现金或现金等价物流入企业的潜力。按照这一特征，那些已经没有经济价值、不能给企业带来经济利益的项目，就不能继续确认为企业的资产。比如，不再使用的机器设备，长期闲置不用的房屋设备，不可能收回的应收账款等，均不能给企业带来经济利益，因此，不应作为企业的资产予以确认。

现金等价物则指企业持有的期限短、流动性强、易于转换成已知金额现金、价值变动风险较小的投资。现金等价物的定义包含了判断一项投资是否属于现金等价物必须同时具备的四个条件：(1) 期限短；(2) 流动性强；(3) 易于转换成已知金额的现金；(4) 价值变动的风险较小。

(2) 资产必须为企业拥有或者控制。由企业拥有或者控制，是指企业享有某项资源的所有权，或者虽然不享有某项资源的所有权，但该资源能被企业所控制。一项资源要作为企业资产予以确认，企业应该拥有此项资源的所有权，根据自己的意愿使用或处置资产。比如，以融资租赁租入的固定资产，企业并不拥有其所有权，但由于租赁合同规定的租赁期相当长，接近资产的使用寿命，租赁期满，承租企业一般有优先购买该资产的选择权，在租赁期内，承租企业有权支配资产并从中受益，所以，以融资租赁方式租入的固定资产应视为企业的资产。

(3) 资产是由企业过去的交易或者事项形成的。也就是说，资产是企业过去已经发生的交易或事项，包括购买、生产、建造行为或者其他交易或事项所产生的结果，它必须是现实的资产，而不能是预期的资产。未来交易或事项产生的结果肯定不能作为资产予以确认。例如，已经发生的固定资产购买交易会形成企业的资产，而谈判或计划中的固定资产购买交易则不会形成企业的资产。

资产按其流动性分为流动资产和非流动资产。流动资产是指预计在一个正常营业周期中变现、出售或耗用，或者主要为交易目的而持有，或者预计在资产负债表日起一年内（含一年）变现的资产，以及自资产负债表日起一年内交换其他资产或清偿负债的能力不受限制的现金或现金等价物。流动资产主要包括货币资金、交易性金融资产、应收票据、应收账款、预付账款、应收利息、应收股利、其他应收款、存货等。非流动资产是指流动资产以外的资产，主要包括长期股权投资、固定资产、在建工程、工程物资、无形资产、开发支出等。

2. 负债。负债是指企业过去的交易或者事项形成的、预期会导致经济利益流出企业的现时义务。负债具有以下几个方面的特征：

(1) 负债是企业承担的现时义务。现时义务是指企业在现行条件下所承担的义务。未来发生的交易或者事项形成的义务，不属于现时义务，不应当确认为负债。

(2) 负债的清偿预期会导致经济利益流出企业。负债通常是在未来某一时日通过交付资产（包括现金或其他资产）或提供劳务来清偿。例如，企业赊购一笔材料，材料已验收入库，但尚未付款，该笔业务所形成的应付账款应确认为企业的负债，需要在未来某一时日通过交付现金或银行存款来清偿。

(3) 负债是由企业过去的交易或者事项形成的。也就是说，导致负债的交易或事项必须已经发生。例如，银行借款是因为企业过去接受了银行贷款才产生偿还贷款的义务。对于企业正在筹划的未来交易或事项，如企业的业务计划等，并不构成企业的负债。

负债按其流动性分为流动负债和非流动负债。流动负债是指预计在一个正常营业周期中清偿、或者主要为交易目的而持有、或者自资产负债表日起一年内（含一年）到期应予以清偿、或者企业无权自主地将清偿推迟至资产负债表日后一年以上的负债。流动负债主要包括短期借款、应付票据、应付账款、预收款项、应付职工薪酬、应交税费、应付利息、应付股利、其他应付款等。非流动负债是指流动负债以外的负债，主要包括长期借款、应付债券等。

3. 所有者权益。所有者权益是指企业资产扣除负债后由所有者享有的剩余权益。公司的所有者权益又称股东权益。所有者权益具有以下几个方面的特征：(1) 除非发生减值、清偿或分派现金股利，企业不需要偿还所有者权益；(2) 企业清算时，只有在清偿所有的负债后，所有者权益才返还给所有者；(3) 所有者凭借所有者权益能够参与企业利润的分配。

所有者权益按其来源主要包括所有者投入的资本、直接计入所有者权益的利得和损失、留存收益等。

所有者投入的资本是指所有者投入企业的资本部分，它既包括构成企业注册资本或者股本部分的金额，也包括投入资本超过注册资本或者股本部分的金额，即资本溢价或者股本溢价。

直接计入所有者权益的利得和损失，是指不应计入当期损益，会导致所有者权益发生增减变动的，与所有者投入资本或者向所有者分配利润无关的利得或者损失。其中利得是指由企业非日常活动所形成的，会导致所有者权益增加的，与投入资本无关的经济利益的流入；损失是指由企业非日常活动所发生的，会导致所有者权益减少的，与向所有者分配利润无关的经济利益的流出。

留存收益是企业历年实现的净利润留存于企业的部分，主要包括计提的盈余公积和未分配利润。

教学互动

判断以下项目是资产、负债还是所有者权益。

1. 机器设备两台，价值10万元；
2. 库存原材料，价值24 600元；
3. 尚未收回的货款1.2万元；
4. 土地使用权，价值5万元；
5. 需半年后偿还的银行借款5万元；
6. 投资者投入资本150万元；
7. 盈余公积3万元；
8. 尚未支付的材料款1.6万元。

（二）反映企业经营成果的会计要素

经营成果是企业在一定时期内从事生产经营活动所取得的最终成果。反映企业经营成果的会计要素包括收入、费用和利润三项。

1. 收入。收入是指企业在日常活动中形成的、会导致所有者权益增加的、与所有者投入资本无关的经济利益的总流入。其中日常活动包括销售商品、提供劳务以及让渡资产使用权等。收入具有以下几个方面的特征：

(1) 收入是企业在日常活动中形成的，而不是从偶发的交易或者事项中产生。日常活动是指企业为完成其经营目标而从事的所有活动，以及与之相关的其他活动。如制造企业制造和销售产品、商品流通企业从事商品购销、交通运输企业从事货运和客运业务、金融企业从事存款吸收和贷款发放活动等。有些交易或者事项虽然也能为企业带来经济利益，但由于不属于企业的日常活动，其流入企业的经济利益也就不属于收入而应当作为利得处理，即作为营业外收入，如制造企业出售固定资产或无形资产取得的净收益等。

(2) 收入只包括本企业经济利益的流入，不包括企业为第三方或客户代收的款项和所有者投入的资本。

(3) 收入最终会导致所有者权益的增加。由于收入是经济利益的总流入而不是净流入，所以，企业取得收入时一定能够导致所有者权益的增加。但是，收入与相关的费用成本配比之后，其结果可能引起所有者权益的增加，也有可能引起所有者权益的减少。这是因为收入有可能大于相关的成本费用，也有可能小于相关的成本费用。

2. 费用。费用是指企业在日常活动中发生的、会导致所有者权益减少的、与向所有者分配利润无关的经济利益的总流出。费用具有以下几个方面的特征：

(1) 费用是企业在日常活动中发生的。企业在日常活动中为了获取一定的收入，必然要发生各种物化劳动和活劳动的耗费，即消耗一定的人力、物力和财力，如制造企业为生产产品所消耗的原材料、使用的机器设备、支付的工资、负担的借款利息和缴纳的税金等。有些交易或者事项虽然也能使企业发生耗费，但由于不属于企业的日常活动，其经济利益的流出就不属于企业的费用而应当作为损失处理，如企业出售固定资产或无形资产发生的净损失、非常原因造成的存货损失、违反相关规定而支付的罚款等。

(2) 费用可能表现为资产的减少，或负债的增加，或两者兼而有之。费用的发生可能表现为资产的减少，如企业支付水电费会引起银行存款的减少；费用的发生也可能表现为负债的增加，如企业赊购办公用品会引起应付账款增加；费用的发生也可能表现为两者的结合，如企业当期发生的水电费部分以银行存款支付，部分暂欠形成其他应付款。

(3) 费用最终会导致所有者权益的减少。费用与收入配比的结果即为企业在经营活动中取得的盈利。所以，在不考虑其他因素的情况下，费用越多，企业的盈利就越少。从这个意义上讲，费用与收入相对应，最终会导致企业所有者权益的减少。

费用可以按照不同的标志进行分类。通常，按照企业发生费用的经济用途不同，可将其划分为生产费用和期间费用两大类。

生产费用是指企业为生产一定种类和数量的产品而发生的各种资金耗费。生产费用应当记入产品成本，所以，也称之为产品的生产成本，包括直接材料、直接人工和制造费用。直接材料是指企业在初创产品或提供劳务过程中所消耗的、直接用于产品生产并构成产品实体的原材料或有助于产品实体形成的辅助材料等；直接人工是指企业在生产产品或提供劳务过程中所发生的、直接参加产品生产的工人工资，以及按生产工人工资总额的一定比例计算提取的职工福利费；制造费用是指企业在生产产品或提供劳务过程中所发生的、应当由几种产品或劳务共同负担的各项间接费用，如车间发生的机物料消耗、水电费、折旧费以及管理人员的工资及福利费等。

期间费用是指不计入产品成本而需直接计入当期损益的费用，包括销售费用、管理费用和财务费用三项。销售费用是指企业在销售商品和材料、提供劳务等日常经营活动中发生的各项费用以及专设销售机构的各项经费，如展览费、广告费等。管理费用是指企业行政管理部门为组织和管理生产经营活动而发生的各项费用，如由企业统一负担的公司经费、业务招待费等。财务费用是指企业为筹集生产经营资金等理财活动而发生的各项费用，如利息支出等。

3. 利润。利润是指企业在一定会计期间的经营成果。利润包括收入减去费用后的净额、直接计入当期利润的利得和损失等。通常，在不考虑其他因素的情况下，企业在一定会计期间实现的利润越多，说明企业的经营成果越好。

利润包括营业利润、利润总额和净利润。营业利润是营业收入减去营业成本、营业税费、期间费用（包括销售费用、管理费用和财务费用）、资产减值损失，加上公允价值变动净收益、投资净收益后的金额。利润总额是指营业利润加上营业外收入，减去营业外支出后的金额。净利润是指利润总额减去所得税费用后的金额。

知识窗

2006年2月，国家财政部颁布的新《企业会计准则》第十条规定：企业应当按照交易或者事项的经济特征确定会计要素。会计要素包括资产、负债、所有者权益、收入、费用和利润。

二、会计科目

会计要素是对会计对象的基本分类，而会计要素仍显得过于粗略，难以满足各有关方面对会计信息的需要。为此有必要对会计要素再作进一步的分类，这种对会计要素的具体内容进行再分类的项目，称为会计科目。

（一）会计科目设置原则

会计科目的确定是一项原则性很强的工作，这是因为会计科目的合理与否直接决定企业能否及时、准确地填制会计凭证，进而能否完整系统地登记会计账簿，以及最终能否提供符合要求的财务会计报告。我国通常由财政部统一规定会计科目的名称、编号和内容，然后由企业根据自身的经营特点和管理需要从中选择并确定本企业的会计科目。确定会计科目一般应遵循如下原则：

1. 会计科目的设置必须考虑信息使用者的需要。会计信息系统的主要目标，就是向会计信息使用者提供进行各种投资、信贷等决策所需要的各种信息，那么会计科目的设置就应当围绕这个中心展开。例如，对于一个存货较多的企业而言，考虑到各种信息使用者可能会关注存货的构成情况，所以为了详细地提供与存货有关的信息，就应该将存货详细划分为原材料、库存商品、周转材料等。

2. 会计科目的设置必须符合会计要素的特点。会计科目作为对会计要素具体内容进行分类核算的项目，应当能够全面、系统地反映各项会计要素的内容和特点，不得有所重复，也不得有所遗漏。

3. 会计科目的设置要统一性与灵活性相结合。会计科目的设置既要考虑对内、对外提供会计信息的需要，又要考虑节约成本及会计工作的需要，所以名称要相对统一、规范，通俗易懂，体现会计主体的特点。

（二）会计科目的设置和级别

1. 会计科目的设置。会计科目的设置一般从会计要素出发，将会计科目分为资产、负债、共同、所有者权益、成本、损益六大类。根据我国《企业会计准则——应用指南》，企业的会计科目设置如表3-1所示。

2. 会计科目的级别。会计科目按其所提供会计信息的详细程度及其统驭关系不同，分为总分类科目和明细分类科目两大类。

(1) 总分类科目又称总账科目或一级科目，它是对会计要素具体内容进行总括分类，提供总括信息的会计科目。任何一个总分类科目都可以反映特定的一类经济业务的总体情况。也就是说，总分类科目不同，其反映经济业务的总体情况也就有所不同。例如，企业的“银行存款”科目反映了企业储存于开户

表 3-1 **企业会计科目简表**

编号	名　　称	编号	名　　称
	一、资产类	2203	预收账款
1001	库存现金	2211	应付职工薪酬
1002	银行存款	2221	应交税费
1012	其他货币资金	2231	应付利息
1101	交易性金融资产	2232	应付股利
1121	应收票据	2241	其他应付款
1122	应收账款	2501	长期借款
1123	预付账款	2502	应付债券
1131	应收股利	2701	长期应付款
1132	应收利息	2711	专项应付款
1221	其他应收款	2801	预计负债
1231	坏账准备		三、共同类
1401	材料采购	3101	衍生工具
1402	在途物资	3201	套期工具
1403	原材料	3202	被套期项目
1404	材料成本差异		四、所有者权益类
1405	库存商品	4001	实收资本
1406	发出商品	4002	资本公积
1407	商品进销差价	4101	盈余公积
1411	周转材料	4103	本年利润
1471	存货跌价准备	4104	利润分配
1511	长期股权投资	4201	库存股
1512	长期股权投资减值准备		五、成本类
1531	长期应收款	5001	生产成本
1601	固定资产	5101	制造费用
1602	累计折旧		六、损益类
1603	固定资产减值准备	6001	主营业务收入
1604	在建工程	6051	其他业务收入
1605	工程物资	6111	投资收益
1606	固定资产清理	6301	营业外收入
1701	无形资产	6401	主营业务成本
1702	累计摊销	6402	其他业务成本
1711	商誉	6403	营业税金及附加
1801	长期待摊费用	6601	销售费用
1901	待处理财产损溢	6602	管理费用
	二、负债类	6603	财务费用
2001	短期借款	6701	资产减值损失
2101	交易性金融负债	6711	营业外支出
2201	应付票据	6801	所得税费用
2202	应付账款		

银行的货币资金的总体情况；企业的“应收账款”科目反映了企业因销售

货物、提供劳务等应收各单位款项的总体情况；企业的“固定资产”科目则反映了企业拥有或控制的厂房、建筑物、机器设备等的总体情况。

在会计实务中，总分类科目的名称和内容一般是由财政部统一规定的，以保证会计核算的口径一致，并且具有可比性。企业可以根据自身经营管理的需要在统一规定的总分类科目中增、减若干总分类科目。

(2) 明细分类科目又称明细分类账科目，它是对总分类科目作进一步分类、提供更详细更具体会计信息的科目。明细分类科目隶属于总分类科目，其反映的经济内容受到总分类科目所反映的经济内容的限制，但能够为总分类科目反映的经济内容进行更为详细和具体的说明。因此，明细分类科目与总分类科目之间具有相互补充、相辅相成的作用。

按照对特定总分类科目所反映经济内容的详细程度不同，明细分类科目又可具体划分为子科目和细科目两小类。其中子科目又称二级科目或者简称子目，如在“应收账款”总分类科目下可以根据各债务人的名称确定“甲公司”、“乙公司”等二级科目；细科目又称三级科目或简称细目，如在“应交税费”总分类科目下除了应当确定“应交增值税”“应交营业税”等二级科目外，还应该在“应交增值税”二级科目下确定“进项税额”“销项税额”“进项税额转出”等三级科目。

各个会计科目并不是彼此孤立的，而是相互联系、相互补充地组成了一个完整的会计科目体系。

3. 会计科目的编号。会计科目不仅数目较多，而且有一些会计科目的名称很容易混淆。为了能够准确记账、快速查账，也为了能够加快会计电算化的进程，及时生成各种符合要求的会计信息，有必要对会计科目进行科学合理的编号。

会计科目的编号要讲究科学性。一方面要能够区分会计科目的作用；另一方面要便于专业人员识别和计算机的输入。会计科目的编号可以采用“四位数制”。以千位数数码代表会计科目按会计要素区分的类别，一般分为六个数码：“1”为资产类、“2”为负债类、“3”为共同类、“4”为所有者权益类、“5”为成本类、“6”为损益类；百位数数码代表每大类会计科目下较为详细的类别，可根据实际需要取数；十位和个位上的数码一般代表会计科目的顺序号，为便于会计科目增减，在顺序号中一般都要留有间隔。

第二节 会计账户

在日常的会计核算中，仅对会计要素进行细分，建立一系列的会计科目名称，是不能满足会计核算内在要求的，还必须在会计科目的基础上使用会计账户，对日常会计业务进行全面、系统的记录。

一、会计账户的概念

如前所述，会计科目是对会计对象的组成内容进行科学分类而规定的名称。对会计对象划分类别并规定名称是必要的，但要全面、系统地记录和反映各项经济业务所引起的资产变动情况，还必须在分类的基础上借助于具体的形式和方法，这就是开设和运用账户。

1. 会计账户的定义。会计账户是根据会计科目设置的、账簿中开设的账页户头。账户具有一定的格式和结构，并能用来序时、连续、系统地记录各项经济业务，反映各项会计要素具体内容的增减变动情况及其结果。

2. 会计账户的设置。设置账户是会计核算的重要方法之一，它是根据会计科目设置的，因此账户的设置与会计科目的类别相关。按照账户所提供会计核算指标的详细程度，可以设置总分类账户和明细分类账户两大类。

总分类账户是指根据总分类科目设置的，用于对会计要素具体内容进行总括分类核算的账户，简称总账账户或总账。根据账户所反映的经济内容，又可将其分为资产类账户、负债类账户、共同类账户、所有者权益类账户、成本类账户、损益类账户六类。

明细分类账户是根据明细分类科目设置的，用来对会计要素具体内容进行明细分类核算的账户，简称明细账。

对每一项经济业务，根据会计凭证，要在有关的总分类账中进行总括登记，同时还要在其所属的有关明细分类账中进行明细登记。二者登记部分的总分类账和明细分类账的依据相同、会计期间一致、借贷方向一致、金额相同，使总分类账与其所属明细分类账之间形成相互核对的数量关系：(1) 各总分类账户的本期发生额与其所属的明细分类账户本期发生额的合计数相等；(2) 各总分类账户的期末余额与其所属的明细分类账户期末余额的合计数相等。具体的登记请参见本教材第九章。

3. 会计账户的分类。账户是根据会计科目设置的，因此账户的分类与会计科目的分类基本相同。例如，按照账户与会计要素的关系，可以将账户划分为六大类，即资产类账户、负债类账户、所有者权益类账户、收入类账户、费用类账户、利润类账户；按照账户所反映的经济内容或者账户的经济性质，可以将账户划分为六大类，即资产类账户、负债类账户、共同类账户、所有者权益类账户、成本类账户、损益类账户；按照账户所提供会计核算指标的详细程度，可以将账户划分为总分类账户和明细分类账户两大类。此外账户还可以按照用途和结构以及其他标志进行分类，其具体分类参见本教材第十三章。

二、会计账户的基本结构

在会计核算中，账户是全面、系统、分类地反映经济业务增减变动及其结果的专用工具。账户必须具有一定的结构，并专门用以记录经济业务发生的日期、内容和金额等情况。

账户的结构取决于采用的记账方法和反映的经济内容。记账方法不同，账户的结构就不相同。即使在同一记账方法下，不同的账户由于其反映的经济内容不同，其具体的结构也并不相同。但是，无论采用何种记账方法，也无论账户反映的经济内容是什么，只要从各项经济业务发生后对会计要素的影响金额上进行观察，就不难发现：任何经济业务的发生对会计要素的影响金额都不外乎是“增加”和“减少”两种情况。因此，所有账户的基本结构都是相同的。

账户的基本结构一般可以划分为左、右两方，一方用来登记经济业务发生引起的某项会计要素的增加额，另一方则用来登记其减少额。但哪一方登记增加额，哪一方登记减少额，取决于采用的记账方法和账户反映的经济内容。显然，如果账户有余额，无论是期初余额，还是期末余额，均与增加额在同一方向。实际工作中，为了满足经营管理和登记账簿的需要，一般需要分别将账户的左、右两方划分为若干具体的栏目，从而形成账户的基本格式，如表 3－2 所示。

表 3－2　　账户基本格式

账户名称：

年		凭证号码	摘　要	左　方	右　方	余　额
月	日					

由此可见，任何账户均应包括以下内容：账户的名称，即会计科目；日期和摘要，即经济业务的发生时间和内容；凭证号码，即账户记录的来源和依据；增加和减少的金额及余额。

账户左右两方记录的主要内容是增加额和减少额。增减相抵后的差额，即为账户余额。因此在每个账户中所记录的金额，可以分为期初余额、本期增加额、本期减少额和期末余额。本期增加额和本期减少额是指在一定的会计期间内（如月份、季度或年度），账户在左右两方分别登记的增加金额合计和减少金额合计，也称为本期增加发生额和本期减少发生额。本期增加发生额和本期减少发生额相抵后的差额即为本期的期末余额。如果将本期的期末余额转入下一期，就是下一期的期初余额。上述四项金额的关系可以用公式表示如下：

本期期末余额＝期初余额＋本期增加发生额－本期减少发生额

账户的左右两方是按相反方向来记录增加额和减少额的，也就是说，如果账户在左方记录增加额，则在右方记录减少额；反之，如果账户在右方记录增加额，则在左方记录减少额。在每一个具体账户的左右两方中，究竟哪一方记录增加额，哪一方记录减少额，取决于所采用的记账方法和账户所记录的经济内容。账户的余额一般与记录增加额在同一方向。

为了便于教学，在教科书中将账户的基本结构用简化格式“T”形来表示。“T”形账户的形式如下：

左方	账户名称（会计科目）	右方

三、会计账户与会计科目的区别与联系

账户与会计科目既有联系又有区别。一方面，账户和会计科目所反映的经济内容是相同的，两者相辅相成，会计科目是账户的名称，账户是根据会计科目开设的；另一方面，会计科目只是经济业务分类核算的项目或标志，只说明一定经济业务的内容，而账户则是具有特定结构并具体记录经济业务增减变化及其结果的一种核算手段。

提示：

在实际工作中，对会计科目和账户往往不加严格区分，而是相互通用。

第三节　奇妙的会计恒等式

会计等式是指运用数学方程的原理来描述会计对象各要素之间数量关系的一种表达方式，通常也称之为会计恒等式或会计平衡公式。会计等式是客观存在的经济现象，是资金运动规律的具体化表现，它不仅揭示了会计要素之间的数量关系，也是复式记账、试算平衡和编制会计报表的理论基础。在众多的会计平衡关系中，有两个最基本的会计平衡关系，即静态会计平衡和动态会计平衡。

一、静态会计平衡

企业要从事生产经营活动，就必须拥有或控制一定数量的资产，具体表现为库存现金、银行存款、房屋建筑和机器设备等资产。企业的资产不会凭空而来，一定有其相应的提供者。而企业资产的提供者不外乎有两种：一是企业的投资者，即企业的所有者；二是企业的债权人，如银行、其他金融机构或其他债权人等。投资者和债权人为企业提供资产之后，应对企业的资产享有相应的要求权。这种对企业资产的要求权，在会计上称之为权益。其中，债权人享有的权益，即为债权人权益，被称为负债；投资者享有的权益，则称之为所有者权益。

由此看出，企业资金运动在某一时点处于相对静止状态时，资产与权益实质上是同一事物的两个方面。从数量上看，企业在某一时点的资产有多少，债权人和所有者享有的权益就一定有多少。这就是说，企业在任何一个时点的资产总额和权益总额必然相等。这种等量关系反映了企业资金运动的静态表现，因而称之为静态会计等式，也称基本会计等式。该等式用公式表示为：

资产 = 权益

= 债权人权益 + 所有者权益

= 负债 + 所有者权益 (1)

静态会计等式既能体现资产、负债和所有者权益三项会计要素之间在一定日期所存在的数量关系，又能表明企业在一定日期所拥有或控制的资源，以及债权人和所有者对企业资产所享有的要求权等基本情况。运用这一等式，企业可以进行复式记账和试算平衡，以便反映资金运动的来龙去脉，检查会计记录是否正确。同时，也能据以编制资产负债表，反映企业在特定日期的财务状况。所以，静态会计平衡等式又称资产负债会计等式。

二、动态会计平衡

企业作为营利性组织，其经营目的主要是为了实现利润。收入是实现利润的前提，企业在生产经营活动中，为了取得一定的收入，还要发生相应的费用。从某一会计期间来看，收入与费用的差额就是企业的利润。通常，用公式表示为：

收入 - 费用 = 利润 (2)

这一会计等式体现了收入、费用和利润三项会计要素之间的数量关系。由于这三项会计要素均是企业资金运动在同一会计期间的动态表现，所以由其构成的会计等式通常称为动态会计等式。运用这一等式，企业可以编制利润表，反映企业在一定会计时期的经营成果。如果收入大于费用，经营成果表现为利润；反之，如果收入小于费用，经营成果表现为亏损。例如，甲公司 2006 年实现收入 600 万元，发生费用 400 万元，其经营成果为利润 200 万元；同年，乙公司实现收入 110 万元，发生费用 160 万元，其经营成果为亏损 50 万元。假定不考虑其他因素，则甲公司 2006 年的经营成果显然优于乙公司。

三、静态等式与动态等式的转化

对于特定企业而言，只要生产经营活动能够持续进行，其资金运动就永远不会终止，即资金运动的静止状态是相对的、暂时的、有条件的，资金的显著变动才是绝对的。从会计期间来看，企业的资金运动总是沿着“期初相对静止—期内显著变动—期末相对静止”这一程序不断重复地交替进行。因此，会计上通常所说的资金运动的静态表现和动态表现，只是对资金运动状态所作的一种人为的划分。其目的主要是为了在会计分期和货币计量的前提条件下，一方面运用资产、负债和所有者权益三项会计要素及其构成的静态会计等式按期编制资产负债表，以便反映企业在特定日期的财务状况；另一方面运用收入、费用和利润三项会计要素及其构成的动态会计等式按期编制利润表，以便反映企业在一定会计期间的经营成果。在会计核算达到这种目的之后，还应当结合资金运动的实际情况，将资金运动的相对静止状态与显著变动状态有机地统一起来，以便充分揭示六项会计要素之间存在的内在关系。

由于收入最终会导致企业所有者权益的增加，费用最终会导致企业所有者权益的减少，利润在未分配之前其本质属于企业的所有者权益。因此，企业在一定会计期间内的动态会计等式完全可以用如下公式来表示：

资产 = 负债 + 所有者权益 + 利润

= 负债 + 所有者权益 + （收入 − 费用） (3)

移项：

资产 + 费用 = 负债 + 所有者权益 + 收入 (4)

这一会计等式反映了企业在经营过程中资金增值的情况。在会计期末结算时，将收入与费用配比，计算出利润，并进行分配，转入负债或者所有者权益中，会计等式（3）又恢复为会计等式（1）。

四、经济业务对会计恒等式的影响

企业在生产经营活动中发生的经济活动各种各样，其中大多数经济活动都能够引起会计要素的增减变动，如购销商品、接受投资、购置设备、支付工资等，只有少数经济活动不会引起会计要素的增减变动，如商务谈判、签订购销合同等。会计上通常将生产经营过程中发生的能以货币计量的，并能够引起会计要素增减变动的经济活动称之为会计事项，通常也称为经济业务。

经济业务按其是否与企业外部有关，可分为外部经济业务和内部经济业务。外部经济业务是指企业对外发生经济往来产生的各项经济交易或者事项，如企业向银行借款、向供应单位购货、销售商品、向国家缴纳税金等；内部经济业务是指发生在企业内部各有关部门之间的各项经济业务，如企业向所属部门拨款、为职工发放工资、支付职工差旅费、向车间发出原材料等。企业发生的经济业务对会计恒等式的影响如表 3－3 所示。

表 3－3 经济业务类型

<table>
<tr><th>经济业务类型</th><th>资产</th><th>负债</th><th>所有者权益</th></tr>
<tr><td rowspan="2">等式两边会计要素同时增加</td><td>增加</td><td>增加</td><td></td></tr>
<tr><td>增加</td><td></td><td>增加</td></tr>
<tr><td rowspan="2">等式两边会计要素同时减少</td><td>减少</td><td>减少</td><td></td></tr>
<tr><td>减少</td><td></td><td>减少</td></tr>
<tr><td>等式左边会计要素发生增减</td><td>增加、减少</td><td></td><td></td></tr>
<tr><td rowspan="4">等式右边会计要素发生增减</td><td></td><td>增加</td><td>减少</td></tr>
<tr><td></td><td>减少</td><td>增加</td></tr>
<tr><td></td><td>增加、减少</td><td></td></tr>
<tr><td></td><td></td><td>增加、减少</td></tr>
</table>

企业在生产经营过程中，每天都会发生大量的经济业务，任何一项经济业务的发生，必然引起资产负债表会计等式发生增减变化。但任何经济业务的变动都不会破坏会计等式的恒等性，这是因为，企业所有的经济业务归纳起来，不外乎为四大类九小类，如表 3－3 所示。

为便于理解，下面将以重庆××股份有限公司2007年5月份发生的经济业务为例，分别说明各经济业务对会计等式的影响。假设重庆××股份有限公司2007年4月30日的资产总额为150万元，负债总额为50万元，所有者权益总额为100万元。

（一）等式两边会计要素同时增加

【例3-1】 5月3日，重庆××股份有限公司向某银行取得为期半年的借款5万元，直接存入银行。

这项会计事项的发生，引起重庆××股份有限公司资产中的银行存款增加了5万元，同时也引起负债中的短期借款增加了5万元，从而使会计等式左右两边的金额同时增加了5万元，资金总额由年初的150万元增加为155万元，但会计等式左右两边的平衡关系仍然存在。其对会计等式的影响可表示为（金额单位为元，下同）：

资产＝负债＋所有者权益

1 500 000＝500 000＋1 000 000

＋50 000＝ ＋50 000＋0

1 550 000＝550 000＋1 000 000

由此看出，经济业务发生后，如果引起资产和负债同增，则同增的金额必定相等，企业资金总额有所增加，但会计等式的平衡关系并不会受到破坏。

【例3-2】 5月5日，重庆××股份有限公司接受某投资者投入的资金18万元，直接存入银行。

这项会计事项的发生，引起重庆××股份有限公司资产中的银行存款增加了18万元，同时也引起所有者权益中的实收资本增加了18万元。因此，会计等式左右两边同时增加了18万元，资金总额由5月3日的155万元增加为173万元，但没有破坏会计等式的恒等性。其对会计等式的影响可表示为：

资产＝负债＋所有者权益

1 550 000＝550 000＋1 000 000

＋180 000＝0＋180 000

1 730 000＝550 000＋1 180 000

由此看出，经济业务发生后，如果引起资产和所有者权益同增，则同增的金额必定相等，企业资金总额有所增加，但会计等式的平衡关系并不会受到破坏。

（二）等式两边会计要素同时减少

【例3-3】 5月6日，重庆××股份有限公司以银行存款7万元归还所欠B公司的应付账款。

这项会计事项的发生，引起重庆××股份有限公司资产中的银行存款减少了7万元，同时也引起负债中的应付账款减少了7万元。因此，会计等式左右两边同时减少了7万元，资金总额由5月5日的173万元减少为166万元，但没有破坏会计等式的恒等性。其对会计等式的影响可表示为：

资产＝负债＋所有者权益

1 730 000 = 550 000 + 1 180 000

－70 000 = －70 000 + 0

1 660 000 = 480 000 + 1 180 000

由此看出，经济业务发生后，如果引起资产和负债同减，则同减的金额必定相等，企业资金总额有所减少，但会计等式左右两边的平衡关系仍然不会受到破坏。

【例 3－4】 5 月 10 日，重庆××股份有限公司按规定以银行存款 8 万元退回某投资者的投资。

这项会计事项的发生，引起重庆××股份有限公司资产中的银行存款减少了 8 万元，同时也引起所有者权益中的实收资本减少了 8 万元。因此，会计等式左右两边同时减少了 8 万元，资金总额由 5 月 6 日的 166 万元减少为 158 万元，但没有破坏会计等式的恒等性。其对会计等式的影响可表示为：

资产 = 负债 + 所有者权益

1 660 000 = 480 000 + 1 180 000

－80 000 = 0 + （－80 000）

1 580 000 = 480 000 + 11 000 000

由此看出，经济业务发生后，如果引起资产和所有者权益同减，则同减的金额必定相等，企业资金总额有所减少，但会计等式左右两边的平衡关系并不会受到破坏。

（三）等式左边会计要素发生增减

【例 3－5】 5 月 15 日，重庆××股份有限公司从银行存款中提取现金 2 万元。

这项会计事项的发生，引起重庆××股份有限公司资产内部的银行存款项目减少 2 万元，同时又引起库存现金项目增加 2 万元，但资产总额并没有变动。因此，重庆××股份有限公司资金总额保持不变，会计等式左右两边的金额仍然为 5 月 10 日的 158 万元。其对会计等式的影响可表示为：

资产 = 负债 + 所有者权益

1 580 000 = 480 000 + 11 000 000

－20 000 + 20 000 = 0 + 0

1 580 000 = 480 000 + 11 000 000

由此看出，经济业务发生后，如果引起资产内部此增彼减，则增加与减少的金额必定相等，企业资金总额没有变动，会计等式的左右两边仍然保持平衡。

（四）等式右边会计要素发生增减

【例 3－6】 5 月 18 日，重庆××股份有限公司承兑过的一张面值为 3 万元的不带息应付票据到期，但因资金不足而无力支付，遂按规定将其转为应付账款。

这项会计事项的发生，引起重庆××股份有限公司负债内部的应付账款项目增加 3 万元，同时又引起应付票据项目减少 3 万元，但负债总额没有变动。

因此，资金总额保持不变，会计等式左右两边的金额仍然为158万元。其对会计等式的影响可表示为：

资产 = 负债 + 所有者权益

1 580 000 = 480 000 + 11 000 000

0 = −30 000 + 30 000 + 0

1 580 000 = 480 000 + 11 000 000

由此看出，经济业务发生后，如果引起负债内部此增彼减，则增加与减少的金额必定相等，企业资金总额不会变动，会计等式左右两边的平衡关系仍然存在。

【例3－7】 5月20日，重庆××股份有限公司将资本公积10万元转作资本，并按规定办妥相关手续。

这项会计事项的发生，引起重庆××股份有限公司所有者权益内部的实收资本项目增加10万元，同时又引起资本公积项目减少10万元，但所有者权益总额没有变动。因此，资金总额保持不变，会计等式左右两边也仍然保持平衡。其对会计等式的影响可表示为：

资产 = 负债 + 所有者权益

1 580 000 = 480 000 + 11 000 000

0 = 0 + 100 000 − 100 000

1 580 000 = 480 000 + 11 000 000

由此看出，经济业务发生后，如果引起所有者权益内部此增彼减，则增加与减少的金额必定相等，企业资金总额不会变动，会计等式左右两边的平衡关系也不会受到破坏。

【例3－8】 5月23日，重庆××股份有限公司经批准向银行取得为期6个月的借款6万元，并直接支付给某投资者，以减少其投资额。

这项会计事项的发生，引起重庆××股份有限公司负债中的短期借款项目增加6万元，同时又引起所有者权益中的实收资本项目减少6万元，从而使企业的资金结构发生了变化，但会计等式右边的权益总额并没有变动。因此，资金总额保持不变，仍为5月20日的158万元，会计等式左右两边的金额也仍然相等。其对会计等式的影响可表示为：

资产 = 负债 + 所有者权益

1 580 000 = 480 000 + 11 000 000

0 = + 60 000 − 60 000

1 580 000 = 540 000 + 1 040 000

由此看出，经济业务发生后，如果引起负债增加而所有者权益减少，则增加与减少的金额必定相等，企业资金总额保持不变，会计等式左右两边的平衡关系也不会受到破坏。

【例3－9】 5月26日，重庆××股份有限公司完成国家拨款项目，按规定将专项应付款4万元转为资本公积。

这项会计事项的发生，引起重庆××股份有限公司负债中的专项应付款项目减少 4 万元，同时引起所有者权益中的资本公积项目增加 4 万元，从而使企业的资金结构发生了变化，但会计等式右边的权益总额并没有变动。因此，资金总额保持不变，会计等式左右两边的金额也仍然相等。其对会计等式的影响可表示为：

资产 = 负债 + 所有者权益

1 580 000 = 540 000 + 1 040 000

0 = －40 000 + 40 000

1 580 000 = 500 000 + 1 080 000

由此看出，经济业务发生后，如果引起负债减少而所有者权益增加，则增加与减少的金额必定相等，企业资金总额保持不变，会计等式左右两边的平衡关系也不会受到破坏。

综上所述，可以得出如下结论：

第一，企业任何经济业务的发生，无论引起会计要素发生怎样的增减变动，都不会破坏会计等式的平衡关系，即会计等式具有恒等性。

第二，有些经济业务的发生，不仅不会破坏会计等式的平衡关系，而且会使企业的资金总额保持不变。

第三，有些经济业务的发生，虽然不会破坏会计等式的平衡关系，但会引起资金总额有所增加或减少。

上述例 3－1 至例 3－9 所列举的经济业务，均属于较为简单的经济业务。即使企业发生较为复杂的经济业务，仍然不会破坏会计等式的平衡关系。这是因为，一笔复杂的经济业务往往属于上述一类或几类经济业务的综合，它对会计等式的影响结果并不会超出上述类型。对此，我们不妨继续以重庆××股份有限公司的经济业务为例进行说明。

【例 3－10】 5 月 28 日，重庆××股份有限公司向丙公司购买原材料一批并已验收入库，该批原材料的全部价款为 15 万元。重庆××股份有限公司当即以银行存款 10 万元支付部分价款，其余 5 万元暂欠。

这项会计事项的发生，引起重庆××股份有限公司资产中的原材料增加 15 万元，同时又引起资产中的银行存款减少 10 万元，负债中的应付账款增加 5 万元。但是，如果将所购材料分解为 10 万元和 5 万元两部分，就不难发现，前一部分属于资产内部此增彼减的会计事项，且增减金额都为 10 万元；后一部分则属于资产和负债同增的会计事项，且同增金额均为 5 万元。这就是说，该项会计事项属于"资产内部此增彼减"和"资产与负债同增"两类会计事项的综合。最终影响结果为重庆××股份有限公司的资金总额由 5 月 26 日的 158 万元增加到 163 万元，但并没有破坏会计等式的平衡关系。其对会计等式的影响可表示为：

资产 = 负债 + 所有者权益

1 580 000 = 500 000 + 1 080 000

+ 150 000 － 100 000 = + 50 000 + 0

1 630 000 = 550 000 + 1 080 000

【例 3-11】 5月29日，重庆××股份有限公司向丁公司购买机器一台并立即交付使用，机器价值为6万元；同时向丁公司购买一项价值为2万元的专利权。全部款项均以银行存款当即支付。

这项会计事项的发生，引起重庆××股份有限公司资产中的固定资产增加6万元、无形资产增加2万元，同时又引起资产中的银行存款减少8万元。其实质仍属于“资产内部此增彼减”的会计事项。最终结果为重庆××股份有限公司的资金总额仍保持5月28日的163万元。其对会计等式的影响可表示为：

资产 = 负债 + 所有者权益

1 630 000 = 550 000 + 1 080 000

+ 60 000 + 20 000 − 80 000 = 0 + 0

1 630 000 = 550 000 + 1 080 000

需要说明的是，上述例3-10和例3-11列举的经济业务，都直接涉及资产、负债和所有者权益三项会计要素。即使企业发生的会计事项也涉及收入、费用和利润三项会计要素，也仍然不会破坏会计等式的平衡关系。这是因为，收入的发生可以导致资产的增加或负债的减少，或两者兼而有之，最终会导致所有者权益的增加。费用的发生可以导致资产的减少或负债的增加，或两者兼而有之，最终会导致所有者权益的减少。利润作为收入与费用相抵的结果，其本质属于所有者权益。对此，我们仍以重庆××股份有限公司5月份发生的会计事项为例进行说明。

【例 3-12】 2007年5月份，重庆××股份有限公司销售商品的总售价为160万元。其中：已收回货款并存入银行的为110万元，尚未收回货款的为50万元。假定重庆××股份有限公司于月末一次集中反映商品销售收入。

这项会计事项的发生，引起重庆××股份有限公司的营业收入增加160万元，同时引起资产中的银行存款增加110万元、应收账款增加50万元，从而导致动态会计等式左右两边的金额都增加了160万元，资金总额由5月29日的163万元增加到323万元，但动态会计等式左右两边的平衡关系仍然存在。就其本质而言，仍属于“资产和所有者权益同增”的会计事项。其对动态会计等式的影响可表示为：

资产 = 负债 + 所有者权益 + 收入 − 费用

1 630 000 = 550 000 + 1 080 000 + 0 − 0

+ 1 100 000 + 500 000 = 0 + 0 + 1 600 000 − 0

3 230 000 = 550 000 + 1 080 000 + 1 600 000 − 0

【例 3-13】 2007年5月份，重庆××股份有限公司销售商品的总成本为130万元。假定重庆××股份有限公司于月末一次集中结转商品销售成本（不考虑相关税费）。

这项会计事项的发生，引起重庆××股份有限公司费用中的营业成本增加130万元，同时引起资产中的库存商品减少130万元，从而导致动态会计等式左右两边的金额都减少130万元，资金总额由5月31日反映商品销售收入后的323万元减少到193万元，但动态会计等式左右两边的平衡关系仍然存在。

就其本质而言，仍属于“资产和所有者权益同减”的会计事项。其对动态会计等式的影响可表示为：

资产 = 负债 + 所有者权益 + 收入 − 费用

3 230 000 = 550 000 + 1 080 000 + 1 600 000 − 0 − 1 300 000

= 0 + 0 + 0 − 1 300 000

1 930 000 = 550 000 + 1 080 000 + 1 600 000 − 1 300 000

如果将例 3 − 12 和例 3 − 13 结合起来，则重庆 × × 股份有限公司 2007 年 5 月份实现的利润为 30 万元，即 160 万 − 130 万 = 30 万元。该会计事项最终引起重庆 × × 股份有限公司的资产总额增加 30 万元，利润增加 30 万元，月末资金总额由 5 月 29 日的 163 万元增加为 193 万元。就其本质而言，仍属于“资产和所有者权益同增”的会计事项。

综合上述 13 个例题中重庆 × × 股份有限公司 2007 年 5 月份发生的经济业务及其对会计等式的影响，可以充分地证明：企业任何经济业务的发生，都既不会破坏静态会计等式“资产 = 负债 + 所有者权益”，也不会破坏动态会计等式“资产 = 负债 + 所有者权益 + （收入 − 费用）”或“资产 = 负债 + 所有者权益 + 利润”。

教学互动

是否还存在其他的经济业务类型，它们会影响会计等式的平衡关系？

本章小结

会计要素是会计对象进行基本分类，也是会计核算对象的具体化。营利性组织的会计要素可划分为两类：反映财务状况的会计要素，即资产、负债和所有者权益；反映经营成果的会计要素，即收入、费用和利润。会计科目是对会计要素的具体内容进一步细分的项目名称，按其所提供会计信息的详细程度及其统驭关系不同，可以分为总分类科目和明细分类科目两大类。

会计账户是具有一定的格式和结构，并能用来序时、连续、系统地记录各项经济业务，反映各项会计要素具体内容的增减变动情况及其结果的载体。

会计等式揭示了会计要素之间的关系，也是复式记账、试算平衡和编制会计报表的理论基础。资产、负债和所有者权益三个会计要素之间的数量关系为：资产 = 负债 + 所有者权益；收入、费用和利润三个会计要素之间的数量关系为：收入 − 费用 = 利润。企业无论发生何种经济业务，都不会破坏会计等式的恒等关系，故会计等式又叫会计恒等式。

关键词（中英文对照）

会计要素 accounting element

资产 asset

负债 liability
所有者权益 owner's equity
收入 income
费用 expenses
利润 profits
账户 account
会计等式 accounting equation
经济业务 business transaction

自测题

一、名词解释

1. 会计要素
2. 资产
3. 负债
4. 会计科目
5. 账户
6. 会计等式

二、单项选择题

1. 下列不属于流动资产的是(　　)。

A. 存货　　B. 库存现金

C. 应收账款　　D. 长期股权投资

2. 下列不属于长期负债的是(　　)。

A. 长期应付款　　B. 长期借款

C. 应付账款　　D. 应付债券

3. 反映企业经营成果的会计要素是(　　)。

A. 资产　　B. 利润

C. 所有者权益　　D. 负债

4. 下列项目中属于所有者权益的项目是(　　)。

A. 股票投资　　B. 债券投资

C. 盈余公积　　D. 应付债券

5. 总分类会计科目和明细类会计科目之间有密切的关系，即(　　)的关系。

A. 相等　　　　　　　　　　　　B. 名称一致

C. 统驭和从属　　　　　　　　　D. 互相依存

6. 企业月初资产总额为300万元，本月发生下列业务：(1) 赊购材料10万元；(2) 用银行存款偿还短期借款20万元；(3) 收到购货单位偿还的欠款15万元并存入银行。该企业月末资产总额为(　　)。

A. 310万元　　　　　　　　　　B. 290万元

C. 295万元　　　　　　　　　　D. 305万元

7. 下列属于资产类的账户是(　　)。

A. “应付票据”　　　　　　　　B. “资本公积”

C. “主营业务收入”　　　　　　D. “交易性金融资产”

8. “累计折旧”账户属于(　　)。

A. 资产类　　　　　　　　　　B. 负债类

C. 所有者权益类　　　　　　　D. 损益类

9. 会计科目与账户的区别是(　　)。

A. 经济内容不同　　　　　　　B. 原始依据不同

C. 名称不同　　　　　　　　　D. 以上都不是

10. 假如某企业原材料本期增加发生额为1 200元，减少发生额为1 500元，期末余额为1 300元，则该企业本期期初余额为(　　)元。

A. 4 000　　　　　　　　　　　B. 1 600

C. 1 200　　　　　　　　　　　D. 1 000

三、多项选择题

1. 下列属于企业流动负债的有(　　)。

A. 短期借款　　　　　　　　　B. 应付职工薪酬

C. 应付债券　　　　　　　　　D. 应交税费

E. 预付账款

2. 下列项目中，属于所有者权益的有(　　)。

A. 实收资本　　　　　　　　　B. 应付股利

C. 盈余公积　　　　　　　　　D. 资本公积

E. 主营业务收入

3. 下列属于企业会计要素的是(　　)。

A. 资产　　　　　　　　　　　B. 负债

C. 所有者权益　　　　　　　　D. 利润

E. 资本公积

4. 下列项目中属于账户的金额要素的有(　　)。

A. 期末余额　　　　　　　　　B. 本期减少发生额

C. 本期增加发生额　　　　　　D. 期初余额

E. 本期增减净额

5. 下列属于成本类的账户有(　　)。

A. 财务费用　　　　　B. 生产成本
C. 主营业务成本　　　D. 制造费用
E. 其他业务成本

四、判断题

1. 资产是企业拥有或控制的具有实物形态的经济资源，该资源预期会给企业带来经济利益。（　）

2. 所有者权益是企业投资者对企业资产的所有权。（　）

3. 会计科目可以由每一个企业单位自行确定。（　）

4. 会计科目是进行会计核算和提供会计信息的基础。（　）

5. 收入、费用和利润三项会计要素表现相对静止状态的资金运动，即反映企业的财务状况。（　）

6. 会计基本等式所体现的平衡关系，是设置账户、进行复式记账和编制会计报表的理论依据。（　）

7. 商品销售收入和营业外收入均属于收入要素的内容。（　）

8. 设置账户是会计核算的重要方法之一。（　）

9. 总分类账户与明细分类账户登记的原始依据和详细程度不同。（　）

10. 账户与会计科目的主要区别在于是否存在结构。（　）

五、计算分析题

分析下列科目中哪些是总分类科目，哪些是明细分类科目，将结果填入表内。

1. 原材料
2. 交易性金融资产
3. 甲材料
4. 应收齐鲁工厂货款
5. 应付账款
6. 生产成本
7. 应付光明公司货款
8. 财务费用
9. 基本生产成本
10. 应收账款
11. 辅助生产成本
12. 固定资产

总分类科目	明细分类科目

续表

总分类科目	明细分类科目

六、实务操作题

【目的】 掌握账户的基本结构。

【资料】

1. 2007 年 6 月 1 日华翔公司“银行存款”账户的期初余额为 32 840 元。6 月份该公司发生的存款收支经济业务如下：

(1) 3 日，向银行送存现金 40 800 元；

(2) 6 日，用银行存款支付采购材料款 2.8 万元；

(3) 10 日，提取现金 2 万元，备发工资；

(4) 16 日，取得支票一张，系销售甲产品收入 3.2 万元，存入银行；

(5) 20 日，银行计付一季度存款利息 46 元，转入存款户。

(6) 29 日，支取存款 4 800 元，用于支付水电费。

2. 2007 年 7 月 1 日华翔公司“应付账款”账户的期初余额为 3 万元。7 月份该公司发生的借款和还款经济业务如下：

(1) 1 日，购入甲材料，货款 42 800 元暂欠；

(2) 6 日，归还欠供应单位部分货款 2.2 万元；

(3) 11 日，前购入甲材料因质量原因，退回其中的 2 万元；

(4) 24 日，归还甲材料前欠货款 22 800 元；

(5) 28 日，购入生产用机器设备，价款 16.5 万元，其中，10 万元用银行存款支付，其余暂欠。

【要求】

1. 根据资料 1 开设“银行存款”T 形账户，以左方记录增加额，以右方记录减少额，将上述经济业务登记该账户中，并计算该公司 6 月 30 日“银行存款”账户的期末余额。

2. 根据资料 2 开设“应付账款”T 形账户，以左方记录减少额，以右方记录增加额，将上述经济业务登记该账户中，并计算该公司 7 月 31 日“应付账款”账户的期末余额。

七、综合题

【目的】 熟悉资产、负债和所有者权益的内容。

【资料】 某企业 2007 年 7 月 31 日有关资产、负债和所有者权益的资料如下：

项　　目	金　额	资产负债	所有者权益
1. 生产用厂房	190 000		
2. 库存产成品	300 000		
3. 仓库一栋	120 000		
4. 库存半成品	150 000		
5. 低值易耗品	40 000		
6. 库存现金	2 000		
7. 货运汽车一辆	60 000		
8. 应收回的货款	50 000		
9. 银行存款	278 000		
10. 国家投入资金	500 000		
11. 联营单位投入的资金	220 000		
12. 应付购料款	64 000		
13. 本年已实现利润	120 000		
14. 尚未缴纳的税金	10 000		
15. 以前年度的留存收益	90 000		
16. 银行借款	186 000		
合　　计			

【要求】 根据所给资料，划分资产、负债和所有者权益，并汇总各类金额，检验其平衡关系。

第四章

复式记账法

学习提示

本章主要介绍记账方法的产生、发展和种类，借贷记账法的记账符号、账户结构、会计分录、记账规则、账户对应关系及试算平衡。复式记账法中的借贷记账法是目前国际上通行的一种记账方法，既是会计核算的重要专门方法，也是会计人员必须掌握的会计核算基本方法。

学习时应从理解复式记账法的基本原理入手，在掌握借贷记账法记账符号的含义以及记账规则的基础上，结合企业发生的简单经济业务，通过编制会计分录和试算平衡表来具体把握。

建议观看会计情景职业动画演示：0401 单式与复式记账法的区别；图0402 巧学借贷记账法。

第一节 记账方法是人类知识宝库的瑰宝

一、记账方法的概念

记账方法是指运用特定的记账符号，按照一定的规则，使用文字和数字在相关账户中登记各项经济业务的一种专门方法。

从会计技术的发展史来看，记账方法经历了一个由简单到复杂的演变过程。起初，人们采用的记账方法是单式记账法，即对发生的每一项经济业务只在一个账户中进行记录。例如，某企业用银行存款购买原材料2万元。对于此项经济业务，只在“银行存款”账户中登记减少额2万元，而对于原材料的增加额并不予以反映。通常，在单式记账法下，企业只针对涉及库存现金、银行存款和人欠、欠人的经济业务设置相应的账户，并进行相应的款项收付和结算事项的单方面记录。对于实物性资产的取得、收入的实现和费用的发生等经济业务并不设置相应的账户，仅仅是做非正规的备忘登记或者干脆不予记录。单式记账法虽然记录方式简单，但账户设置不完整，难以反映经济业务的来龙去脉。随着社会经济的发展、人们实践经验的积累以及会计理论研究水平的提高，对生产过程的管理要求也不断提高，记账方法就由单式记账法演变为复式记账法。

记账方法的产生和发展表明，记账方法尤其是复式记账法作为人类知识宝库的瑰宝之一，为社会经济特别是会计学的产生和发展作出了重要的贡献。

二、记账方法的种类

记账方法按其记录经济业务的方式不同，分为单式记账法和复式记账法。

单式记账法是一种比较简单的，不完整的记账方法。它对发生的每项经济业务，一般只在一个账户中进行记录，有时即使登记在两个账户中，但两个账户之间的记录也没有直接联系。它既不能全面、系统地反映经济业务的来龙去脉，也不便于检查账户记录的正确性与完整性。单式记账法只能适用于经济业务非常简单、管理要求不高的单位。

复式记账法是指对发生的每一项经济业务都要在两个或两个以上相互联系的账户中以相等的金额进行记录的记账方法。例如，某企业用银行存款购买原材料 5 万元。对于此项经济业务，一方面需要在“原材料”账户中登记增加额 5 万元；另一方面需要同时在“银行存款”账户中登记减少额 5 万元，从而使原材料增加与银行存款减少之间的因果关系一目了然。

复式记账法是在单式记账法的基础上发展而来的。与单式记账法相比，复式记账法具有如下特征：

(1) 对于任何一项经济业务，都要在两个或两个以上相互联系的账户中以相等的金额进行记录，从而可以全面、清晰地反映每项经济业务的来龙去脉。

(2) 对于所有的经济业务，需要设置完整的账户体系，从而能够连续、系统地反映各项会计要素的增减变动及其结果。

(3) 以会计等式为理论依据，对一定时期所作的全部会计记录进行试算平衡，以便根据试算平衡的结果检查账户记录是否正确。

当然，任何事物都有其两面性。从客观上来看，复式记账法也在一定程度上存在着理解较困难、核算手续较繁琐等不足。尽管如此，复式记账法自其产生以来，已在较短的时间内受到了世界各国的普遍认同和广泛采用。现代会计所采用的记账方法正是复式记账法。

复式记账法是一种比较科学的记账方法，其主要原因在于它以会计等式为理论依据，能够充分揭示企业经济活动和资金运动的内在规律。前已述及，企业发生的所有经济业务无非就是涉及资金的增加和减少两个方面，并且某项资金的增加或减少，势必会同时引起另一项资金的增加或减少，而任何经济业务的发生又都不会破坏会计等式。这就要求会计上在记录发生的每项经济业务时，必须将该项经济业务所涉及的资金增减变化原因及其结果都记录下来，以便全面、完整地反映经济业务所引起资金运动的来龙去脉。复式记账及其理论正是体现了资金运动这一内在规律性的客观要求，对于每项经济业务所涉及的资金增减变化，都要通过两个或两个以上相互联系的账户以相等的金额予以记录，综合、连续、系统地反映企业的全部经济活动和资金运动及其结果，提供企业经营管理所需的全部核算资料。

趣味阅读

单式与复式记账法的区别

（一）单式记账法

我们在日常生活中经常会提到“流水账”，它是一种日记账，也是单式记账法的一种应用，通常只登记现金和银行存款的收付。最常见的就是家庭式记账，例如，家庭里的日常开支，发生支出时通常只登记支出的增加数。

很多学生在大学学习的时候，为了记录自己的日常开支，所做的简单记录如伙食费支出、生活用品支出、通讯费支出等，也是单式记账法的一种应用。

（二）复式记账法

如下图所示，在日常生活中我们会使用天平进行计量，为了能准确获知货物的重量，将货物放在天平的一端，砝码放在另一端，只要使天平保持平衡，那么砝码的重量就是货物的重量。

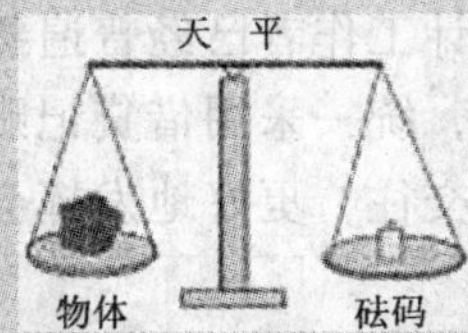

复式记账法的原理与天平的原理类似，采用复式记账法在反映一笔经济业务时要涉及两个或两个以上的相关账户，且有相互平衡的概念。

三、复式记账的具体方法

复式记账法有其特定的记账符号、记账规则和试算平衡公式等。按照记账符号的不同，复式记账的具体方法包括收付记账法、增减记账法和借贷记账法三种。

收付记账法是以“收”、“付”作为记账符号的一种复式记账方法，其特点主要是用收、付来表示资金、费用和收益的增减变动。按照反映经济业务的内容不同，收付记账法又可具体划分为现金收付记账法、财产收付记账法和资金收付记账法等。收付记账法是我国传统的记账方法，在20世纪50年代初曾被我国一些会计学家认为是民族的、科学的、大众的记账方法。但从60年代初开始即有人提出疑议，认为其科学性不足。尽管如此，我国行政事业和政府机关单位曾在一个较长的时期内采用收付记账法进行会计核算。到90年代中期，我国着手进行预算会计制度改革，国家有关部门和会计理论界与实务界普遍意识到，只有企业、行政事业和政府机关单位的记账方法取得一致，才更有利于实现与国际会计的趋同，推动我国经济的发展。因此，财政部于1997年颁布的《事业单位会计准则（试行）》等预算会计法规要求我国行政事业和政府机关单位，自1998年1月1日起一律采用借贷记账法。至此，收付记账法在我国不再被采用，但这种记账方法的确在我国会计核算中发挥过重要的作用。

增减记账法是以“增”、“减”作为记账符号的一种复式记账方法，其特点主要是以“同增同减，有增有减”作为记账规则。这种记账方法于1964年我国商业系统改革记账方法时提出，并被商业企业广泛采用。但是，增减记账法也存在着记账规则与理论基础不一致以及记账规则不易掌握等缺点。因此，按照我国1992年颁布的《企业会计准则》的规定，工商业企业从1993年7月1日起采用借贷记账法进行会计核算。至此，增减记账法在我国也不再被采用，但它确实具有通俗易懂的优点，而且是我国会计学界在总结会计实践基础上的一种创新，曾在特定的时期内丰富了会计记账方法。

借贷记账法是以“借”、“贷”作为记账符号的一种复式记账方法。这种记账方法是国际上通用的记账方法，由西方引入我国。根据我国现行会计准则和会计制度的规定，所有企业、行政事业和政府机关单位以及民间非营利组织的会计核算均采用借贷记账法。究其原因，主要有四个方面：一是经过多年的会计理论研究，人们普遍认为借贷记账法较其他记账方法更为科学合理；二是世界上绝大多数国家和国际会计组织均规定采用借贷记账法；三是经过多年的学习和实践，我国广大会计工作者已经普遍熟悉并掌握了借贷记账法；四是在当今社会经济全球化时代，统一采用借贷记账法有利于加强国内、国际不同会计主体之间的经济联系和交往，更好地发挥会计在经济管理中的重要作用。

2006年2月25日中华人民共和国财政部第33号令，修订后的新《企业会计准则——基本准则》第十一条继续规定：企业应当采用借贷记账法记账。

第二节 借贷记账法及应用

一、借贷记账法的产生及发展

借贷记账法是以“借”、“贷”作为记账符号，对任何一笔经济业务都必须以相等的金额在相互联系的两个或两个以上的有关账户中进行登记的一种复式记账法。

借贷记账法大约产生于13世纪的意大利。当时，在意大利的一些沿海城市，其商品经济特别是海上贸易已有很大发展，商品交换日益频繁，以经营货币资金为主要业务的借贷资本家大量出现。为了适应其管理的需要，借贷资本家就将收进来的存款，记在贷主（creditor）的名下，表示“欠人”的增加；而对于付出去的放款，则记在借主（debtor）的名下，表示“人欠”的增加。因此，“借”、“贷”最初的含义是从借贷资本家的角度来解释的。后来，随着意大利和其他西方国家商品经济的发展，经济活动的内容日趋复杂，人们运用“借”、“贷”所记录的内容也不再仅限于经济业务发生所涉及的货币资金增减，还要登记所涉及的各项财产物资的增减和收入与成本费用的发生。这样，

"借"、"贷"两字就失去了原有的含义，逐渐演变为纯粹的记账符号，成为会计上的专用术语，借贷记账法也在人们的管理实践活动中逐渐形成。直到公元15世纪，借贷记账法才在理论上得到比较完善的发展，其重要标志是1494年由意大利数学家卢卡·帕乔利所著的《算术、几何、比及比例概要》一书。该书运用数学原理对"借贷记账法"作了系统的论述和概括，被公认为是借贷记账法正式产生的标志，在会计发展史上具有划时代的意义。随后，借贷记账法很快在意大利和世界各国广泛传播并得以不断发展，成为一种国际通用的商业语言。

提示：

我国最初使用的借贷记账法是在20世纪初，清朝政府派员去日本学习，进而引进的英美式的借贷记账法。

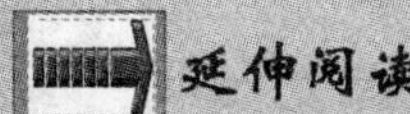

延伸阅读

1858年（咸丰八年）后由英国人控制的海关是我国最早应用借贷记账法的部门。我国最早介绍借贷记账法的书籍是1905年由蔡锡勇所著的《连环账谱》。1907年谢霖和孟森合著的《银行簿记学》在日本东京发行，成为我国第二本介绍借贷记账法的著作。

二、借贷记账法的内容

借贷记账法作为一种科学而严密的记账方法，具有一定的历史根源，并具有特定的记账符号、账户结构和记账规则。

（一）记账符号

记账符号是会计记录中采用的一种专门标记，表示经济业务引起的资金增减变动和记账方向。借贷记账法的记账符号是"借"、"贷"两字，即在任何一个账户中均设置"借"、"贷"两个相反的记账方向，一方用以反映账户的增加额，另一方用以反映账户的减少额。但"借"、"贷"两方哪方表示增加，哪方表示减少，则取决于账户的经济性质。其含义与账户性质的关系如表4-1所示。

表4-1

账户类别	借方	贷方
资产	增加	减少
费用	增加	减少
负债	减少	增加
所有者权益	减少	增加
收入	减少	增加

（二）账户分类及记账模式

在借贷记账法下，每个账户的具体结构取决于它所反映的经济业务内容。也就是说，账户的经济性质决定其借方和贷方登记的具体内容。由于账户按其经济性质可以划分为资产类、负债类、共同类、所有者权益类、成本类和损益类等六类，因此，借贷记账法下的各类账户具有较为固定的结构。由于共同类账户在企业中的应用较少，本书不作介绍。

1. 资产类账户的结构。在借贷记账法下，资产类账户的结构一般为：借方登记资产的增加额，贷方登记资产的减少额。由于一般的经济事项总是增加在先，减少在后，资产的减少额一般不会大于其期初余额与本期增加额之和，因此，资产类账户一般有期末借方余额。其期末借方余额的计算公式为：

资产类账户期末余额 = 期初余额 + 本期借方发生额 - 本期贷方发生额

如用“T”形账户表示，则资产类账户的结构如图 4-1 所示。

借方	资产类账户		贷方
期初余额	×××		
本期增加额	×××	本期减少额	×××
	⋮		⋮
本期发生额	×××	本期发生额	×××
期末余额	×××		

图 4-1　资产类账户的结构

资产类账户之所以在借方登记资产的增加额，而在贷方登记资产的减少额，完全是出于早期人们的记录习惯，并无一定的科学依据。

2. 负债类账户的结构。由于借贷记账法的理论依据是会计基本等式，即：资产 = 负债 + 所有者权益，根据该等式可以得知，负债类账户的结构一定与资产类账户的结构相反。因此，在借贷记账法下，负债类账户的结构为：贷方登记负债的增加额，借方登记负债的减少额。负债类账户一般有期末贷方余额。其期末贷方余额的计算公式为：

负债类账户期末余额 = 期初余额 + 本期贷方发生额 - 本期借方发生额

如用“T”形账户表示，则负债类账户的结构如图 4-2 所示。

借方	负债类账户		贷方
		期初余额	×××
本期减少额	×××	本期增加额	×××
	⋮		⋮
本期发生额	×××	本期发生额	×××
		期末余额	×××

图 4-2　负债类账户的结构

3. 所有者权益类账户的结构。所有者权益与负债均属于企业的权益。因此，在借贷记账法下，所有者权益类账户的结构与负债类账户的结构完全相同，即贷方登记所有者权益的增加额，借方登记所有者权益的减少额。所有者权益类账户一般具有期末贷方余额。其期末贷方余额的计算公式为：

所有者权益类账户期末余额 = 期初余额 + 本期贷方发生额 - 本期借方发生额

如用“T”形账户表示，则所有者权益类账户的结构如图4－3所示。

借方	所有者权益类账户		贷方
		期初余额	×××
本期减少额	×××	本期增加额	×××
	⋮		⋮
本期发生额	×××	本期发生额	×××
		期末余额	×××

图4－3　所有者权益类账户的结构

4. 成本类账户的结构。企业在生产经营过程中所发生的应当直接或间接地计入产品成本的材料费、人工费等各种耗费，在产品尚未制造完工以前可将其视为一种资产。因此，“制造费用”、“生产成本”等成本类账户的结构应当与资产类账户的结构基本相同，即借方登记成本的增加额，贷方登记成本的减少额。其不同之处则在于，成本类账户的贷方发生额通常表示本期成本的结转额，而且在期末结转之后，有的成本类账户无余额，有的成本类账户仍可能会留有借方余额，如“制造费用”账户通常无期末余额，而“生产成本”账户通常会留有期末借方余额，表示企业在产品的成本。成本类账户若有期末借方余额，其计算公式为：

成本类账户期末余额＝期初余额＋本期借方发生额－本期贷方发生额

如用“T”形账户表示，则成本类账户的结构如图4－4所示。

借方	成本类账户		贷方
（若有）期初余额	×××		
本期增加额	×××	本期减少额或结转额	×××
	⋮		⋮
本期发生额	×××	本期发生额	×××
（若有）期末余额	×××		

图4－4　成本类账户的结构

5. 损益类账户的结构。设置损益类账户的目的主要是为了反映企业在生产经营过程中所发生的各项收入与费用，以便通过同一时期收入和费用的比较，确定在此期间所实现的利润。损益类账户根据其与利润的关系，又可具体划分为收入类账户和费用类账户两小类，其具体结构并不相同。

（1）收入类账户的结构。无论是从收入的定义上分析，还是从扩展后的会计等式“资产＝负债＋所有者权益＋（收入－费用）”上分析，均会得出如下结论：收入的发生必定引起所有者权益的增加，收入类账户与所有者权益类账户具有基本相同的性质。因此，收入类账户的结构与所有者权益类账户的结构基本相同，即贷方登记收入的增加额，借方登记收入的减少额。其不同之处主要在于收入类账户期末结转之后，通常没有期末余额。

如用“T”形账户表示，则收入类账户的结构如图4－5所示。

借方	收入类账户		贷方
本期减少额或结转额	×××	本期增加额	×××
	⋮		⋮
本期发生额	×××	本期发生额	×××
		期末余额	0

图 4-5　收入类账户的结构

（2）费用类账户的结构。费用类账户的结构与收入类账户的结构正好相反，即借方登记费用的增加额，贷方登记费用的减少额，期末结转之后，通常没有期末余额。

如用“T”形账户表示，则费用类账户的结构如图 4-6 所示。

借方	费用类账户		贷方
本期增加额	×××	本期减少额或结转额	×××
	⋮		⋮
本期发生额	×××	本期发生额	×××
期末余额	0		

图 4-6　费用类账户的结构

综上所述，可以将借贷记账法下各类账户的结构归纳如表 4-2 所示。

表 4-2　借贷记账法下各类账户的结构

账户类别	借方	贷方	余额及方向
资产类	增加	减少	一般有余额且在借方
负债类	减少	增加	一般有余额且在贷方
所有者权益类	减少	增加	一般有余额且在贷方
成本类	增加	减少及结转	若有余额应当在借方
收入类	减少及结转	增加	一般无余额
费用类	增加	减少及结转	一般无余额

在借贷记账法下，只要某个账户出现期末余额，其期末余额的方向就必然与登记增加额的方向相一致。因此，在会计实务中，人们常常可以根据账户余额的方向来判断账户所反映的经济内容及其性质。账户若有期末借方余额，其反映的经济内容就属于资产；账户若有期末贷方余额，其反映的经济内容就属于负债或所有者权益。如果同一个账户在不同的会计期末出现方向不同的期末余额，则该账户实际已成为一个具有双重性质的账户。当该账户余额在借方时，反映资产；当其余额在贷方时，则反映负债或所有者权益。由此可见，在借贷记账法下，企业可以设置和运用双重账户，这是借贷记账法区别于其他复式记账法的一个重要特征。

所谓双重账户，是指既可以用来反映资产或费用，又可以用来反映负债、所有者权益或收入的账户，如“其他往来”、“待处理财产损溢”和“投资收益”等账户。通常，双重账户可以由两个性质相反的单个账户合并形成，而且能够反映每一单个账户各自的经济内容。因此，设置和运用双重账户有利于简化核算手续。例如，一些预收账款和预付账款业务不多的企业，就不再单独设置“预收账款”和“预付账款”账户，而是通过“应收账款”和“应付账款”账户反映企业因预收和预付款项所形成的债权和债务，从而使“应收账款”和“应付账款”两个账户均成为既具有债权性质又具有债务性质的双重账户。这样，就极大地简化了核算手续。

（三）会计分录

会计上设置的账户很多，企业发生的经济业务又十分频繁，如不采取一定的记录形式，势必难以准确反映各项经济业务所涉及的账户及其对应关系，以及各个账户的记账方向和金额，也就难以提供可靠的会计信息。因此，在会计核算中，对企业发生的每项经济业务，均应当根据一定的记账方法，编制相应的会计分录。

会计分录简称分录，是指对每项经济业务指出其应登记的账户以及记账方向与金额的一种记录。每项经济业务至少应当编制一笔会计分录。每笔会计分录都应当包括三个要素，即账户名称（会计科目）、记账方向和发生金额。会计分录通常具有一定的书写格式，借贷记账法下的书写格式一般为：借方科目及其金额写在上方且偏左，贷方科目及其金额写在下方且偏右。如企业从银行提取现金 5 000 元，这笔经济业务可以编制如下会计分录：

借：库存现金　　5 000

　　贷：银行存款　　5 000

会计分录按其反映经济业务内容的复杂程度，可分为简单会计分录和复合会计分录两类。

简单会计分录是指一项经济业务发生后，只需在两个相互联系的账户中记录相关会计要素增减变化情况的会计分录。简言之，凡“一借一贷”的会计分录就是简单会计分录。简单会计分录可以清晰地反映账户之间的对应关系，但当某项经济业务较为复杂，涉及两个以上账户时，如果对其编制多笔简单分录，会使记账手续变得繁琐。因此，在能够清晰地反映账户对应关系的前提下，可以对某项较为复杂的经济业务编制复合会计分录。但是，对于不同类型的经济业务，绝不能一味地为了简化记账手续而将其合并编制复合会计分录。

复合会计分录是指一项经济业务发生后，需要在两个以上相互联系的账户中记录相关会计要素增减变动情况的会计分录。这种会计分录往往是“一借多贷”、“多借一贷”或“多借多贷”。一笔复合会计分录往往可以分解成几笔相互联系的简单会计分录；反之，几笔相互联系的简单会计分录也可以合并为一笔复合会计分录。复合会计分录能够集中反映某项经济业务的全貌，并能简化记账工作，提高工作效率，但有时不能清晰地反映账户之间的对应关系。因此，应尽量避免编制“多借多贷”的复合会计分录。当然，也没有必要将所有的复合会计分录都人为地分解成简单会计分录。

从会计核算工作的整体循环过程来看，根据经济业务编制会计分录是加工会计信息的起点。在会计实务中，这项工作通常是使用编制记账凭证的方式来完成的。只有正确编制会计分录，才能保证账户记录的真实和正确，以便据以登记账簿和编制会计报表。

借贷记账法下，正确编制会计分录通常包括如下步骤：

1. 根据某项经济业务的内容和性质，分析其对会计要素及其增减变动的影响情况。

2. 判断该项经济业务所涉及的账户名称及其所属类别。

3. 根据各类账户的结构，将有关金额登记在相应账户的借方或贷方。

4. 运用“有借必有贷，借贷必相等”的记账规则，检查编制的会计分录是否借贷金额相等。

在实际会计工作中，会计分录是用格式化了的记账凭证来体现的，具体内容将在第八章讲解。

（四）记账规则

记账规则是指运用一定的记账方法对每项经济业务进行登记时所遵循的规律和原则。记账方法不同，记账规则也不相同。借贷记账法的记账规则，应当依据复式记账原理和借贷记账法下各类账户的结构而确立。记账规则可以指导会计分录的编制，而会计分录也必然体现记账规则的要求。

为便于理解，下面将举例说明，根据复式记账原理和借贷记账法下各类账户的结构，对各项经济业务进行分析和记录，以便从中探寻并归纳总结借贷记账法的记账规则。

现假设重庆××股份有限公司 2007 年 1 月 1 日有关账户的期初余额如表 4－3所示。

表 4－3　　总分类账户期初余额

账户名称	期初余额	
	借　方	贷　方
库存现金	10 000	—
银行存款	850 000	—
应收账款	50 000	—
原材料	100 000	—
库存商品	1 300 000	—
固定资产	220 000	—
累计折旧	—	20 000
短期借款	—	300 000
应付票据	—	30 000
应付账款	—	70 000
专项应付款	—	40 000
实收资本	—	1 650 000
资本公积	—	420 000
合　计	2 530 000	2 530 000

假设重庆××股份有限公司（以下简称××公司）2007年1月发生如下经济业务：

【例4-1】 2007年1月2日，××公司从银行存款中提取现金2万元。

这笔经济业务，引起××公司资产内部的库存现金增加2万元、银行存款减少2万元。由于在借贷记账法下，资产类账户的结构是借方登记增加数，贷方登记减少数，所以应当同时在“库存现金”账户的借方和“银行存款”账户的贷方，分别登记2万元。通常，在会计上按如下形式予以记录：

借：库存现金　　20 000

　　贷：银行存款　　20 000

【例4-2】 2007年1月5日，××公司承兑过的一张面值为3万元的不带息应付票据到期，但因资金不足而无力支付，遂按规定将其转为应付账款。

这笔经济业务，引起××公司负债中的应付账款增加3万元、应付票据减少3万元。由于在借贷记账法下，负债类账户的结构是贷方登记增加数，借方登记减少数，所以应当同时在“应付账款”账户的贷方和“应付票据”账户的借方，分别登记3万元。通常，在会计上按如下形式予以记录：

借：应付票据　　30 000

　　贷：应付账款　　30 000

【例4-3】 2007年1月10日，××公司将资本公积10万元转作资本，并按规定办妥相关手续。

这笔经济业务，引起××公司所有者权益中的实收资本增加10万元、资本公积减少10万元。由于在借贷记账法下，所有者权益类账户的结构与负债类账户的结构相同，所以，应当同时在“实收资本”账户的贷方和“资本公积”账户的借方，分别登记10万元。通常，在会计上按如下形式予以记录：

借：资本公积　　100 000

　　贷：实收资本　　100 000

【例4-4】 2007年1月20日，××公司经批准向银行取得为期6个月的借款6万元，并直接支付给某投资者，以减少其投资额。

这笔经济业务，引起××公司负债中的短期借款增加6万元、所有者权益中的实收资本减少6万元。因此，根据借贷记账法下负债类和所有者权益类账户的结构，应当同时在“短期借款”账户的贷方和“实收资本”账户的借方，分别登记6万元。通常，在会计上按如下形式予以记录：

借：实收资本　　60 000

　　贷：短期借款　　60 000

【例4-5】 2007年1月21日，××公司完成国家拨款项目，按规定将专项应付款4万元转为资本公积。

这笔经济业务，引起××公司所有者权益中的资本公积增加4万元、负债中的专项应付款减少4万元。因此，根据借贷记账法下负债类和所有者权益类账户的结构，应当同时在“资本公积”账户的贷方和“应付账款”账户的借方，分别登记4万元。通常，在会计上按如下形式予以记录：

借：专项应付款 40 000

　　贷：资本公积 40 000

【例4-6】 2007年1月23日，××公司取得为期半年的借款5万元，直接存入银行。

这笔经济业务，引起××公司资产中的银行存款增加了5万元、负债中的短期借款增加了5万元。所以，根据借贷记账法下资产类和负债类账户的结构，应当同时在“银行存款”账户的借方和“短期借款”账户的贷方，分别登记5万元。通常，在会计上按如下形式予以记录：

借：银行存款 50 000

　　贷：短期借款 50 000

【例4-7】 2007年1月25日，××公司接受某投资者投人的资金18万元，直接存入银行。

这笔经济业务，引起××公司资产中的银行存款增加了18万元、所有者权益中的实收资本增加了18万元。因此，根据借贷记账法下资产类和所有者权益类账户的结构，应当同时在“银行存款”账户的借方和“实收资本”账户的贷方，分别登记18万元。通常，在会计上按如下形式予以记录：

借：银行存款 180 000

　　贷：实收资本 180 000

【例4-8】 2007年1月26日，××公司以银行存款7万元归还所欠丙公司的应付账款。

这笔经济业务，引起××公司资产中的银行存款减少了7万元、负债中的应付账款减少了7万元。因此，根据借贷记账法下资产类和负债类账户的结构，应当同时在“银行存款”账户的贷方和“应付账款”账户的借方，分别登记7万元。通常，在会计上按如下形式予以记录：

借：应付账款 70 000

　　贷：银行存款 70 000

【例4-9】 2007年1月27日，××公司按规定以银行存款8万元退回某投资者的投资。

这笔经济业务，引起××公司资产中的银行存款减少了8万元、所有者权益中的实收资本减少了8万元。因此，根据借贷记账法下资产类和所有者权益类账户的结构，应当同时在“银行存款”账户的贷方和“实收资本”账户的借方，分别登记8万元。通常，在会计上按如下形式予以记录：

借：实收资本 80 000

　　贷：银行存款 80 000

【例4-10】 2007年1月28日，××公司向丙公司购买原材料一批并已验收入库，该批原材料的全部价款为15万元（假定不考虑相关税费）。××公司当即以银行存款10万元支付部分价款，其余5万元在事先征得丙公司同意后暂欠。

这笔经济业务，引起××公司资产中的原材料增加15万元，同时又引起资产中的银行存款减少 10 万元、负债中的应付账款增加 5 万元。因此，根据借贷记账法下资产类和负债类账户的结构，应当在“原材料”账户的借方登记 15 万元，同时在“银行存款”账户的贷方登记 10 万元、在“应付账款”账户的贷方登记 5 万元。通常，在会计上按如下形式予以记录：

借：原材料　　150 000

　　贷：银行存款　　100 000

　　　　应付账款　　50 000

【例 4 – 11】 2007 年 1 月 29 日，× ×公司向丁公司购买机器一台并立即交付使用，机器价值为 6 万元；同时向丁公司购买一项价值为 2 万元的专利权。全部款项均以银行存款当即支付。

这笔经济业务，引起× ×公司资产中的固定资产增加 6 万元、无形资产增加 2 万元，同时又引起资产中的银行存款减少 8 万元。因此，根据借贷记账法下资产类账户的结构，应当在“固定资产”账户的借方登记 6 万元、在“无形资产”账户的借方登记 2 万元，同时在“银行存款”账户的贷方登记 8 万元。通常，在会计上按如下形式予以记录：

借：固定资产　　60 000

　　无形资产　　20 000

　　贷：银行存款　　80 000

【例 4 – 12】 2007 年 1 月份，× ×公司销售商品的总售价为 160 万元。其中：已收回货款并存入银行的为 110 万元，尚未收回货款的为 50 万元。假定× ×公司于月末一次集中反映商品销售收入（不考虑相关税费）。

这笔经济业务，引起× ×公司的营业收入增加 160 万元，同时引起资产中的银行存款增加 110 万元、应收账款增加 50 万元。因此，根据借贷记账法下收入类和资产类账户的结构，应当在“主营业务收入”账户的贷方登记 160 万元，同时在“银行存款”账户的借方登记 110 万元、在“应收账款”账户的借方登记 50 万元。通常，在会计上按如下形式予以记录：

借：银行存款　　1 100 000

　　应收账款　　500 000

　　贷：主营业务收入　　1 600 000

【例 4 – 13】 2007 年 1 月份，× ×公司销售商品的总成本为 130 万元。假定× ×公司于月末一次集中结转商品销售的成本（不考虑相关税费）。

这笔经济业务，引起× ×公司费用中的营业成本增加 130 万元、资产中的库存商品减少 130 万元。因此，根据借贷记账法下费用类和资产类账户的结构，应当同时在“主营业务成本”账户的借方和“库存商品”账户的贷方，分别登记 130 万元。通常，在会计上按如下形式予以记录：

借：主营业务成本　　1 300 000

　　贷：库存商品　　1 300 000

通过对上述各项经济业务的记录，可以发现在借贷记账法下，每一笔经济业务的发生，都会涉及两个或两个以上的账户，既要在一个或几个账户的借方进行登记，又要在另一个或另几个账户的贷方进行登记，而且登记在有关账户借方和贷方的金额必然相等。

因此，借贷记账法的记账规则可以概括为一句话，即“有借必有贷，借贷必相等”。上述各个例题中的经济业务，尽管不是企业在生产经营过程中发生的所有经济业务，但足以代表企业经济业务引起会计要素增减变动的全部类型。借贷记账法的记账规则，适用于企业所有的经济业务。

（五）账户对应关系

运用复式记账原理对企业发生的经济业务进行会计处理，必然会使每笔经济业务所涉及的两个或两个以上的有关账户之间形成一种相互对应的关系，这种关系称为账户对应关系，存在对应关系的账户称为对应账户。

借贷记账法下的账户对应关系，有时表现为一个借方账户与一个贷方账户之间的相互对应关系，如简单会计分录中所体现的账户对应关系；有时则表现为一个借方账户与几个贷方账户、几个借方账户与一个贷方账户或几个借方账户与几个贷方账户之间的相互对应关系，如复合会计分录所体现的账户对应关系。

账户对应关系和对应账户并不以人的意志为转移，而是取决于企业所发生经济业务的性质。特定的经济业务，体现了特定的账户对应关系和对应账户。例如，某企业发生“以银行存款购买 1 万元材料并已验收入库”的经济业务，就会使“原材料”账户和“银行存款”账户之间形成账户对应关系，并使这两个账户互为对应账户；如该企业发生“赊购 1 万元材料”的经济业务，则会使“原材料”账户与“应付账款”账户之间形成账户对应关系。这时“原材料”账户不能再与“银行存款”账户相对应。否则，就会出现会计差错。

通过账户对应关系，可以了解企业经济业务的内容及其来龙去脉。例如，某大型企业 2007 年 3 月 1 日在“原材料”账户的借方和“银行存款”账户的贷方同时登记了 20 万元。根据这两个账户之间的对应关系，可以得知该企业发生了“以银行存款 20 万元购买材料并已验收入库”的经济业务，企业原材料的增加是由于支出了银行存款，银行存款的减少则是由于购买了材料。同时，通过账户对应关系，还可以检查企业发生的经济业务是否合法、合理。

教学互动

讨论下列会计分录表示的经济业务是否存在。

（1）借：原材料　　200 000
　　　贷：库存现金　　200 000

（2）借：应收账款　　5 000
　　　贷：银行存款　　5 000

三、借贷记账法的试算平衡

所谓试算平衡是指为保证会计账务处理的正确性，依据会计等式和复式记账原理，对本期所有账户的全部记录进行汇总和测算，以检查账户记录的正确性和完整性的一种方法。借贷记账法的试算平衡包括发生额试算平衡法和余额试算平衡法。

（一）发生额试算平衡法

在借贷记账法中，根据“有借必有贷，借贷必相等”的记账规则，每一笔经济业务都要以相等的金额，分别计入两个或两个以上相关账户的借方和贷方，借贷双方的发生额必然相等。推而广之，将一定时期内的经济业务全部计入有关账户之后，所有账户借方发生额合计与贷方发生额合计也必然相等。根据此恒等关系来检查本期发生额是否正确的方法即为发生额试算平衡法，其计算公式如下：

全部账户本期借方发生额合计 = 全部账户本期贷方发生额合计

（二）余额试算平衡法

它是根据本期所有账户借方余额合计与贷方余额合计的恒等关系，来检查本期账户记录是否正确的方法。根据余额时间的不同，余额平衡又分为期初余额平衡和期末余额平衡两种。期初余额平衡是指期初所有账户借方余额合计与贷方余额合计相等，期末余额平衡是指期末所有账户借方余额合计与贷方余额合计相等，这是由“资产 = 负债 + 所有者权益”的恒等关系决定的。其计算公式如下：

全部账户期初借方余额合计 = 全部账户期初贷方余额合计……………①

全部账户期末借方余额合计 = 全部账户期末贷方余额合计……………②

上面的平衡公式①和②，可以作为我们进行试算平衡的主要依据，运用这两个公式，可以检查期初余额、本期发生额、期末余额借贷是否平衡。在我国的会计实务中，一般是在月末结出各个账户本期发生额和月末余额后，通过编制“总分类账户发生额试算平衡表”（见表 4 - 4）、“总分类账户余额试算平衡表”（见表 4 - 5）和“总分类账户本期发生额及余额试算平衡表”（见表 4 - 6）来进行的。

表 4 - 4、表 4 - 5 和表 4 - 6 的数据，是根据本章【例 4 - 1—4 - 13】重庆 × × 股份有限公司 2007 年 1 月经济业务发生额以及期初余额编制的，供学习模仿。

表 4 - 4　　总分类账户发生额试算平衡表

账户名称	借方发生额	贷方发生额
库存现金	20 000	—
银行存款	1 330 000	350 000
应收账款	500 000	—
原材料	150 000	—
库存商品	—	1 300 000
固定资产	60 000	—
累计折旧	—	—

续表

账户名称	借方发生额	贷方发生额
无形资产	20 000	—
短期借款	—	110 000
应付票据	30 000	—
应付账款	70 000	80 000
专项应付款	40 000	—
实收资本	140 000	280 000
资本公积	100 000	40 000
主营业务收入	—	1 600 000
主营业务成本	1 300 000	—
合　计	3 760 000	3 760 000

表 4－5　　**总分类账户余额试算平衡表**

账户名称	借方余额	贷方余额
库存现金	30 000	—
银行存款	1 830 000	—
应收账款	550 000	—
原材料	250 000	—
库存商品	—	—
固定资产	280 000	—
累计折旧	—	20 000
无形资产	20 000	—
短期借款	—	410 000
应付票据	—	—
应付账款	—	80 000
专项应付款	—	—
实收资本	—	1 790 000
资本公积	—	360 000
主营业务收入	—	1 600 000
主营业务成本	1 300 000	—
合　计	4 260 000	4 260 000

表 4－6　　**总分类账户本期发生额及余额试算平衡表**

账户名称	期初余额		本期发生额		期末余额	
	借方	贷方	借方	贷方	借方	贷方
库存现金	10 000	—	20 000	—	30 000	—

续表

账户名称	期初余额		本期发生额		期末余额	
	借方	贷方	借方	贷方	借方	贷方
银行存款	850 000	—	1 330 000	350 000	1 830 000	—
应收账款	50 000	—	500 000	—	550 000	—
原材料	100 000	—	150 000	—	250 000	—
库存商品	1 300 000	—	—	1 300 000	—	—
固定资产	220 000	—	60 000	—	280 000	—
累计折旧	—	20 000	—	—	—	20 000
无形资产	—	—	20 000	—	20 000	—
短期借款	—	300 000	—	110 000	—	410 000
应付票据	—	30 000	30 000	—	—	—
应付账款	—	70 000	70 000	80 000	—	80 000
专项应付款	—	40 000	40 000	—	—	—
实收资本	—	1 650 000	140 000	280 000	—	1 790 000
资本公积	—	420 000	100 000	40 000	—	360 000
主营业务收入	—	—	—	1 600 000	—	1 600 000
主营业务成本	—	—	1 300 000	—	1 300 000	—
合　计	2 530 000	2 530 000	3 760 000	3 760 000	4 260 000	4 260 000

应当注意的是：试算平衡虽然可以根据借贷平衡大体推断总分类账的记录是否正确，但不能绝对肯定记账没有错误。这是因为借贷双方平衡只能说明各个账户的借贷双方曾经计入相等的金额，但是，会计上有许多错误对于借贷双方的平衡并不产生影响，即有些记账错误，不可能通过试算平衡来发现。由此可见，试算平衡并非万能的会计检查，会计人员必须保持谨慎的态度，对一切会计记录进行认真的检查和复核，这是不可或缺的措施。

动脑筋：

会计工作中发生了哪些错误，不会影响试算平衡表？试举几例加以说明。

本章小结

复式记账法是会计核算中最基本、最主要的会计方法之一。复式记账法按采用的记账符号和记账规则的不同，划分为收付记账法、增减记账法和借贷记账法。借贷记账法是复式记账法中最科学、最完善的记账方法。

借贷记账法以“借”、“贷”作为记账符号，表明经济业务所引起的资金变动应计入账户的方向（借方或贷方）；设置资产类、负债类、所有者权益类、成本类、收入类和费用类账户的固定结构；用会计分录的形式对每项经济业务应登记的账户以及记账方向与金额进行登记；以“有借必有贷，借贷必相等”作为记账规则；根据“全部账户借方本期发生额合计＝全部账户贷方本期发生额合计”，“全部账户借方期末（期初）余额合计＝全部账户贷方期末（期初）余额合计”的恒等关系，进行试算平衡。

关键词（中英文对照）

记账方法	recording system
单式记账法	single - entry system
复式记账法	double - entry system
借贷记账法	debit - credit bookkeeping
增减记账法	increase - decrease bookkeeping
收付记账法	receipts - payments bookkeeping
借方发生额	debit amount
贷方发生额	credit amount
借方余额	debit balance
贷方余额	credit balance
记账规则	recording principle
会计分录	accounting entry
对应账户	per contra item
试算平衡	trial balance

自 测 题

一、单项选择题

1. 借贷记账法的理论依据是(　　)。

A. 资产 = 负债 + 所有者权益

B. 收入 - 费用 = 利润

C. 借方发生额 = 贷方发生额

D. 期初余额 + 本期增加数 - 本期减少数 = 期末余额

2. 借贷记账法的记账规则是(　　)。

A. 有借必有贷，借贷必相等　　B. 有收必有付，收付必相等

C. 有增必有减，增减必相等　　D. 有加必有减，加减必相等

3. 在借贷记账法下，与资产类账户记账方向相同的账户是(　　)。

A. 负债类　　B. 费用类

C. 收入类　　D. 所有者权益类

4. 在借贷记账法下，账户的借方和贷方哪一方登记增加数，哪一方登记减少数，取决于(　　)。

A. 账户的用途　　B. 账户的性质

C. 账户的结构　　D. 账户的名称

5. 简单会计分录涉及账户的方向是(　　)。

A. 一借多贷　　B. 一借一贷

C. 多借一贷　　D. 多借多贷

6. 通过试算平衡，可让记账(　　)。

A. 正确　　B. 基本正确

C. 不起作用　　D. 凭证正确

7. 下列账户余额可能在借方也可能在贷方的是(　　)。

A. 利润分配　　B. 固定资产

C. 实收资本　　D. 库存现金

8. 企业应付账款的正常余额在(　　)。

A. 借方　　B. 贷方

C. 借方或贷方　　D. 借方和贷方同时存在

9. 全部账户借方期初余额合计应当等于(　　)。

A. 全部账户本期借方发生额合计　　B. 全部账户本期贷方发生额合计

C. 全部账户贷方期初余额合计　　D. 全部账户贷方期末余额合计

10. 借：银行存款　　20 000

　　贷：短期借款　　20 000

该会计分录体现的经济业务内容是(　　)。

A. 以银行存款 2 万元偿还短期借款

B. 受到某企业前欠货款 2 万元

C. 向银行取得短期借款 2 万元

D. 收到某企业投入货币资金 2 万元

二、多项选择题

1. 在借贷记账法下借方可以表示(　　)。

A. 资产增加　　B. 所有者权益减少

C. 收入增加　　D. 负债增加

E. 费用增加

2. 期末余额在贷方的账户是(　　)。

A. 资产类账户　　B. 收入类账户

C. 负债类账户　　D. 所有者权益类账户

E. 成本类账户

3. 下列账户中，月末或年末结转后一般无余额的是(　　)。

A. 主营业务成本　　B. 银行存款

C. 财务费用　　D. 应付账款

E. 主营业务收入

4. 在借贷记账法下，下列应登记在有关账户贷方的经济事项是(　)。

A. 短期借款增加　　　　B. 应付账款减少
C. 设备减少　　　　　　D. 应交税费增加
E. 银行存款增加

5. 总分类账户的明细分类账户平行登记的原则是(　　)。
A. 登记的次数相同　　　B. 登记会计期间相同
C. 登记的方向相同　　　D. 登记的金额相等
E. 登记的时间相同

三、判断题

1. 会计平衡式就是指“有借必有贷，借贷必相等”。(　　)
2. 在借贷记账法下，借表示增加，贷表示减少。(　　)
3. 复式记账法可分为借贷记账法、收付记账法和增减记账法三种。(　　)
4. 复式记账法是以资产与负债及所有者权益平衡关系作为记账基础，对于每一笔经济业务，都要在两个或两个以上相互联系的账户中进行登记，系统地反映资金运动变化结果的一种记账方法。(　　)
5. 试算平衡表中借贷发生额合计如果平衡，说明记账肯定没错。(　　)
6. 一个账户的借方如果用来记录增加额，其贷方一定用来记录减少额。(　　)
7. “借”、“贷”两字不仅是记账符号，其本身的含义也应考虑，“借”只能表示债权增加，“贷”只能表示债务增加。(　　)
8. 所有账户的左边均记录增加额，右边记录减少额。(　　)
9. 企业所有者权益类账户的期末余额在贷方。(　　)
10. “库存现金”和“银行存款”是一对固定的对应账户。(　　)

四、实务操作题

【目的】 练习会计分录的编制。

【资料】

某企业发生如下经济业务：
1. 生产产品领用材料5万元，车间一般耗用材料3 000元。
2. 以银行存款支付短期借款利息1 000元。
3. 以银行存款支付销售费用2 000元。
4. 发生营业外支出3 000元，以银行存款支付。
5. 结转当月制造费用5 000元。
6. 完工产品3万元验收入库。
7. 结转已销售产品成本2万元。
8. 将上述业务所涉及的损益类账户金额结转至本年利润。

【要求】 根据上述资料，使用借贷记账法编制会计分录。

五、综合训练题

【目的】 练习借贷记账法并编制试算平衡表。

【资料】

1. 光华公司2007年6月底部分总账期末余额如下：

固定资产	460 000	实收资本	460 000
原材料	116 000	生产成本	42 000
短期借款	82 000	库存现金	1 000
应交税费	28 000	应收账款	32 000
应付账款	93 600	银行存款	8 600
其他应收款	4 000		

2. 7月份发生如下经济业务：

(1) 7月2日，国家投资修建厂房一栋交付使用，总价值为19万元。

(2) 7月4日，从工商银行取得借款9.2万元，存入存款账户。

(3) 7月7日，用银行存款购买办公用品500元。

(4) 7月8日，购入材料5万元，已验收入库，货款尚未支付。

(5) 7月10日，以银行存款1万元偿还银行借款。

(6) 7月12日，开出转账支票，偿还上月所欠明星厂货款1.4万元。

(7) 7月13日，接到银行收款通知，收到大明厂支付的货款2.5万元。

(8) 7月15日，开出现金支票，从银行提取现金1 050元备用。

(9) 7月18日，采购员刘华预借差旅费600元，以现金支付。

(10) 7月20日，向银行借款4 500元，偿还前欠东风厂货款。

(11) 7月21日，开出转账支票2.8万元，缴纳所欠税金。

(12) 7月30日，仓库转来本月发出材料登记表，本月生产车间共领用材料4.6万元。

(13) 7月30日，将现金240元送存银行。

【要求】

(1) 根据上述资料，开设有关的"T"形账户，并登记期初余额；

(2) 编制会计分录，并根据会计分录记入各有关账户；

(3) 结出各账户的本期发生额和期末余额，编制"总分类账户本期发生额和余额试算平衡表"。

第五章

企业生产活动的起点

学习提示

企业生产经营活动的起点是筹集资金，通过筹集资金为开展生产经营活动奠定物质基础。本教材的第五章、第六章和第七章将系统讲述企业生产经营活动中的基本会计核算业务，是非常重要的学习内容，同时也是对借贷记账法知识的巩固。

本章主要介绍企业筹集资金的渠道主要有股东投入资本和从银行借入资本，股东投入资本与企业实收资本的概念及区别，股东投入资本业务核算使用“实收资本”账户结构；短期借款和长期借款的概念，向银行借入本金、产生利息和归还本息的业务核算；“短期借款”、“长期借款”和“应付利息”三个账户的结构以及余额性质。

学习时按不同渠道发生的筹资业务，分清“投入资本”与“借入资本”的性质，掌握其核算方法；明确借款利息应按权责发生按期计提记入有关账户，注意长期借款利息的不同处理方法。

建议观看会计职业场景动画演示：0501 企业财务关系图，0502 组建一个企业。

第一节　股东投入资本

我国公司法和其他有关法律规定，开办企业必须具备法律规定的与其生产经营或者服务规模相适应的资金数额，即投资者设立企业必须首先投入资本。为了反映投资者投入资本的增减情况，企业必须按国家统一的会计制度的规定进行投入资本核算，如实反映投入资本情况，维护企业各方利益。

一、投入资本的内容

投入资本是企业投资者（股东）实际投入企业的资本总和。投资者超过企业章程或合约、协议的约定（企业注册资本）部分记入资本公积。投资者可用货币资金、实物资产和其他资产等形式向企业投入资金。企业对投资者投入的资本应当保全，除依法转让外，不得以任何方式抽回。

二、投入资本的会计记录核算

企业收到所有者投入企业的资本后，应根据有关原始凭证（如投资清单、银行通知单）及合约、协议，按不同的出资方式作会计分录。

1. 投入资本状况分析，如图 5－1 所示。

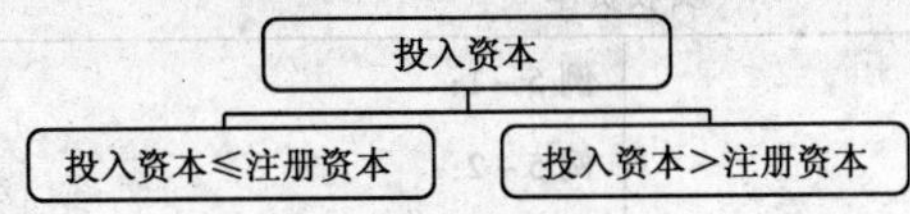

图 5－1　投入资本状况分析图

2. 投入资本核算设置的主要账户。

(1)“实收资本”账户（股份有限公司设置“股本”账户核算），该账户是所有者权益类账户，核算企业接受投资者投入的实收资本。该账户的贷方登记股东投入的注册资本、用资本公积和盈余公积转增的注册资本；借方登记减少的注册资本；期末余额在贷方，表示企业注册资本中实际收到的部分。本账户一般按投资者设立明细账。

(2)“资本公积”账户，该账户是所有者权益类账户，核算企业收到投资者出资额超过其在注册资本或者股本中所占份额的部分。该账户的贷方登记增加的资本公积，借方登记转增资本等减少的数额，期末余额在贷方。资本公积包括资本溢价（或股本溢价）和直接计入所有者权益的利得和损失等。

【例 5－1】 A、B 两投资者共同成立通达公司，在工商部门注册的注册资本为 400 万元。A 持股 40%，投入资本 160 万元；B 持股 60%，投入资本 240 万元。根据银行收款通知单，其会计分录如下：

借：银行存款　　　　4 000 000

　　贷：实收资本　　　　4 000 000

【例 5－2】 通达公司通过合法程序，将企业资本公积 10 万元转增为注册资本，其会计分录如下：

借：资本公积　　　　100 000

　　贷：实收资本　　　　100 000

【例 5－3】 通达公司按法定程序将企业税后利润提存的盈余公积 8 万元转增为注册资本，其会计分录如下：

借：盈余公积　　　　80 000

　　贷：实收资本　　　　80 000

【例 5－4】 通达公司按法定程序减少注册资本，股东抽回资金 50 万元。其公司会计分录如下：

借：实收资本　　　　500 000

　　贷：银行存款　　　　500 000

教学互动

请同学们将例 5－1—例 5－4 中的金额填入实收资本 T 形账户中。

实收资本

借方	贷方
例 5－4：	例 5－1：
	例 5－2：
	例 5－3：
发生额合计	发生额合计
	期末余额

第二节　借入资本

借入资本是企业向金融机构或其他经济组织借入的需要按一定条件偿还的资金。根据借入资本还款时间和借入资本目的不同，借入资本分为短期借款和长期借款。企业借款时会发生借款费用，企业的借款费用可直接归属于符合资本化条件的资产购建或者生产的，应当予以资本化，计入相关的资产成本；其他借款费用，应当在发生时根据其发生额确认为费用，计入当期损益。

符合资本化条件的资产，是指需要经过相当长一段时间的购建或者生产才能达到预定可使用或者可销售状态的固定资产、投资性房地产和存货等资产。

一、短期借款

短期借款是企业向银行或其他金融机构借入的期限在一年以下（含 1 年）的各种借款。短期借款通常是为了满足正常的生产周转需要。企业借入款项后，需要向债权人偿还本金及利息。企业通过“短期借款”账户核算短期借款的借入、偿还情况。本账户可按借款种类、贷款人和币种进行明细核算。短期借款账户的使用方法和三栏式账页格式，请参见本节的“教学互动”图 5－3 和表 5－1。

短期借款业务流程如图 5－2 所示，据此核算借入的本金、产生的利息，以及本金和利息偿还情况。

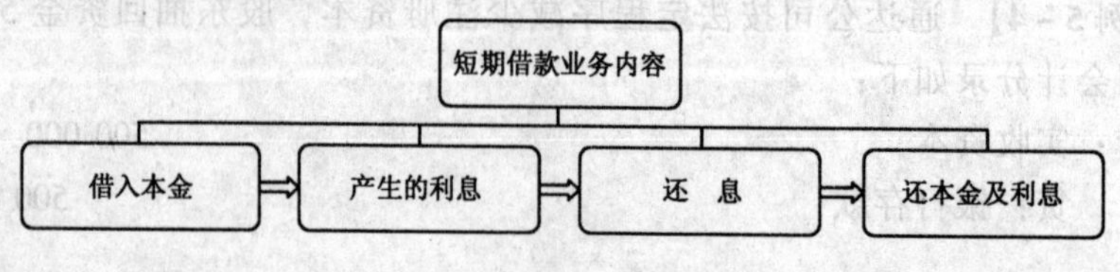

图 5－2　短期借款业务流程

（一）借入短期借款

【例5-5】 企业借入短期借款应按借入的实际金额核算，把借入款项存入企业在借入资金银行（本例设为在中国工商银行）开设的账户中。这笔业务，企业流动资金周转借款金额为10万元人民币，借入时间2007年1月1日，借款利息月息7.2‰，借款期限6个月。其会计分录如下：

借：银行存款　　100 000

　　贷：短期借款——流动资金周转借款　　100 000

（二）发生短期借款利息

在实际工作中借款银行一般在每季度末向贷款人收取短期借款利息，但企业在还款前，借款利息每月都在发生，所以企业应在每个月末计算本月已实际产生了的利息费用。短期借款利息属于财务费用，发生后应计入企业的当期损益，利息未支付以前形成企业的负债。

【例5-6】 根据例5-5的借款业务，企业将分别在2007年的1月31日，2007年的2月28日（本月虽然只有28天但是仍按一个计算应付利息）分别计算当月实际产生的利息，其会计分录如下：

每个月应付利息额 = 100 000 × 7.2‰ = 720（元）

借：财务费用　　720

　　贷：应付利息　　720

（三）到期偿还短期借款本金及利息

企业借入短期借款后，应按合同约定于每季度末归还利息，到期归还本金及利息。

【例5-7】 续例5-5、例5-6，该公司于2007年4月1日支付第一季度应付利息，其会计分录如下：

借：应付利息　　1 440（1月和2月份已记录在此账户）

　　财务费用　　720（3月份应付利息费用）

　　贷：银行存款　　2 160

【例5-8】 2007年7月1日如约归还银行的借款本金及第二季度的借款利息。会计分录如下：

借：应付利息　　200（4月和5月份已记录在此账户）

　　财务费用　　100（6月份应付利息费用）

　　短期借款　　100 000（本金）

　　贷：银行存款　　100 300

教学互动

请学生将例5-5至例5-8中有关“短期借款”账户的内容登记在本节短期借款“T”形账户和账页式账户中。

短期借款

归还短期借款本金	借入短期借款本金
例 5-8	例 5-5
本期合计	本期合计
	期末余额

图 5-3 “短期借款”T型账户

短期借款三栏式账页格式如表 5-1 所示。

一级账户：短期借款　　明细账户：流动资金周转借款

表 5-1

年		摘要	借方（还款）	贷方（借款）	期末余额（贷）（尚欠银行的本金）
月	日				
				例 5-5	
			例 5-8		尚欠银行的本金

二、长期借款

长期借款是企业向银行或其他金融机构借入的偿还期在一年以上（不含1年）的各种借款，一般用于固定资产的购建、改扩建工程、大修理工程、对外投资以及为了保持长期经营能力等方面。企业通过设置“长期借款”账户核算长期借款的借入和归还情况。本账户可按照贷款单位和种类设置明细账，分别设置“本金”、“利息调整”等明细账户核算。

（一）借入长期借款

企业借入长期借款后，一方面增加了长期负债，另一方面增加货币资产。企业借入款项时，借记“银行存款”账户，贷记“长期借款——本金”账户，如存在差额，还应借记“长期借款——利息调整”账户。

【例 5-9】 通达公司于 2007 年 1 月 1 日从银行借入资金 100 万元，用于建造一座厂房，借款期限 3 年，年利率 10%，该笔借款已办妥手续款项存入银行，其会计分录如下：

借：银行存款　　　　　　　　　　1 000 000

　　贷：长期借款——本金　　　　　　　1 000 000

（二）发生的利息

长期借款应根据实际受益对象确定借款利息的归属。计算确定的长期借款利息费用，应按下列规定计入有关成本或者费用账户，即属于企业筹建期间的，计入管理费用；在固定资产尚未达到预定可使用状态之前的长期借款利息，计入在建工程成本；属于固定资产达到预定可使用状态后发生的长期借款利息费用，记入财务费用。长期借款按合同利率计算确定的应付未付利息，借记“在建工程”、“研发支出”、“管理费用”、“财务费用”、“制造费用”等账户，贷记“应付利息”账户。

1. 发生在工程未达到预期目标之前的长期借款利息，记入在建工程成本。

【例 5 - 10】 续 5 - 9 例题，假设通达公司新建设的厂房于 2009 年 12 月 31 日达到预定可使用状态，则 2007 年 1 月 1 日到 2009 年 12 月 31 日期间，该笔借款利息记入在建工程成本，其会计分录如下：

借：在建工程　　　100 000（1 000 000 × 10%，每年各记一次）

　　贷：应付利息　　　100 000（1 000 000 × 10%，每年各记一次）

2. 发生在工程已达到预定使用状态之后的长期借款利息，列入当期损益，借记“财务费用”账户。

【例 5 - 11】 续例 5 - 9、例 5 - 10，假设该公司 2011 年 1 月 1 日才归还银行借款本息，则 2010 年发生的长期借款利息，其会计分录如下：

借：财务费用　　　100 000

　　贷：应付利息　　　100 000

（三）到期偿还借款本金及利息

企业归还长期借款的本金时，应按归还的金额借记“长期借款——本金”账户，贷记“银行存款”账户；按归还的利息，借记“应付利息”账户，贷记“银行存款”账户。

【例 5 - 12】 接例 5 - 9、例 5 - 10，企业 2011 年 1 月 1 日归还银行借款本息，其会计分录如下：

借：长期借款——本金　　　1 000 000

　　应付利息　　　400 000

　　贷：银行存款　　　1 400 000

考考你：

如果该笔借款是为了研究开发新产品，研究开发过程结束前利息费用记入哪里？

本章小结

筹集资金是企业重要的经济活动之一，筹集到了一定数额的资金就意味着企业拥有相应的资源，为开展经济活动奠定了基础。

企业通过向股东、其他投资者或者金融机构借入款项等形式筹集资金。股东投入的资本通过“实收资本”账户核算，借入资本应通过“短期借款”或者“长期借款”账户核算。借入资金发生的利息费用，按不同规定处理：凡符合直接归属于资本化条件的资产购建，应当予以资本化，计入相关的资产成本；其他借款费用，应当在发生时根据其发生额确认为费用，计入当期损益。

关键词（中英文对照）

实收资本（股本）　paid capital

利息　interest

长期借款　long - term borrowing

短期借款　　　　　　short - term borrowing

自 测 题

一、单项选择题

1. 投资者向企业投入的资本是(　　)。

A. 投资者实际投入企业的资本总和

B. 投资者投入企业的实收资本

C. 投资者从企业经营成果中提取的积累

D. 企业向银行借入的资金也是投资者投入的资本

2. 企业向银行借款时发生的借款手续费，一般记入(　　)。

A. 向银行借入资金的本金中

B. 单独计算，一般记入财务费用

C. 计算银行借款利息时，应包含银行借款的手续费

D. 企业向银行借款时发生的借款手续费，一般记入企业管理费用

3. 投资者投入企业的资本大于企业章程或合约、协议的部分应记入(　　)。

A. 资本公积　　　　B. 盈余公积

C. 实收资本　　　　D. 长期借款

4. 发生在工程未完工之前的长期借款利息记入下列(　　)账户的借方。

A. 财务费用　　　　B. 在建工程

C. 管理费用　　　　D. 应付利息

5. 应付未付的银行借款利息应记入(　　)账户的贷方。

A. 长期借款　　　　B. 实收资本

C. 应付利息　　　　D. 资本公积

二、多项选择题

1. 企业可以通过以下渠道筹集资金。(　　)

A. 向银行借入短期借款、长期借款

B. 投资者投入资金

C. 向外发行企业债券

D. 发行股票筹集资金

2. 长期借款的明细账有(　　)。

A. 本金　　　　　　　　　　B. 应付利息

C. 利息调整　　　　　　　　D. 银行账号

3. 银行存款账户一般可以(　　)作为明细账户。

A. 存款账号　　　　　　　　B. 资金用途

C. 货币种类　　　　　　　　D. 存款人姓名

4. 应付利息账户的贷方一般在(　　)账户的借方对应。

A. 在建工程　　　　　　　　B. 财务费用

C. 管理费用　　　　　　　　D. 销售费用

5. 短期借款与长期借款的主要区别在于(　　)。

A. 借款的目的不同　　　　　B. 偿还期限不同

C. 利息核算不同　　　　　　D. 借款银行不同

6. 投资者可以(　　)形式向企业投入资金。

A. 货币　　　　　　　　　　B. 固定资产

C. 无形资产　　　　　　　　D. 专利技术

三、业务练习题

【目的】 练习企业生产经营活动起点的业务核算

【资料】

1. 投资者（股东）张儆投入资金3 000万元。

2. 投资者（股东）李奇投入生产设备一套，设备公允价值为5 000万元。

3. 通达公司向银行借入生产周转借款500万元，还款期6个月。

4. 通达公司计算应付银行短期借款利息6 000元。

5. 通达公司因基本建设需要向银行借入为期三年的长期借款4 000万元。

6. 通达公司以银行存款偿还银行长期借款5 000万元，其中4 000万元为本金，1 000万元为已计提利息。

【要求】 根据以上资料编制会计分录。

第六章

企业生产经营活动的主要核算内容

学习提示

从企业经济业务的连续性看，本章是紧接第五章的又一个重要学习内容。典型的完整的企业经营活动，集中反映在工业企业的生产经营活动中，它包括了采购过程、生产过程和销售过程三个阶段。从资金运动角度看，企业资金的占用形态依次从货币资金转化为储备资金、生产资金、成品资金、结算资金，最后又回到货币资金，从而形成一次资金循环，周而复始的资金循环便形成资金周转。

本章主要讲述工业企业物资采购、产品生产和产品销售的业务内容；物资采购成本、产品生产成本、销售收入核算内容；“在途物资”、“原材料”、“生产成本”、“制造费用”、“主营业务收入”、“主营业成本”等账户的结构和使用方法；企业供应、生产和销售等主要经济业务发生后的会计核算方法。

学习时应从企业三大业务反映的经济内容入手，理清物资采购、产品生产、销售收入三个环节的会计核算主要使用哪些会计科目，把握“三大成本”包含的内容和计算分配方法，掌握三大成本费用归集和成本计算方法，掌握三大业务的主要会计分录。

建议观看会计职业场景动画演示：0601 企业资金流转过程；0602 形形色色的材料；0603 采购物资；0604 生产产品；0605 制造费用的归集与分配；0606 产品成本的计算与结转；0607 销售产品；0608 收入的确认。

第一节　为生产准备的购买活动

一、企业为产品生产准备什么

企业生产产品需要原材料。原材料是指直接用于制造产品并构成产品的实体的物资，或有助于产品形成但不构成产品实体的物资，包括各种原料及主要材料、辅助材料、燃料、修理用备件（备品备件）、包装材料、外购半成品等。原材料一般通过企业的购买活动取得。

延伸阅读

原料及主要材料是指经过加工后构成产品实体的各种原料和材料。原料是直接取之于自然界的劳动对象，如织布用的原棉；主要材料是指经过加工后的劳动对象，如用原棉加工形成的棉纱。辅助材料是指直接用于生产的有助于产品形成的或便于生产进行的各种材料，但这种材料不构成产品的实体，如染料、润滑油、防腐剂等。外购半成品是指从企业外部购入，经过加工或装配构成产品实体的半成品或配套件，如构成水轮机的轴承。修理用备件是指用于修理机器设备和运输设备等所专用的零件和备件。包装材料是指包装产品使用的，除包装物之外的各种纸、铁丝等材料。燃料是指在生产过程中用来燃烧发热或为创造正常的劳动条件用的材料，如汽油、煤炭等。

二、材料采购过程中材料采购费用归集和采购成本核算

（一）材料采购过程业务流程

物资采购部门负责及时、足量地供应企业生产所需的各种原材料，采购的材料只有经过验收合格后才能入库，作为企业生产产品的原材料。为正确区分材料采购过程中各方的责任，我们把材料分为在途物资和入库材料。

（二）材料采购成本

1. 材料采购成本包含的内容。购入材料的成本包含材料的买价和相关税费。其中购入材料的买价是指企业购入材料发票上列明的价款，但不包括按规定可以抵扣的增值税税额。相关税费是指：企业购买材料时发生的进口关税、消费税、资源税和不能抵扣的增值税进项税额以及相应的教育费附加等；购进材料发生的运杂费（运输费、装卸费、过路过桥费等）、包装费、保险费、运输中的仓储费、运输途中的合理损耗等费用以及购进材料验收入库前的挑选整理费用等。专设采购机构的经费计入管理费用，一般不计入材料的采购成本。

【例 6-1】 某公司是一般纳税人，2007 年 3 月 5 日购入一批材料，增值税发票上注明的不含税价格为 2 万元，增值税税率为 17%，由买方负担运输费用 500 元。

分析：该批材料的成本为买价（20 000）+ 运输费用（500）= 20 500（元）。增值税不构成材料的成本。

【例 6-2】 某公司是一般纳税人，2007 年 3 月 15 日购入一批材料，增值税发票上注明的不含税价格为 2 万元，增值税税率为 17%，数量 100 公斤；由买方负担运输费用 500 元；材料入库前发现已损坏 20 公斤，其中 10 公斤属于自然损耗，有 10 公斤应由保险公司赔偿。

分析：该批材料的成本包含不含税价格 2 万元、运输费用 500 元、属于合理损耗的自然损耗 10 公斤（不扣除），不包括由保险公司赔偿的 10 公斤材料成本（含增值税）。

2. 设置的主要账户。外购材料一般分为两个阶段：一个是采购成功尚未经过企业验收的在途物资，另一个是验收入库成为企业生产可用的库存材料。

验收入库前的材料称作在途物资，主要责任由物资采购部门及采购人员承担；验收入库后的材料称作入库材料，主要责任由仓库保管部门及保管人员承担。会计上为正确核算在途物资、入库材料成本，核算物资采购过程中的其他业务，主要设置以下几个账户进行核算。

(1)“在途物资”账户

“在途物资”账户是资产类账户，用来核算企业已购买、但尚未验收入库的材料物资的实际采购成本。该账户的借方登记采购材料物资成本的增加，贷方登记验收入库材料的实际成本，期末如有余额，一定是在借方，表示已经购买尚未验收入库的在途物资采购成本。该账户一般按供应单位或物资品种类别进行明细核算。在途物资T型账户的结构如下：

在途物资

在途物资成本：如例6-3、例6-4和例6-8	验收入库材料的实际成本：如例6-9
期末余额：表示尚未入库的在途物资采购	

在途物资三栏式账页格式运用如表6-1、表6-2、表6-3所示。

表6-1　在途物资总分类账

一级账户：在途物资

年		摘　要	借方（在途物资成本增加）	贷方（验收入库实际成本）	期末余额（借方）
月	日				
		例6-3			
		例6-4			
		例6-8			
		例6-9			
		本期合计			
		期末余额			

表6-2　在途物资明细账

一级账户：在途物资　　明细账户　A材料

年		摘　要	借　方	贷　方	期末余额
月	日				
		例6-3			
		例6-4			
		例6-8			
		例6-9			
		本期合计			
		期末余额			

表 6－3　　在途物资明细账

一级账户：在途物资　　明细账户　B 材料

年		摘　要	借　方	贷　方	期末余额
月	日				
		例 6－4			
		例 6－8			
		例 6－9			
		本期发生			
		期末余额			

教学互动

请在学习完本节后把相关例题业务内容登记入上述在途物资 T 型账户和三栏式账页中。

(2)“原材料”账户。“原材料”账户是资产类账户，用来核算各种材料的收发、结存情况。如果原材料按实际成本核算，该账户借方登记入库材料的实际成本，贷方登记发出材料的实际成本，期末余额在借方，反映企业库存材料的实际成本。若入库材料采用计划成本核算，则原材料账户借方、贷方、余额均按计划成本核算。该账户可按材料的保管地点、类别、品名和规格进行明细核算。

(3)“应付账款”账户。“应付账款”账户是负债类账户，用来核算企业在购买材料、商品或接受劳务供应等经营活动应支付的款项。该账户的贷方登记增加的应付账款；借方登记减少的应付账款，期末余额一般在贷方，表示尚未支付的应付账款。该账户一般按应付款单位名称进行明细核算。

(4)“应付票据”账户。“应付票据”账户是负债类账户，用来核算和监督企业在对外发生债务时，开出、承兑的商业汇票（包括商业承兑汇票、银行承兑汇票)。该账户的贷方登记企业开出、承兑的商业汇票；借方登记收到银行通知后企业实际支付的款项，期末余额在贷方，表示已承兑但尚未到期的应付票据数额。

商业汇票是指收款人或付款人签发，由承兑人承兑，并于到期日向收款人或被背书人支付款项的票据。

(三) 材料采购业务的会计核算

企业根据自己的需要寻求供货商，与供货商签订供货合同，明确所需货物的数量、质量、价格、交货方式、交货时间，违约法律条款等。供货合同对买卖双方具有一定的法律约束作用，应保管好，并以此为依据要求供货商履行供货责任。但合同所列事项，并未实际发生，所以在会计处理上不作记录。

会计应该企业根据购买发票、运输装卸单据、保险费单据归集材料采购成本，记录债务发生、货款支付以及材料验收入库的情况。

1. 购货时直接支付货款业务。

【例 6-3】 通达公司是一般纳税人，2007 年 3 月 5 日购入 A 材料 1 000 公斤，不含税货款总额 2 万元，增值税税率为 17%，发生运输费用 500 元，所有款项均已开出转账支票支付。材料尚未验收入库。

分析：这项经济业务涉及在途物资成本的增加，银行存款资产的减少，购进材料中的增值税作为“应交税费——应交增值税”的借方金额。会计人员依据增值税购货发票、运输费用结算单据、转账支票存根等单据，作会计分录如下：

借：在途物资 ——A 材料　　20 500

　　应交税费——应交增值税　　3 400

　　贷：银行存款　　23 900

【例 6-4】 通达公司是一般纳税人，2007 年 3 月 12 日购入一批材料，增值税发票上注明的不含税价格为 6 万元，其中 A 材料 3 000 公斤，单价 10 元/公斤，B 材料 2 000 公斤，单价 15 元/公斤，增值税税率为 17%；运输过程中发生运输费用 500 元；假设材料入库前 A 生材料发现已损坏 30 公斤，其中 10 公斤属于自然损耗，有 20 公斤应由责任人保险公司赔偿；所有款项均以银行存款支付。

分析：

(1) 买价：A 材料，3 000 × 10 = 30 000 元；B 材料，2 000 × 15 = 30 000 元。

(2) 运输费用：以 A、B 材料的重量作为分配标准

运输费用分配率 = 运输费用总和 ÷ 分配标准总和

= 500 ÷（3 000 + 2 000）= 0.1（元/公斤）

A 材料应分摊运输费用 = 3 000 × 0.1 = 300（元）

B 材料应分摊运输费用 = 500 − 300 = 200（元）

A 材料单位成本 =（30 000 + 300）÷ 3 000 = 10.1（元/公斤）

B 材料单位成本 =（30 000 + 200）÷ 2 000 = 15.1（元/公斤）

(3) A 材料入库前自然损耗的 10 公斤不影响本批采购材料的总成本，由责任人保险公司赔偿的 20 公斤材料成本为 20 × 10.1 = 202 元，应从该批材料采购成本中扣除。

责任人保险公司除赔偿买价、运输费外，还要负担相应的增值税额，企业应向保险公司收取赔偿款总额为 236 元（202 + 20 × 10 × 17%）。

(4) 该笔业务应作会计分录如下：

借：在途物资——A 材料　　30 098（其中运输费实际 298 元）

　　　　　　——B 材料　　30 200

　　应交税费——应交增值税（进项税额）　　10 166

　　其他应收款——保险公司　　236

　　贷：银行存款　　70 700

2. 通过赊销方式购入材料。在这种购货方式下，一般买卖双方按约定的方式、时间支付货款，一般通过“应付账款”账户，核算采购过程中发生的债

务。

【例 6-5】 续例 6-3，假设货款未付。会计人员根据购货合同、增值税购货发票，作会计分录如下：

借：在途物资 ——A 材料　　20 500
　　应交税费——应交增值税（进项税额）　　3 400
　　贷：应付账款——某单位　　23 900

3. 使用商业汇票购入材料。在这种购货方式下，买方开出商业汇票、经买方或银行承兑后，到期支付货款。

【例 6-6】 续例 6-4，假设通达公司开出商业汇票抵付货款，会计人员根据购货合同、增值税购货发票、商业汇票存根等，作会计分录如下：

借：在途物资——A 材料　　30 098
　　　　　　——B 材料　　30 200
　　应交税费——应交增值税（进项税额）　　10 166
　　其他应收款——保险公司　　236
　　贷：应付票据　　70 700

【例 6-7】 续例 6-5，2007 年 3 月 24 日，通达公司开出转账支票，支付前欠货款 23 900 元。

借：应付账款——某单位　　23 900
　　贷：银行存款　　23 900

4. 材料入库前的验收业务。企业购入材料后，在入库前，要经过严格的审核，分清供货单位、运输单位、保险公司的责任，加强物资采购人员、仓库保管人员的责任。外购材料在入库前应由运输部门、保险公司赔偿的，借记“其他应收款”账户，属于合理损耗部分，记入在途物资采购成本（例 6-2）；在入库前因整理材料发生的人工、保管等费用，借记“在途物资”账户，贷记“应付职工薪酬”、“银行存款”、“库存现金”等账户。

【例 6-8】 2007 年 3 月 26 日，例 6-4，2007 年 3 月 12 日购入的 A、B 材料中，仅为 A 材料发生清理费用 300 元，已用库存现金支付。根据工资清单和工资签领表，通达公司应作会计分录如下：

借：在途物资——A 材料　　300
　　贷：库存现金　　300

5. 材料入库。

【例 6-9】 2007 年 3 月 26 日，续例 6-4，2007 年 3 月 12 日购入的 A、B 材料验收入库。

表 6-4　　通达公司材料入库单

仓库：

材料名称	规格	数量（公斤）	单价（元）	金额（元）
A 材料		2 970	10.24	30 398
B 材料		2 000	15.10	30 200
合计				60 598

保管人员：张一品

通达公司会计人员根据入库单，作会计分录如下：

借：原材料——A 材料　　30 398
　　　　　——B 材料　　30 200
　贷：在途物资——A 材料　　30 398
　　　　　　——B 材料　　30 200

教学互动

请把上述例 6－3、例 6－4、例 6－8 和例 6－9 的相关业务内容，登记在本节前列出的"教学互动"的在途物资 T 型账户和三栏式账页中。

现根据例 6－9 的业务内容，登记通达公司 2007 年 3 月原材料总账及明细账，如表 6－5、表 6－6 和表 6－7 所示。

表 6－5

一级账户：原材料

2007 年		摘　要	借　方	贷　方	余　额
月	日				
3	1	期初余额			56 000
3	26	A、B 材料入库	60 598		116 598
3	31	本月合计及余额	60 598		16 598

表 6－6　　原材料明细账

一级账户：原材料　明细账户：A 材料　　数量单位：公斤　金额单位：元

2007 年		摘　要	入库材料			发出材料			期末结存		
月	日		数量	单价	金额	数量	单价	金额	数量	单价	金额
3	1	期初余额							4 000	12.00	48 000
3	26	A 材料入库例 6－9	2 970	10.24	30 398				6 970	11.25	78 398
3	31	本月合计及余额	2 970	10.24	30 398				6 970	11.25	78 398

表 6－7　　原材料明细账

一级账户：原材料　明细账户：B 材料　　数量单位：公斤　金额单位：元

2007 年		摘　要	入库材料			发出材料			期末结存		
月	日		数量	单价	金额	数量	单价	金额	数量	单价	金额
3	1	期初余额							800	10.00	8 000
3	26	B 材料入库例 6－9	2 000	15.1	30 200				2 800	13.64	38 200
3	31	本月合计及余额	2 000	15.1	30 200				2 800	13.64	38 200

三、材料总成本与单位成本计算

在材料采购过程中，能直接确定为某种材料成本的，如材料的买价，会计上直接记入"在途物资——××材料"的成本；不能直接确定为某种材料的成本，需要在几种材料之间进行分配的，如运输费用，会计上一般要按下列步骤进行分配：

第一步，确定分配费用的标准。一般以材料的重量或体积作为费用的分配标准。

第二步，计算分配率。

费用分配率＝分配费用总和/分配标准总和×100%

第三步，计算各种材料应分摊的费用额。

某种材料应分摊的费用＝某种材料分配标准×费用分配率

第四步，计算材料的总成本和单位成本。

某种材料成本总和＝直接记入该种材料的成本＋分配记入的采购费用

某种材料单位成本＝该种材料总成本/该种材料入库数量

购进材料的采购成本计算实例，以及会计分录，请参见本节前述有关业务内容，这里不再赘述。

为了对采购成本的形成与计算有一个整体的认识，现将上述例6－3、例6－4、例6－8和例6－9的采购的A、B材料成本计算单编制如表6－8所示。

表6－8 **材料采购成本计算表**

编制单位：通达公司 2007年3月 数量单位：公斤 金额单位：元

成本项目	A材料（入库数量2 970）		B材料（入库数量2 000）	
	总成本	单位成本	总成本	单位成本
买 价	29 800	10.03	30 000	15.00
采购费用	598	0.21	200	0.10
材料采购成本合计	30 398	10.24	30 200	15.10

第二节 消耗人力、物力的生产活动

企业准备好生产产品的劳动对象（原材料）后，进入产品生产阶段。在产品生产环节，企业的主要任务是按计划或定单生产合格的产品。企业产品的生产过程既独立于其他经营环节，又与其他经营环节紧密相联，如生产环节与材料采购、产品的销售环节紧紧相联；在生产过程中发生的工资结算也与其他管理人员、销售人员同时结算。为正确核算产品的生产成本，会计上要按国家统一会计制度规定，严格区分哪些人力、物力的消耗与生产车间形成产品有关，哪些与生产车间形成产品无关。

一、费用和产品成本

（一）费用与产品成本

费用是指企业为销售产品、提供劳务等日常活动发生的经济利益的总流出。为销售产品或提供劳务而发生的对象化费用在确认产品或劳务收入时，计入当期损益，无法对象化的费用直接计入当期损益。在发生时直接记入当期损益的费用有管理费用、财务费用、销售费用、主营业务税金及附加等。为生产产品或提供劳务而发生的对象化费用先记入产品或劳务成本，在产品或劳务销售收入实现时，再记入当期损益，具体表现为主营业务成本（销售产品成本或劳务成本）、其他业务成本等。费用会影响企业当期损益的减少，核算费用的账户期末余额一般为零。

产品成本是指企业产品的生产车间为产品生产消耗的人工、材料成本，生产机器设备、生产厂房磨损价值。构成产品成本的成本项目可分为直接材料、直接人工和制造费用三大部分。直接材料是指企业在产品生产过程中，直接用于产品生产、构成产品实体的材料，包括原料及主要材料、外购半成品等。直接人工是指直接从事产品生产的工人工资及福利费。直接材料与直接人工的共同点在于：发生时能直接确定为某个产品的成本，因此我们把发生时能直接记入某个产品成本的费用叫做直接费用（也叫直接成本）。制造费用是指各生产产品的单位（一般指生产车间或分厂）为组织和管理生产所发生的各项费用。它的特点是发生时不能直接记入某个产品的成本，需要由两个或两个以上的产品按一定标准进行分配，然后才能记入某个产品的成本中。制造费用我们也把它叫做间接费用（间接成本）。产品生产成本由直接费用和间接费用组成。

（二）设置两个成本账户

1.“生产成本”账户。“生产成本”是成本类账户，用来核算与监督企业在产品生产过程中所发生的一切费用。该账户借方登记企业在产品生产过程中发生的直接费用、由“制造费用”账户转入的间接费用，贷方登记转出的完工入库的产品成本，期末余额在借方，表示尚未完工的在产品成本。该账户可以按照产品的品名或种类设置明细账户，进行明细核算。

2.“制造费用”账户。“制造费用”是成本类账户，用来核算归集产品生产过程中发生的间接费用。该账户借方归集产品生产过程中发生的间接费用，如机器设备、生产厂房的折旧费，生产车间管理人员的工资及福利费，生产车间的照明费，以及生产车间发生的其他间接费用；贷方登记分配转入“生产成本”账户的间接费用；月末一般无余额。该账户可以按照生产车间及制造费用的项目设立明细账，进行明细分类核算。

“生产成本”账户与“制造费用”账户的关系如图 6-1 所示。

制造费用	
(1) 归集间接费用	(2) 分配转入各产品成本中

→

生产成本	
(1) 直接费用 (2) 转入的间接费用	

图 6-1

二、生产过程的业务核算

（一）生产领用材料业务

企业发出的材料，按谁使用谁承担的原则，确定计入有关的成本对象或费用账户。企业生产过程中为产品生产领用的材料，能直接计入某个产品成本的，领用时，借记“生产成本”账户，贷记“原材料”账户；不能直接记入的，则借记“制造费用”账户，贷记“原材料”账户；企业管理部门领用的原材料，则借记“管理费用”账户，贷记“原材料”账户。

【例 6-10】 3 月 1 日，通达公司第一生产车间领用 A 材料 7 万元，其中生产甲产品使用 2 万元，生产乙产品使用 5 万元。

分析：领用的 A 材料直接构成甲、乙产品的实体，能分清成本计算对象，属于直接费用，应作会计分录如下：

借：生产成本——甲产品　　20 000
　　　　　　——乙产品　　50 000
　贷：原材料——A 材料　　70 000

【例 6-11】 3 月 15 日，通达公司第一生产车间领用 300 元的润滑油用于机器设备维修。

分析：润滑油用于机器设备维修属于车间产品生产所耗的共同费用，应计入制造费用账户，应作会计分录如下：

借：制造费用　　300
　贷：原材料——润滑油　　300

【例 6-12】 3 月 27 日，通达公司厂部领用 B 材料 300 元用于企业管理大楼维修。

分析：企业管理大楼维修领用 B 材料是企业为实现组织管理职能而发生的费用，属于管理费用，应作会计分录如下：

借：管理费用　　300
　贷：原材料——B 材料　　300

（二）生产过程发生工资业务

1. 工资及其结算。企业在生产过程中，必然会耗费人力，与人力费用相关的项目主要有以下内容：职工基本工资、奖金、津贴和补贴，职工福利费，社会保险费，住房公积金，工会经费和职工教育经费，非货币性薪酬，其他薪酬等。

在众多的人力费用中，职工基本工资、奖金、津贴和补贴是发生其他费用的基础，如计提住房公积金、社会保险费和职工福利费等，都要以工资作为基数。本教材仅讲述工资和福利费。现假设通达公司 2007 年 3 月工资结算汇总情况如表 6-9 所示。

表 6-9　　通达公司 2007 年 3 月工资结算汇总表

项目 部门	月标准工资	计件工资	奖金	工资性津贴	应付工资	代扣工资			实发工资
						房租	水电	小计	
基本生产车间	91 000	8 000	8 000	8 000	110 500	300	200	500	110 000
其中：甲产品生产工人	40 000	3 000	4 000	3 000	50 000	140	110	250	49 750
乙产品生产工人	51 000	5 000	4 000	500	60 500	160	90	250	60 250
车间管理人员	3 000		2 000	100	5 100	250	150	400	4 700
企业管理部门	17 000		3 000	300	20 300	180	120	300	20 000
销售人员	20 000		1 000	200	21 200				21 200
合　计	131 000	8 000	14 000	4 100	157 100	730	470	1 200	155 900

分析：表中虽然只列有与生产工人、生产部门（生产车间、分厂）管理人员有关的职工薪酬，但一个公司工资发放，各个部门是在一起进行的，因此有必要分清人力费用应由哪一个部门来承担。依据工资表 6-9 作以下判断：生产甲产品人员工资费用为 5 万元；生产乙产品人员工资费用为 60 500 元；第一车间管理人员工资为 5 100 元；企业管理部门人员工资费用为 20 300 元；销售人员工资费用为 21 200 元。以上几类人员的工资总额为 157 100 元。此外应从职工工资中扣收的水电费 1 200 元，列为其他应收款。

2. 设置的账户。

(1)“应付职工薪酬”账户。“应付职工薪酬”是负债类账户，该账户是用来核算应支付给职工的各种薪酬；该账户贷方登记应付职工的各种薪酬，借方登记实际支付的金额。

(2)“管理费用”账户。“管理费用”是损益类账户中的费用账户，该账户是用来核算企业行政管理部门为组织和管理生产发生的各种费用；该账户借方登记发生的各项管理费用，贷方登记期末全部转入当期损益的数额，期末本账户结转后无余额。为具体核算管理费用的发生情况，一般按管理费用项目设置明细项目，如应付职工薪酬、审计费、折旧费等，进行明细分类核算。

【例 6-13】 3 月 30 日，通达公司根据工资结算汇总表（见表 6-9），应作会计分录如下：

借：生产成本——甲产品　　50 000
　　　　　　——乙产品　　60 500
　　制造费用　　5 100
　　管理费用　　20 300
　　销售费用　　21 200

贷：应付职工薪酬　　157 100

同时该公司通过银行转账支付职工工资，其会计分录如下：

借：应付职工薪酬　　157 100

　贷：银行存款　　155 900

　　其他应收款——职工水电费　　1 200

【例6－14】　企业根据历史经验数据和实际情况，合理预计2007年3月职工福利费，其中甲产品生产工人7 000元，乙产品生产工人8 470元，车间管理人员714元，厂部行政管理人员2 842元，销售人员2 968元。

分析：企业提取的职工福利费是根据历史经验数据和实际情况计提的，应作会计分录如下：

借：生产成本——甲产品　　7 000

　　——乙产品　　8 470

　制造费用　　714

　管理费用　　2 842

　销售费用　　2 968

　贷：应付职工薪酬　　21 994

（三）生产设备磨损价值计入产品成本的业务

1. 业务内容。企业的固定资产在使用过程中逐步磨损，发生折旧费用。月末，企业通常编制固定资产折旧费用计算表，把折旧费用记入“制造费用”、“管理费用”账户的借方。

2. 设置的账户。“累计折旧”账户是用来反映固定资产价值磨损的情况，该账户是一个抵减账户，贷方登记固定资产增加的折旧额，借方登记报废、毁损、变卖的固定资产中已提取的折旧。

【例6－15】　通达公司2007年3月31日编制固定资产折旧计算表，生产车间厂房折旧额3 000元，机器设备折旧5 000元；企业用办公用房、办公设备、小轿车折旧额为4 000元。

分析：生产车间厂房折旧额3 000元，机器设备折旧5 000元，属于为产品生产发生的费用，把它们记入产品的生产成本；企业用办公用房、办公设备、小轿车折旧额为4 000元属于企业行政管理部门耗用，记入管理费用，应作会计分录如下：

借：制造费用　　8 000

　管理费用　　4 000

　贷：累计折旧　　12 000

（四）生产过程发生水电费的业务

生产过程发生的水电费用，有的构成产品的实体，如生产饮料所用的水，有的作为车间为产品生产发生的共同费用（间接费用）。但无论哪一种情况，在与水电部门进行水电费用结算时，管理部门、生产部门及其他部门都是一起结算。会计部门根据水电费结算表分清各部门应承担的水电费。

表 6-10 通达公司（水费）费用计算表

2007 年 3 月

部　　门	数量（吨）	不含税单价	不含税金额	增值税	价税合计
生产车间	3 000	1 元/吨	3 000	390	3 390
企业管理部门	4 000	1 元/吨	4 000	520	4 520
职工家属区水费	3 000	1 元/吨	3 000	390	3 390
合　　计	10 000	—	10 000	1 300	11 300

【例 6-16】 3 月 31 日，通达公司根据表 6-10，应作会计分录如下：

借：制造费用　　3 000
　　管理费用　　4 000
　　应交税费——增值税（进项税额）　　910
　　其他应收款——职工水电费　　3 390
　　贷：应付账款——供水公司　　11 300

【例 6-17】 3 月 31 日，通达公司开出转账支票支付本月水费共计 11 300 元。

借：应付账款——供水公司　　11 300
　　贷：银行存款　　11 300

（五）生产过程发生其他费用的业务

企业在生产过程中还会发生除工资薪酬、折旧费、水电费以外的其他费用，对企业发生的其他费用一般按照谁受益谁承担的原则进行会计处理。

小提示：

我们的产品能降价与同行竞争，是因为我们的产品生产成本比同行的产品成本低！

（六）产品生产完工、验收入库的业务

1. 分配制造费用。制造费用是构成产品成本的内容之一。当产品生产完工时，应计算完工产品生产总成本和单位成本，编制产品成本计算单。由于生产过程中发生的能直接确认为某种产品成本的直接费用，登记在“生产成本——××产品”账户；不能直接确认为某种产品成本的间接费用，登记在“制造费用”账户中，所以在产品完工后，首先应分配产品的间接费用，即制造费用账户借方发生额合计数；经过分配后，才能确定每一种产品应承担的间接费用，进而计算出完工产品的成本。

【例 6-18】 根据例 6-10—例 6-17，通达公司 2007 年 3 月“制造费用”账户登记如表 6-11 所示。

表 6-11 制造费用明细账

单位：元

2007 年		凭证号码	摘　要	费用项目			合　计
月	日			职工薪酬	材料费	其他费用	
3	15	略	车间领用润滑油		300		300
3	30		车间管理人员工资	5 100			5 400
3	30		福利费	714			6 114

续表

2007年		凭证号码	摘要	费用项目			合计
月	日			职工薪酬	材料费	其他费用	
3	31		固定资产折旧			8 000	14 114
3	31		车间用水费			3 000	17 114
3	31		制造费用分配前合计	5 814	300	11 000	17 114
3	31		分配制造费用	5 814	300	11 000	17 114

根据表 6－11，可以看出 2007 年 3 月通达公司制造费用合计 17 114 元，应该在生产车间生产的甲、乙两种产品之间进行分配。

假设本例对制造费用分配标准是采用产品直接生产工人工资，其工资总额为 110 500 元，其中甲产品生产工人工资 5 万元，乙产品生产工人工资 60 500 元，则：

制造费用分配率＝17 114/110 500≈0.1549

甲产品应分配制造费用＝50 000×0.1549＝7 745（元）

乙产品应分配制造费用＝17 114 －7 745
＝9 369（元）

分配的最后一步用扣除法，避免因小数计算出现尾差

应作会计分录如下：

借：生产成本——甲产品　　7 745
　　　　　　——乙产品　　9 369
　贷：制造费用　　17 114

2. 产品生产成本计算。根据例 6－10—例 6－18，通达公司 2007 年 3 月"生产成本"明细账户登记如表 6－12 所示。

表 6－12　　生产成本明细账

明细账户：甲产品　　单位：元

2007年		凭证号码	摘要	成本项目			费用合计
月	日			薪酬	材料费	制造费用	
3	1		领用材料		20 000		20 000
3	30		生产工人薪酬	50 000			70 000
3	30		福利费	7 000			77 000
3	31		分配的制造费用			7 745	84 745
			生产成本合计	57 000	20 000	7 745	84 745
3	31		结转完工产品成本	57 000	20 000	7 745	84 745
3	31		期末余额	—	—	—	—

表 6-13　　生产成本明细账

明细账户：乙产品　　单位：元

2007年		凭证号码	摘　要	成本项目			费用合计
月	日			薪　酬	材料费	制造费用	
3	1		领用材料		50 000		50 000
3	30		生产工人薪酬	60 500			110 500
3	30		福利费	8 470			118 970
3	31		分配的制造费用			9 369	128 339
			生产成本合计	68 970	50 000	9 369	128 339
3	31		结转完工产品成本	68 970	50 000	9 369	128 339
3	31		期末余额	—	—	—	—

根据以上数据编制通达公司 2007 年 3 月生产的甲、乙产品成本计算单如表 6-14 所示。

表 6-14　　产品成本计算表

产品名称	直接成本			制造费用	总成本	数量（公斤）	单位成本
	直接材料	直接人工	合计				
甲产品	20 000	57 000	77 000	7 745	84 745	1 000	84.75
乙产品	50 000	68 970	118 970	9 369	128 339	2 400	53.47
合　计	70 000	125 970	195 970	17 114	213 084	3 400	—

3. 完工产品入库的核算。核算入库的完工产品，需设置“库存商品”账户，该账户是资产类账户，用以核算企业库存的各种商品的实际成本。该账户借方登记库存商品入库增加的金额，贷方登记库存商品发出减少的金额，余额在借方表示企业实际拥有的库存商品数额；可按库存商品的种类、品种和规格等进行明细核算。

【例 6-19】 假设通达公司本月甲、乙产品全部生产完工并验收入库，应作会计分录如下：

借：库存商品——A 产品　　84 745

　　　　　　——B 产品　　128 339

　贷：生产成本——A 产品　　84 745

　　　　　　　——B 产品　　128 339

知识窗

企业产品生产成本的计算方法，会计上是按制造成本法核算，即仅仅限于生产部门为产品生产发生的直接费用和间接费用；生产部门以外企业发生的费用，分别按发生费用的目的，记录在材料采购成本、管理费用、财务费用和销售费用之中。

第三节 实现生产目标的销售活动

一、销售活动的主要目标

产品生产完工验收入库后的商品，需要通过销售实现其价值。企业通过销售实现的销售收入，既能满足企业持续生产所需的资金，同时也是实现销售利润的唯一渠道。

二、销售活动的主要业务内容

企业在销售活动中一方面能取得销售收入，另一方面也会发生销售费用、承担纳税义务、结转已销售商品的实际生产成本；在会计上还需要把销售收入与销售成本费用进行比较，计算产品销售成果。

（一）销售收入

销售收入是指企业在生产经营活动中形成的，导致所有者权益增加，与投资者投入资本无关的经济利益的总流入。包括销售商品收入、劳务收入、利息收入、使用费收入、租金收入、股利收入；但不包括为第三方或客户代收的款项。按企业收入的主次划分，收入可分为主营业务收入和其他业务收入。

主营业务收入是指企业为完成其经营目标所从事的经常性活动收入。主营业务收入一般占企业总收入的比重较大，对企业的经营效益会产生较大的影响。不同行业的主营业务收入包括的内容不同，如生产企业销售产品、自制半成品、代制品、提供加工服务收入、咨询公司的咨询服务收入等。

其他业务收入属于企业日常活动中次要交易实现的收入，一般占企业总收入的比重较小，如对外销售材料、对外出租包装物或固定资产、对外转让无形资产使用权等所取得的收入。

延伸阅读

商品销售收入需要同时满足下列条件，才能加以确认：(1) 企业已将商品所有权上的主要风险和报酬转移给购货方；(2) 企业既没有保留通常与所有权相联系的继续管理权，也没有对已售出的商品实施有效控制；(3) 收入的金额能够可靠地计量；(4) 相关的经济利益很可能流入企业；(5) 相关的已发生或将发生的成本能够可靠计量。

（二）销售费用

销售费用是指企业为了顺利地实现商品销售活动（或提供劳务）而发生的各项费用，包括企业在销售商品过程中发生的包装费、保险费、展览费和广告费、商品维修费、预计产品保证损失、运输费、装卸费等，以及企业为销售本企业商品而专设销售机构的职工薪酬、业务费、折旧费、固定资产修理费等。

（三）应交税费和已销售商品的成本

企业在销售活动中，应按照税法规定缴纳增值税、消费税、城市维护建设税、教育费附加等税费；对已销售的商品，还需要计算其实际生产成本，并予以结转。

三、销售业务核算

（一）设置的账户

以下所列的七个账户除“应交税费——应交增值税（销项税额）”账户是负债类账户外，其余六个账户都属于损益类账户；在六个损益类账户中“主营业务收入”和“其他业务收入”两个是收入类账户，其余五个为成本费用账户。

1.“主营业务收入”账户。“主营业务收入”账户是用来核算企业销售商品、提供劳务等主要经营活动产生的收入。该账户贷方登记主营业务收入的增加，借方登记因销售退回冲减的销售收入，期末转入“本年利润”账户，期末结转后账户余额为零。该账户应按产品的类别或名称设置明细账，进行明细核算。

2.“应交税费——应交增值税（销项税额）”账户。“应交税费——应交增值税（销项税额）”账户是用来核算企业随同销售收入实现需要缴纳的增值税销项税额。销售时，需要缴纳的增值税销项税额记入该账户贷方，销售退回时用红字在该账户的贷方记录应减少的增值税销项税额；期末实际应该缴纳的增值税额计入借方；余额一般在贷方，表示尚未缴纳的应交增值税额。

3.“主营业务成本”账户。“主营业务成本”账户是用来核算企业已销商品的实际生产成本。该账户借方登记已销产品、提供劳务的实际成本数；贷方登记应冲减的销售成本和期末转入“本年利润”账户的金额，期末结转后账户余额为零。该账户应按产品的类别或名称设置明细账，进行明细核算。

4.“销售费用”账户。“销售费用”账户是用来核算企业为销售产品而发生的各项销售费用。发生时，借记“销售费用”账户，贷记“银行存款”、“应付职工薪酬”、“原材料”等账户；期末转入“本年利润”账户，贷记本账户，期末结转后该账户余额为零。

5.“营业税金及附加”账户。“营业税金及附加”账户是用来核算企业已销商品、提供劳务应缴纳的消费税、营业税、营业税金及附加。发生时借记“营业税金及附加”账户，贷记“应交税费”账户。期末转入“本年利润”账户，借记“本年利润”账户，贷记“营业税金及附加”账户，期末结转后账户余额为零。该账户应按费用的类别设置明细账，进行明细核算。

6.“其他业务收入”账户。“其他业务收入”账户是用来核算企业日常次要活动所取得的收入，收入增加时，借记“银行存款”账户，贷记“其他业务收入”账户；收入减少或期末转入“本年利润”时，借记本账户；期末结转后账户余额为零。

7.“其他业务成本”账户。“其他业务成本”账户是用来核算企业日常次要活动所发生的成本、费用、税金及附加。有关成本、费用、税金及附加增加时，借记本账户，贷记“原材料”、“银行存款”等账户。期末转入本年利润，期末结转后账户余额为零。

（二）核算举例

设通达公司2007年3月发生以下销售经济业务，会计人员根据有关原始凭证进行会计处理。

【例6-20】 26日销售甲产品一批产品，销售价格6万元，增值税税率为17%，税额10 200元，货款尚未收到，应作会计分录如下：

借：应收账款——某单位 70 200
　　贷：应交税费——应交增值税（销项税额） 10 200
　　　　主营业务收入 60 000

【例6-21】 26日已销产品的甲产品生产成本为4万元，结转已销产品生产成本，应作会计分录如下：

借：主营业务成本 40 000
　　贷：库存商品 40 000

【例6-22】 29日开出转账支票，支付广告性质的“中国青年足球比赛”赞助费8万元，应作会计分录如下：

借：销售费用 80 000
　　贷：银行存款 80 000

【例6-23】 31日，该公司当月应缴纳的增值税额为3万元，按规定应缴纳城市维护建设税2 100元，应作会计分录如下：

借：营业税金及附加 2 100
　　贷：应交税费——应交增值税（销项税额） 2 100

【例6-24】 31日，当月发生一笔固定资产出租业务，取得租金收入3 000元，款项已通过银行转入本公司账户，应作会计分录如下：

借：银行存款 3 000
　　贷：其他业务收入 3 000

【例6-25】 31日，当月的固定资产出租业务，发生的清理费用500元以库存现金支付，发生的管理人员工资1 000元，待付，应作会计分录如下：

借：其他业务成本 1 500
　　贷：库存现金 500
　　　　应付职工薪酬 1 000

知识窗

甲公司向乙公司销售一部电梯，电梯已运抵乙公司，发票账单已经交付，同时收到部分货款。合同约定，甲公司应负责该电梯的安全工作，在安装工作结束并经乙公司验收合格后，乙公司应立即支付剩余货款。

结论：只有在安装工作结束并经乙公司验收合格后，收入才能确认。

本章小结

生产企业的资金周转依次经过购买过程、生产过程和销售过程三个阶段。不同阶段发生的经济业务，要使用不同的账户分别进行核算和监督。

在购买阶段，企业资金由货币资金转化为储备资金，通过"在途物资"、"原材料"等账户核算企业材料的采购过程业务；在生产阶段，企业资金由储备资金转化为生产资金，生产资金再转化为产品资金，通过"生产成本"、"制造费用"、"应付职工薪酬"、"累计折旧"等账户核算企业产品生产过程业务；在销售阶段，企业资金由产品资金转化为货币资金，通过"主营业务收入"、"主营业务成本"、"销售费用"、"主营业务税金及附加"等账户核算企业产品销售过程业务。

企业经营资金依次经过购买过程、生产过程和销售过程，实现了一次循环，不断重复的循环构成企业资金周转。

在会计核算中，对材料采购成本包含材料买价和相关税费的内容要有清楚的认识，才能正确计算材料的采购成本；对产品产生成本的核算，应首先分清楚经营过程中发生的费用根据发生时能否对象化确定在发生时记入产品或劳务成本或当期损益（管理费用、财务费用、销售费用）；对产品生产或提供劳务的过程中发生的对象化费用先记入产品或劳务成本，在产品或劳务销售收入实现时，才记入当期损益。

关键词（中英文对照）

在途物资	material in transit
原材料	raw materials
生产成本	production cost
制造费用	manufacturing expenses
销售费用	selling expenses
主营业务收入	major operating revenue
主营业务成本	major operating cost
管理费用	management expenses
财务费用	financial expenses

自 测 题

一、单项选择题

1. 投资者投入企业的资金，下列处理方法不正确的是(　　)。

A. 投资者投入企业的资金全部记入“实收资本”或“股本”账户

B. 投资者投入企业的资金，在注册资本以内的记入“实收资本”或“股本”账户，大于股本的部分记入“资本公积”账户

C. 投资者投入企业的资金，全部记入所有者权益

D. 投资者投入企业的资金，贷方记入“实收资本”或“股本”、“资本公积”账户

2. 通达公司（一般纳税人）2007 年 3 月向大庆工厂购进一批材料，材料成本不包含(　　)。

A. 增值税发票上注明的买价　　B. 增值税发票上注明的增值税

C. 为购买材料支付的运杂费　　D. 材料入库前发生的合理损耗

3. 通达公司（一般纳税人）2007 年 3 月购进一批材料，其中 A 材料 1 000 公斤，单价 4 元，增值税税率为 17%；B 材料 2 000 公斤，单价 5 元，增值税税率为 17%，共发生运输费用 3 000 元。假设除买价和运输费用外，该批材料没发生其他费用，则 A 材料实际采购成本为(　　)。

A. 4 000 元　　B. 4 680 元

C. 5 680 元　　D. 5 000 元

4. 物资采购明细账一般按(　　)设置明细账。

A. 供货单位　　B. 购买单位

C. 材料名称或类别　　D. 产品名称

5. 通达公司（一般纳税人）2007 年 3 月末“在途物资——A 材料”账户期末余额(　　)。

A. 可能在借方　　B. 在借方或余额为 0

C. 可能在贷方　　D. 可能在贷方也可能在借方

6. 因债权人死亡而不能支付的应付账款，应记入(　　)。

A. 资本公积的贷方　　B. 营业外收入的贷方

C. 营业外支出的借方　　D. 其他业务收入

7. “应付职工薪酬”账户不包括(　　)。

A. 职工加班工资　　B. 企业为职工提供的保险

C. 提取的职工福利费　　D. 为职工代垫的水电费

8. 下列项目中，不属于管理费用的有(　　)。

A. 车间管理人员工资　　B. 厂部管理人员工资

C. 厂部耗用材料　　D. 厂部办公用房的租金

9. 按有关税法规定，企业销售无形资产，应计算缴纳(　　)。

A. 增值税　　B. 消费税

C. 营业税　　D. 资源税

10. 如果将“生产成本”、“制造费用”、“管理费用”与“应付职工薪酬”结合在一起，那么它很可能是(　　)业务。

A. 分配职工工资　　B. 发放职工工资

C. 代付职工水电费　　D. 收到有关方面拨来的项经费

11. (　　)账户将影响企业本期利润。

A. 制造费用　　B. 管理费用

C. 生产成本　　D. 累计折旧

12. 销售人员工资记入(　　)。

A. 销售费用　　B. 管理费用

C. 财务费用　　D. 在途物资

13. 下列条件中，(　　)不是商品销售必须满足的基本条件。

A. 商品所有权上主要风险和报酬已转移

B. 与交易相关的经济利益已经流入企业

C. 相关收入和成本能够可靠的计量

D. 企业不再继续保留继续管理权

14. 与“主营业务成本”账户的借方发生相对应关系的账户是(　　)账户。

A. 在途物资　　B. 库存商品

C. 原材料　　D. 应交税费——应交增值税

二、多项选择题

1. 企业对投资者投入企业的资金，下列处理方法正确的有(　　)。

A. 投资者投入企业的资金全部记入“实收资本”或“股本”账户

B. 投资者投入企业的资金，在注册资本以内的记入“实收资本”或“股本”，大于股本的部分记入“资本公积”

C. 投资者投入企业的资金，全部记入所有者权益

D. 投资者投入企业的资金，贷方记入“实收资本”或“股本”、“资本公积”账户

2. 通达公司（一般纳税人）“在途物资”账户的借方应登记(　　)。

A. 材料买价　　B. 材料的增值税

C. 材料的运费　　D. 材料仓库保管人员的工资

3. “在途物资”账户的借方可能登记(　　)。

A. 材料买价　　B. 材料的增值税和消费税
C. 应由保险公司赔偿的损耗　　D. 入库后库房保管人员的工资

4.“在途物资”账户借方对应的账户可能有(　　)。
A. 应付账款　　B. 银行存款
C. 应付票据　　D. 原材料

5. 通达公司2007年3月末“在途物资”总账借方余额为6 000元，“在途物资——A材料”账户期末余额为4 000元，则余下的B材料不正确的有(　　)。
A. 6 000元未入库　　B. 4 000元未入库
C. 2 000元未入库　　D. 3 000元未入库

6. 管理费用包括(　　)。
A. 厂部办公费　　B. 厂部固定资产折旧费
C. 利息费用　　D. 办公楼的房屋维修费

7. 企业领用原材料的核算，经常要借助(　　)账户。
A. 生产成本　　B. 管理费用
C. 财务费用　　D. 制造费用
E. 原材料

8. (　　)应直接计入当期损益。
A. 制造费用　　B. 管理费用
C. 财务费用　　D. 采购费用
E. 营业费用

9. 与“应付职工薪酬”贷方账户相对应的借方账户一般有(　　)账户。
A. 生产成本　　B. 制造费用
C. 管理费用　　D. 库存现金
E. 银行存款

10. (　　)账户是企业销售过程中所使用的账户。
A. 主营业务税金及附加　　B. 应收账款
C. 应收票据　　D. 销售费用
E. 主营业务成本

11. 企业出售某项不动产，一般涉及下列(　　)账户。
A. 固定资产　　B. 固定资产清理
C. 累计折旧　　D. 应交税费——应交营业税
E. 应交税费——应交增值税

12. 某商品流通企业购进商品，(　　)账户是购进商品时使用的借方账户。
A. 物资采购（在途物资）　　B. 应交税费——应交增值税
C. 营业费用　　D. 应收票据

13. 企业管理费用包括(　　)。
A. 企业支付的审计费　　B. 厂部办公经费

C. 企业产品宣传费　　D. 材料仓库保管人员的应付福利费

14. 产品的制造成本包括(　　)。

A. 为制造产品发生的材料费用　　B. 为制造产品发生的人工费用

C. 为制造产品发生的固定资产折旧费　　D. 自然灾害造成的材料毁损

15. 与“应交税费”账户贷方产生对应关系的账户一般有(　　)账户。

A. 主营业务税金及附加　　B. 应收票据

C. 在途物资　　D. 主营业务成本

三、判断题

1. 企业出售无形资产应缴纳的营业税，应记入“主营业务税金及附加”账户的借方。(　　)

2. 商品流通企业经营的商品，均按商品的进价进行核算，不包括进货发生的运费。(　　)

3. 产品生产成本包括直接生产成本和间接生产成本两部分。(　　)

4. “固定资产清理”账户贷方余额应转入“营业外收入”账户的贷方。(　　)

5. 企业销售产品，代垫运费，收到运费发票后，将代垫运费记入“主营业务收入”账户。(　　)

6. 企业应于期末采用一定的分配方法，将管理费用、财务费用、销售费用计入产品成本中。(　　)

7. 企业的增值税、营业税的计税依据相同，会计账务处理也大体一致。(　　)

8. 企业在出售无形资产和固定资产时，都要按规定计算缴纳营业税。(　　)

四、业务练习题

习题一

【目的】 练习生产企业材料物资采购核算。

【资料】 通达公司（一般纳税人）2007 年 3 月份发生下列经济业务：

1. 3 月 12 日，向新华工厂购进 A 材料 200 吨，单价 100 元，进项增值税 3 400元，材料已验收入库，货款 23 400 元已由银行支付。

2. 3 月 15 日，购材料一批，货款尚未支付，见表 6－15。

表 6－15　　**购进材料情况**　　金额单位：元

A 材料	300 吨	单价 100	金额 30 000	进项税额 5 100
B 材料	500 吨	单价 100	金额 50 000	进项税额 8 500
合计			80 000	13 600

3. 3 月 15 日，以银行存款 2 000 元支付上述购买材料的运杂费，按材料重量分配运杂费。

4. 3 月 20 日，3 月 15 日购进的材料验收入库。

5. 3 月 24 日，以银行存款偿还前欠光明工厂 35 100 元和跃华工厂 58 500 元的材料款。

6. 3 月 30 日，向五兴钢厂购入 A 材料 500 吨，单价 120 元，进项增值税 10 200 元，货款已由银行支付，但至月终材料尚未到达。

7. 3 月 31 日，会计人员将从光明工厂购进且入库，但购货发票尚未收到的 500 公斤 A 材料，暂按单价 28 元入账。

【要求】

1. 根据 3 月 15 日发生的业务填制下列材料入库单。

材料入库验收单 验字第　　号

售货单位：　　　　年　　月　　日填　　　　结算方式：

材料类别	品名及规格	计量单位	数　量		入库金额		备　注	
			采　购	实　收	单价	总　价		
							税　金	
							运　费	
							含税合计	
							入库合计	

主管：　　记账：　　库房验收：　　采购：　　制单：

第二联：作采购报销凭证

2. 根据上述资料登记会计分录簿。

3. 根据会计分录登记有关“在途物资”总分类账及“在途物资”明细分类账。

习题二(此为选作题)

【目的】 进一步练习供应过程材料费用的核算。

【资料】 通达公司（一般纳税人）2007 年 4 月份发生下列经济业务：

1. 1 日，企业冲销在 3 月末暂估的 500 公斤 A 材料。

2. 2 日，采购员刘军预借采购费用 1 000 元赴上海华康公司采购材料，以库存现金支付。

3. 6 日从华康公司购入的材料运达本企业，材料尚未验收入库，货款暂欠，如表 6－16 所示。

表 6－16　　从华康公司购进材料情况　　金额单位：元

A 材料	1 100 公斤	单价 30	金额 33 000	进项税额 5 610
A 材料	900 公斤	单价 10	金额 9 000	进项税额 1 530
合计			42 000	7 240

4. 9日，企业以银行存款支付上述材料的价款、税金以及对方代垫的运费800元。

5. 10日，企业以库存现金210元支付该批材料的品质检验费。

6. 10日采购员刘军报销采购材料的其他采购杂费920元，余额80元交回。

7. 12日，结转上述购入材料的实际采购成本。

8. 15日，本企业驻广州采购站从广州南海公司购入下列材料，货款已支付，材料正在途中，如表6-17所示。

表6-17 从广州南海公司购进材料情况 金额单位：元

A材料	2 000公斤	单价26	金额52 000	进项税额8 840
B材料	1 000公斤	单价8	金额8 000	进项税额1 360
合计			60 000	10 200

9. 16日，从南海公司购买的上述材料，已运达本公司，并验收入库，以库存现金支付上述材料的装卸费360元。

10. 8日，收到运输公司的运输发票，上述材料运输费1 200元，企业尚未支付运输费。

11. 20日，开出转账支票支付上述运输费1 200元。

12. 24日，广州采购站报销本月经费1 440元，以银行存款支付。

【要求】 1. 根据上述资料登记会计分录簿。

2. 根据会计分录，登记“物资采购”和“原材料”总账，登记“物资采购”明细分类账。

3. 编制“物资采购成本计算表”（其中，运杂费、装卸费按材料重量分配，品质检验费、采购站经费及其他费用按材料买价分配计入）。

习题三

【目的】 练习生产企业生产过程的核算（部分经济业务）。

【资料】 通达公司3月份发生下列经济业务：

1. 本月发出A种材料用于产品生产，其中甲产品领用83 300元，乙产品35 700元。

2. 财务科以库存现金200元购买办公用品。其中，车间办公室用140元，行政科室用60元。

3. 以银行存款11 700元支付本月电费1万元和进项增值税1 700元。其中，生产产品用4 000元（甲产品2 500元，乙产品1 500元），车间一般耗用4 000元，行政管理部门用2 000元。

4. 从银行提取库存现金2万元，以备发放本月职工工资。

5. 发放本月职工工资；按下列工资用途分配并结转本月工资。

甲产品生产工人工资 9 000元

乙产品生产工人工资 8 000元

车间管理人员工资　1 000 元

行政管理人员工资　　2 000 元

合计　　20 000 元

6. 按工资总额的 14%计提职工福利费，2%提取工会经费，1.5%提取职工教育经费。

7. 通达公司按职工工资的 24%计算应为职工缴纳的社会养老保险基金，9%缴纳社会医疗保险基金。

8. 以库存现金支付厂长助理王杰预借的差旅费 200 元。

9. 职工刘芹报销药费 260 元，以库存现金支付。

10. 月末计提固定资产折旧，厂部应计提折旧6 000元，生产车间应计提折旧 2 万元，销售部门应计提折旧 3 000 元。

11. 以银行存款支付银行结算手续费 500 元。

12. 以银行存款支付水费 3 万元，增值税进项税额 3 900 元。其中，行政管理部门耗用 2 000 元，生产车间耗用 1.8 万元，销售部门耗用 1 000 元。

13. 收到银行通知，支付银行借款利息 1 400 元，已扣收。

14. 生产厂房日常维修，支付修理费用 3 000 元，开出库存现金支配支付。

15. 月末，以产品的生产工人工资为标准，分配结转制造费用。

16. 本月甲和乙产品全部生产完工并验收入库。

【要求】

1. 根据上述资料，编制会计分录；

2. 根据会计分录登记“生产成本”、“制造费用”和“管理费用”“T”型总分类账。

习题四

【目的】 企业销售业务核算

【资料】 通达公司 2007 年 3 月份发生下列经济业务：

1. 3 月 1 日，通达公司与红旗制造企业签订了一份销售合同，由通达公司本月 10 日前向红旗制造企业销售甲产品 1 000 件，每件不含税售价 1 万元。3 月 8 日通达公司将甲产品发出，货款尚未收到。

2. 3 月 12 日通达公司向上海机械厂销售甲产品 5 件，每件不含税售价 6 000元，增值税销项税额 5 100 元，收到上海机械厂的商业承兑汇票一张。

3.3 月通达公司开出转账支票支付产品广告费用 40 万元。

4. 因 3 月 8 日销售给红旗制造企业的甲产品出现质量问题，通达公司维修人员前往修理，发生修理费用 5 000 元。有关修理费用从本月应收的销货款中扣除，其余款项已收回。

5. 3 月 27 日，开出转账支票，支付销售商品发生的运输费用 6 500 元。

6. 3 月 31 日，确定一笔 9.8 万元的货款无法收回。(通达公司对应收款项已提取坏账准备)

7. 3 月 31 日，提取坏账准备 4.2 万元。

8. 3 月 31 日，销售下脚废料，收到库存现金 900 元。

9. 3 月 31 日，报废一台机器设备，其账面价值 8 万元，已提取折旧 4.5 万元，销售价格 4 万元，货款已通过银行收回。

10. 3 月 31 日，将本月已销售产品成本转入主营业务成本。甲产品每件产品生产成本 8 000 元。

【要求】 根据上述资料，编制会计分录。

第七章

企业生产成果结算

学习提示

本章讲述的内容是第五章和第六章的继续，通过学习要掌握权责发生制与收付实现制的区别，熟悉权责发生制与收付实现制下主要的账务处理；掌握生产成果的形成和利润分配的顺序，理解生产成果核算应设置的账户及其结构，能灵活运用相关账户进行会计核算。

本章主要讲述收付实现制与权责发生制两种记账基础、权责发生制下期末应计收入、预收收入、应计费用、预付费用的调整以及企业利润的构成内容、利润形成和利润分配的核算方法。

学习时要注意把握权责发生制与收付实现制的区别，明确只有在权责发生制下才存在期末会计业务调整；掌握企业会计利润（即经营成果）的形成过程，明确企业实现的利润要依法缴纳所得税，税后净利润要按照一定的顺序进行分配。

建议观看会计职业情景动画演示：0701 经营成果的形成，0702 利润的分配。

第一节　企业会计期末业务

企业在正常的生产经营活动中，会不断地取得收入；同时，为获得收入也会不断地产生费用支出。会计核算需要对发生的收入、费用及经营成果的计量有明确的时间划分，为此人们建立了“会计分期”的假设，明确会计分期是会计核算的基本前提之一。在会计分期前提下，形成了期初、期末、上期、本期和下期的概念。营业收入可以划分为本期收入和下期收入，营业费用也可以划分为本期费用和下期费用。只有分清了各会计期间的收入和费用，才能正确计量各会计期间的经营成果。当确定了某一会计期间收入后，就应确定与该收入有关的已发生的费用，以便从收入中扣除费用后确定当期损益。

在实际工作中，收入和费用的收支期间与其归属期间往往会不一致，比如：款项已经收到，但销售并未完成；或者款项已经支付，但支出的款项并不是为当期的经营活动而发生的。在核算企业的收入或费用时，是根据收到或支付款项作为记录收入或费用的依据，还是以取得收款的权利或支付款项的责任作为记录收入或费用的依据，就形成了两种记账基础，即收付实现制和权责发生制。

一、收付实现制与权责发生制

（一）收付实现制

收付实现制又称现收现付制。它是以款项是否收到和付出作为判断标准，来确认收入的实现和费用的发生。在收付实现制下，完全按照款项实际收到和支付的日期为基础来确定它们的归属期。凡在本期收到了款项的收入和付出的费用，不管是否属于本会计期间，都作为本期的收入和费用处理；反之，凡在本期未收到的收入和未支付的费用，即使应该属于本期，也不能作为本期的收入和费用处理。例如，甲企业于 2008 年 1 月出租一机器给乙企业，租期半年，租金每月 1 000 元，共计 6 000 元，但合同约定到 2008 年 7 月才能收到租金。按收付实现制的要求，对甲企业而言，这笔 6 000 元租金收入应作为 2008 年 7 月的收入，即使机器是在 2008 年 1 月就出租了；对于乙企业而言，尽管它是在 2008 年 1 月就开始使用了租入的机器，但支付租金的行为是发生在 2008 年 7 月，因此，这笔 6 000 元的租金应作为 2008 年 7 月的费用。

（二）权责发生制

权责发生制又称应收应付制。它是以权利或责任的发生（即应收应付）作为判断标准，来确认本期收入和费用的归属。在权责发生制下，凡应属于本期的收入和费用，不论其款项是否收到或付出，均作为本期的收入和费用处理；反之，凡不属于本期的收入和费用，即使款项已在本期收到或付出，也不作为本期的收入和费用处理。仍以上面的例子来说明，按照权责发生制的要求，对出租该机器的甲企业而言，在 2008 年 1 月至 6 月的每月末应将属于本月的 1 000元作为租金收入记账，尽管甲企业还未收到这笔租金，但它已享有收到这笔租金的权利；对于租入该机器的乙企业而言，应该将这笔租金分摊到 2008 年 1 月至 6 月的每个月中，因为在这 6 个月中，支付租金的责任已经形成。

可见，收付实现制与权责发生制的根本区别在于收入和费用的确认标准不同。前者是以款项是否实际收到或付出作为确认本期收入或费用的标准，后者是以应收应付作为确认本期收入或费用的标准。采用收付实现制，操作比较简单，期末也不必调账。采用权责发生制，虽然操作比较复杂，期末需要调账，但它能够比较合理地反映某一会计主体在各会计期间的经营成果。我国《企业会计准则》规定：企业应当以权责发生制为基础进行会计确认、计量和报告。

二、期末账项调整的内容

在会计实务中，经常发生收入与费用的归属期和支付期不一致的业务。以权责发生制为基础的会计核算，按经济业务的归属期进行会计确认与计量，就形成了应收、应付及预收、预付项目。为了简化会计核算，对于日常经济业务不是每笔均按归属期核算，而是根据经济业务的性质和特点，平时按收支活动记录，期末时，将这类经济业务再按权责发生制要求，调整有关账项，以便正确计量收入和费用，准确反映经营成果。所谓账项调整是指为准确计量当期收入与费用以及资产与负债，在会计期末，依照权责发生制对有关的会计事项进行调整的过程。因账项调整而编制的会计分录，称为调整分录。

（一）有关收入调整的内容

1. 应计收入的调整。应计收入是指应归属于本期，但尚未收到款项的收入。它主要是指尚未到达享有债权的约定时间，而平时未予记录或不可能记录的当期收入，如房屋出租收入、应收银行存款利息收入、按工程进度确定的工程收入等。在期末结账前，需要将这类未入账的应计收入计算入账，以便收入能恰当地归属到应当归入的会计期间。

为了核算应计收入，企业应设置“应收账款”、“其他应收款”、“主营业务收入”、“其他业务收入”等账户。

应收利息收入是最常见的期末账项调整项目。企业存在银行的款项，应该按存款额、利率和存款时间计算收取利息，但银行给企业的存款利息是采用按季结算的办法，存款利息要等到季末或下季初才能收到。这样，利息收入的收取在后，利息收入的形成在先。因此在会计期末，尽管其款项尚未收到，按权责发生制应该将本期已经形成的利息收入作为本期收入处理。

【例 7-1】 通达公司 2008 年 1 月 31 日应收本月银行存款利息 5 000 元。

月末计算出利息收入，虽未收到款项，按权责发生制的要求，应作为本期收入处理。在 2008 年 1 月 31 日应作如下调整分录：

借：其他应收款　　　　5 000

　贷：财务费用　　　　5 000

应收租金收入是指企业将临时闲置的资产出租给承租人而获取的收入。如果租金收入是在租期届满时才收到款项，而租期跨越了会计核算期，就发生了某会计核算期内应该收到租金而实际收不到租金的事项。对此，应按权责发生制的要求，在会计期末应将本已形成的租金收入作为本月收入处理。

【例 7-2】 通达公司 2008 年 1 月 3 日将其闲置未用的仓库两间租给蓝天公司。租期从 2008 年 1 月至 2008 年 6 月，共计 6 个月，租金每月 2 000 元，共 1.2 万元，合同规定蓝天公司到期一次支付租金。

在这笔经济业务中，2008 年 1 月末，通达公司虽未收到租金收入，但已拥有收取 1 个月租金的权利。按权责发生制的要求，在 2008 年 1 月末，应作如下调整分录：

借：其他应收款　　　　2 000

　贷：其他业务收入　　　　2 000

2. 预收收入调整。预收收入是指以前会计期间已经收到款项，但应归属于本期或以后各期的收入，如预收货款、预收劳务收入、预收出租固定资产、包装物的租金等。

预收货款、预收劳务收入，是在发出产品或提供劳务之前预先向对方收到的款项，这部分预先收到的款项，由于产品销售和劳务供应尚未发生，不能在收到款项时就确认为收入，而只是对预付款单位的一笔负债。只有在发出产品或提供劳务以后，才能按受益期转作本期的收入。基于同样的道理，预收出租固定资产、包装物的租金，也应该在租出的期间内分期转作各期的收入。因此，在会计期末要对预收收入进行调整。

为了核算预收收入企业应设置"预收账款"账户，"预收账款"账户是负债类账户，用来核算企业按照合同规定向购货单位或接受劳务供应等单位预收的款项。该账户贷方登记预先收到的款项，借方登记企业与对方单位结算而减少的款项，如果该账户有余额一般在贷方。"预收账款"账户应按购货单位或接受劳务供应等单位设置明细分类账户。

【例 7-3】 通达公司 2007 年 12 月 6 日通过银行预收开源公司支付的 A 产品货款 11.7 万元，2008 年 1 月 8 日向开源公司发出 A 产品，货款 10 万元，增值税 1.7 万元。

在这该笔经济业务中，2007 年 12 月 6 日预收开源公司 A 产品货款时只能作为对开源公司的一笔负债处理，编制如下会计分录：

借：银行存款　　117 000

　　贷：预收账款——开源公司　　117 000

2008 年 1 月 8 日向开源公司发出 A 产品时，按权责发生制的要求确认本期收入，编制如下会计分录：

借：预收账款——开源公司　　117 000

　　贷：主营业务收入　　100 000

　　　　应交税费——应交增值税（销项税额）　　17 000

【例 7-4】 通达公司 2007 年 12 月 10 日预收正大公司 3 个月的包装物租金 2 400 元，2008 年 1 月，用满一个月，实现包装物租金收入 800 元。

通达公司 2007 年 12 月 10 日预收 2 400 元的包装物租金时，借记"银行存款"账户 2 400 元，贷记"预收账款"账户 2 400 元，已作账务处理。2008 年 1 月末应将预收收入的 800 元转作本期其他业务收入。编制如下调整分录：

借：预收账款——正大公司　　800

　　贷：其他业务收入　　800

（二）有关费用的账项调整

1. 应计费用的调整。应计费用是指本期已经耗用或已经受益，按受益原则应由本期负担，但本期并未实际支付的费用。由于本期尚未实际支付的费用在日常账簿记录中并没有入账，如果在会计期末不将这些费用计入本期，则必然会影响收入和费用的正确配比，因此按照权责发生制的要求，会计期末必须将应计费用调整入账。应计费用主要包括预提保险费、预提租金等预提费用，以及应交税费、应付职工薪酬等。

为了核算企业各种应计费用，企业应设置"应付利息"、"应付职工薪酬"、"应交税费"、"其他应付款"、"预提费用"等账户。这些应付费用（类）账户，都属于负债类账户，是用来核算企业应支付的各种已经发生但尚未支付的费用；这些账户的贷方发生额登记企业预先提取的各项费用数额，借方发生额登记企业实际支付的数额，如果期末有余额一般在贷方，反映企业已计提但尚未实际支付的预提费用数额。为了详细反映上述应付费用的预提和支付情况，应按债权人进行明细分类核算。

借方	应付费用（类）账户 贷方
实际支付的费用	分期计提记入各期的费用
	已经计提但尚未支付的费用

【例 7-5】 2008 年 1 月 31 日，通达公司本月应负担银行短期借款利息 3 000 元，于本季末支付。

通达公司本月有银行短期借款债务，应该有利息费用的产生，虽然本月的利息于 3 月末才支付，但按照按权责发生制的要求，这 3 000 元的利息费用应当计入本月的财务费用。编制如下调整分录：

借：财务费用　　3 000

　贷：应付利息　　3 000

【例 7-6】 2008 年 1 月 31 日，通达公司计算本月应付生产 A 产品工人工资 5 万元，生产 B 产品工人工资 3 万元，车间管理人员工资 4 000 元，厂部管理人员工资 1.6 万元，下月发放。

通达公司的职工本月为企业的生产经营付出了劳动，就应该获得相应的劳动报酬，虽然下个月才发放工资，但按照权责发生制的要求，这 10 万元应当计入本月的成本费用。编制如下调整分录：

借：生产成本——A 产品　　50 000

　　生产成本——B 产品　　30 000

　　制造费用　　4 000

　　管理费用　　16 000

　贷：应付职工薪酬—— 工资　　100 000

【例 7-7】 2008 年 1 月 31 日，通达公司计算本月应交消费税 3 000 元。

企业向国家缴纳税金不是一种耗费，而是企业对国家应尽的义务。不过，从企业角度来看，缴纳税金是企业纯收入的抵减部分，也是一项支出。企业税金一般是次月向税务部门缴纳，为了正确计算本期损益，月末应将本月的税金调整入账。编制如下调整分录：

借：营业税金及附加　　3 000

　贷：应交税费—— 应交消费税　　3 000

2. 预付费用的账项调整。预付费用是指本期已经发生入账，但因受益期较长，因而应由各受益会计期分期负担的费用。

根据摊销期的长短，将分摊期限在一年以内的预付费用称为待摊费用；将分摊期限在一年以上的预付费用称为长期待摊费用。预付费用一般包括预付保险费、预付报刊杂志征订费、预付租金、一次领用分次摊销的低值易耗品成本等。这些费用有一个共同特征：虽然在本期已经支付或发生，但应该按受益原则分摊计入各会计期间。

为了核算预付费用企业可设置“待摊费用”和“长期待摊费用”两个账

户。

“待摊费用”账户是用来核算企业已经发生但应由本期和以后各期分别负担的分摊期在一年以内的各项费用。各项预付费用的实际支付或发生额记入借方；按受益原则摊销的各项预付费用记入贷方；期末借方余额反映已经支付或发生但尚未摊销的预付费用。为了详细反映待摊费用的支付和摊销情况，应按费用的种类进行明细分类核算。

借方	待摊费用 贷方
发生的各项待摊费用	分期摊销的费用
已经发生但尚未摊销的费用	

“长期待摊费用”与“待摊费用”账户的结构基本相同。

【例 7-8】 通达公司 2007 年 12 月 18 日，以银行存款支付了 2008 年上半年的报纸和专业杂志征订费共计 3 000 元，从 2008 年 1 月份开始按月摊销。

2007 年 12 月 18 日支付报纸和专业杂志征订费时，借记“待摊费用”账户 3 000 元，贷记“银行存款”账户 3 000 元。2008 年 1 月末，按照权责发生制的要求，将本月应承担的报纸和专业杂志征订费 500 元作如下调整分录：

借：管理费用 500

  贷：待摊费用 500

【例 7-9】 2008 年 1 月，通达公司对其以经营租赁方式租入的办公楼进行装修完毕，达到预定可使用状态交付使用，共发生装修支出 60 万元，从本月开始按租赁期 5 年进行摊销。

支付装修费用时，借记“长期待摊费用”账户，贷记“银行存款”等账户。本月开始摊销时作如下调整分录：

借：管理费用 10 000

  贷：长期待摊费用 10 000

（三）其他费用的账项调整

除应计收入与预收收入、应计费用与预付费用项目应该调整外，还有一些费用项目也需要调整，如固定资产折旧等。

企业购买固定资产的支出，也是一种支付在先、受益在后的预付费用。鉴于购买固定资产的费用较大，而它们的使用寿命长达几年、十几年甚至几十年,因此，购买固定资产的支出的回收需通过折旧的方式分期进行。折旧是指固定资产在使用过程中，随着固定资产的磨损而使其价值逐步转移到新的产品或劳务中去，转移的固定资产价值称为折旧额。折旧额一般按月计提。

为了使“固定资产”账户能反映固定资产的原始价值，另外需要设置“累计折旧”账户来反映固定资产的折旧情况。“累计折旧”账户是“固定资产”账户的抵减账户。将“固定资产”账户的期末借方余额，减去“累计折旧”账户的期末贷方余额，就能得出固定资产的现有余额。

借方	累计折旧　　　　贷方
固定资产减少时冲减的折旧数	计提的折旧数
	现有固定资产的累计折旧数

【例7－10】 通达公司2008年1月产品销售使用的汽车应提折旧额2 400元。1月末计提本月销售用汽车折旧时，应作如下会计分录：

借：销售费用　　　　2 400

　贷：累计折旧　　　　2 400

教学互动

某企业2007年6月份发生下列部分经济业务，分别按照权责发生制和收付实现制原则，计算该企业6月份的收入和费用，并填在下表的有关项目内。

(1) 收到外单位上月所欠货款13 500元，存入银行。

(2) 销售A产品一批货款1.5万元，增值税2 550元，货款和增值税款未收到。

(3) 以银行存款支付本季度短期借款利息3 800元（前两个月已预提2 500元）。

(4) 以现金支付本月各项管理费用4 500元。

(5) 以银行存款预付下半年的报刊费用1 200元。

(6) 本月应收租金收入3 000元（实际收款时间为本年12月31日）。

(7) 上月预收金光公司货款11 700元，本月发出B产品给金光公司，售价1万元，增值税1 700元。

业务号	权责发生制		收付实现制	
	收　入	费　用	收　入	费　用
1				
2				
3				
4				
5				
6				
7				

第二节　企业利润形成与分配

利润是指企业在一定会计期间的经营成果。利润是企业在一定会计期间内经济利益的增加，其形式表现为资产的流入、资产增值或负债减少而引起的权益的增加，但不包括与权益所有者出资有关的类似事项。

企业生产经营的主要目的就是要不断提高企业的盈利水平，企业只有最大限度地获取利润，才能为国家和企业本身积累资金，促进社会生产的发展，满足人们日益增长的物质文化生活的需要。

一、利润的构成

（一）利润的内容

企业利润具体包括以下两个方面内容：

1. 经营收入减去经营费用的净额，即企业销售产品、提供劳务以及让渡资产使用权等活动形成的经营收入与发生的经营费用两者间的差额。

2. 直接记入当期利润的利得和损失，是指应当记入当期损益、会导致所有者权益增减变动、与所有者投入资本或向所有者分配利润无关的利得和损失。直接记入当期利润的利得主要包括公允价值变动收益和诸如罚款收入等各项营业外收入；直接记入当期利润的损失，主要包括公允价值变动损失、资产减值损失和诸如固定资产盘亏、非常损失等各项营业外支出。

（二）利润的构成层次及计算方法

利润一般包括三个层次，即营业利润、利润总额和净利润。

1. 营业利润。营业利润是企业利润的主要来源，用营业收入（含主营业务收入和其他业务收入）减去营业成本（含主营业务成本和其他业务成本）、营业税金及附加、销售费用、管理费用、财务费用、资产减值损失，加上公允价值变动损益、投资收益，即为营业利润。营业利润的计算方法，用公式表示为：

营业利润 = 营业收入 - 营业成本 - 营业税金及附加 - 销售费用 - 管理费用 - 财务费用 - 资产减值损失 + 公允价值变动收益（或 - 公允价值变动损失）+ 投资收益（或 - 投资损失）

（1）营业收入指企业经营主要业务和其他业务所确认的收入总额。

（2）营业成本指企业经营主要业务和其他业务发生的实际成本总额。

（3）营业税金及附加指企业经营业务应负担的营业税、消费税、城市维护建设税、资源税、教育费附加等。

（4）销售费用、管理费用、财务费用称为期间费用。销售费用是指企业在销售过程中发生的广告费、包装费等；管理费用是指企业行政管理部门为管理和组织生产经营发生的各种费用，包括管理人员的工资和福利费、工会经费、职工教育经费、差旅费、办公费、劳动保险费、业务招待费、诉讼费、印花税、房产税、车船使用税、土地使用税、无形资产摊销等。财务费用是指企业为筹集生产经营所需资金而发生的费用，包括利息支出（减利息收入）、汇兑损失（减汇兑收益）以及相关的手续费等。

(5) 资产减值损失，包括各项资产由于减值可能发生的损失。

(6) 公允价值变动损益指企业按照相关企业会计准则的规定应当计入当期损益的资产或负债公允价值变动净收益（或净损失）。

(7) 投资收益指企业以各种方式对外投资所取得的收益（或损失）。

2. 利润总额。营业利润加上营业外收入，减去营业外支出，即为利润总额（即税前会计利润）。用公式表示为：

利润总额 = 营业利润 + 营业外收入 - 营业外支出

(1) 营业外收入。营业外收入是指与企业生产经营活动没有直接关系的各种收入。营业外收入并不是由企业经营资金耗费所产生的，不需要企业付出代价，实际上是一种纯收入，不可能也不需要与有关费用进行配比，是直接计入利润的利得。因此，会计上应严格区分营业外收入与营业收入的界限。

营业外收入具体包括：处置非流动资产利得、非货币性资产交换利得、债务重组利得、罚没利得、政府补助利得、盘盈利得、捐赠利得等。

为了核算企业营业外收入的发生情况，应设置"营业外收入"账户，它是损益类账户，用来核算与企业生产经营活动没有直接关系的各种收入的账户。其贷方登记企业发生的各项营业外收入，借方登记期末转入"本年利润"账户的数额，结转后本账户应无余额。该账户应按营业外收入项目设置明细分类账进行明细分类核算。

借方　　　　营业外收入	贷方
期末转入"本年利润"账户的营业外收入	取得的各项营业外收入

【例 7-11】 通达公司 2008 年 1 月 20 日，因交易对方违反约定按规定获得罚款净收入 1 000 元，存入银行。

这笔经济业务的发生，使银行存款增加了 1 000 元，罚款净收入增加了 1 000元。罚款净收入是与企业生产经营活动没有直接关系的收入，应作为营业外收入处理。编制如下会计分录：

借：银行存款　　　　1 000

　　贷：营业外收入　　　　1 000

(2) 营业外支出。营业外支出是指不属于企业生产经营费用，与企业生产经营活动没有直接关系，但按照有关规定应从企业实现的利润总额中扣除的支出，是直接计入利润的损失。

营业外支出具体包括处置非流动资产损失、非货币性资产交换损失、债务重组损失、盘亏损失、公益性捐赠支出、非常损失等。

为了核算企业营业外支出的发生情况，应设置“营业外支出”账户，它是损益类账户，用来核算与企业生产经营活动没有直接关系的各种支出的账户。其借方登记企业发生的各项营业外支出，贷方登记期末转入“本年利润”账户的数额，结转后本账户应无余额。该账户应按营业外支出项目设置明细分类账进行分类核算。

借方　　　　　　　　营业外支出	贷方
发生的各项营业外支出	期末转入“本年利润”账户的营业外支出

【例7－12】 通达公司2008年1月25日，以银行存款2 000元向希望工程捐款。

这笔经济业务的发生，使银行存款减少了2 000元，而减少的银行存款是用于向希望工程的捐款，与企业生产经营活动没有直接关系，应作为营业外支出处理。编制如下会计分录：

借：营业外支出　　　　2 000

　　贷：银行存款　　　　2 000

【例7－13】 通达公司2008年1月28日，以银行存款3 000元支付因违反经济合同的约定被处罚的款项。

这笔经济业务的发生，使银行存款减少了3 000元，而减少的银行存款与企业生产经营活动没有直接关系，应作为营业外支出处理。编制如下会计分录：

借：营业外支出　　　　3 000

　　贷：银行存款　　　　3 000

3. 净利润。净利润是利润总额减去根据所得税准则确认的应从当期利润中扣除的所得税费用后的净额，又称税后利润。所得税费用是企业按其所得缴纳的一种税，只要企业有所得就要按照税法的规定缴纳所得税。所得税具有强制性、无偿性等特点，因此，对于企业而言，所得税应视为一种费用。

净利润的计算公式为：

净利润＝利润总额－所得税费用

二、本年利润的会计核算

（一）设置“本年利润”账户

利润是企业计算的在一定会计期间内生产经营活动的最终成果，是将一定时期内的各项收入与各项费用相抵以后形成的经营成果。企业通过设置“本年利润”账户来核算企业利润的形成情况。该账户核算企业当期实现的净利润（或净亏损），收入、利得转入时借记收入、利得账户，贷记“本年利润”账户；费用、损失转入时，借记“本年利润”账户，贷记费用、损失账户。期末“本年利润”账户的贷方余额，表示当期实现的净利润，借方余额表示当期发生的净亏损。

借方	本年利润 贷方
从费用、损失账户转入的数额	从收入、利得账户转入的数额
发生的亏损； 将全年实现的利润转入“利润分配”账户	实现的利润； 将全年发生的亏损转入“利润分配”账户

（二）收入、利得和费用、损失类账户的结转

在会计期末，应将“主营业务收入”、“其他业务收入”、“营业外收入”等收入、利得账户的期末余额转入“本年利润”账户的贷方，借记“主营业务收入”、“其他业务收入”、“营业外收入”等账户，贷记“本年利润”账户；将“主营业务成本”、“营业税金及附加”、“其他业务成本”、“销售费用”、“管理费用”、“财务费用”、“资产减值损失”、“营业外支出”、“所得税费用”等费用、损失账户的期末余额转入“本年利润”账户的借方，借记“本年利润”账户，贷记“主营业务成本”、“营业税金及附加”、“其他业务成本”、“销售费用”、“管理费用”、“财务费用”、“资产减值损失”、“营业外支出”、“所得税费用”等账户。将“公允价值变动损益”、“投资收益”账户的净收益转入“本年利润”账户，借记“公允价值变动损益”、“投资收益”账户，贷记“本年利润”账户；如为净损失，则做相反的会计分录。

年度终了，应将本年收入和支出相抵后实现的净利润（或净亏损）转入“利润分配——未分配利润”账户。

会计期末结转损益的方法有账结法和表结法两种。账结法是指通过编制记账凭证来完成损益结转工作的方法。即在每月月末将所有的损益类账户的余额全部转入“本年利润”账户，通过“本年利润”账户的借贷方对比计算本月利润的方法。表结法是指用“利润表”结转期末损益类项目，计算体现期末财务成果的方法。即每月末不需要将所有的损益类账户的余额全部转入“本年利润”账户，而是在年终时将损益类账户的余额一次性转入“本年利润”账户的方法。

【例 7-14】 通达公司 2008 年 1 月各损益类账户的余额如下（该公司采用账结法结转损益类账户余额）：

主营业务收入 80 万元，其他业务收入 20 万元，营业外收入 2 万元，主营业务成本 50 万元，营业税金及附加 5 万元，其他业务成本 12 万元，销售费用 6 万元，管理费用 10 万元，财务费用 5 万元，投资净收益（贷方）30 万元，营业外支出 4 万元。

1. 将所有收入、利得账户的贷方余额从各账户借方转入“本年利润”账户的贷方。编制如下会计分录：

借：主营业务收入　　800 000
　　其他业务收入　　200 000
　　营业外收入　　20 000

投资收益 300 000

贷：本年利润 1 320 000

2. 将所有费用、损失类账户的借方余额从各账户贷方转入“本年利润”账户的借方。编制如下会计分录：

借：本年利润 920 000

贷：主营业务成本 500 000

营业税金及附加 50 000

其他业务成本 120 000

销售费用 60 000

管理费用 100 000

财务费用 50 000

营业外支出 40 000

将“本年利润”账户进行对比，计算本月利润总额为：

利润总额 = 1 320 000 − 920 000 = 400 000（元）

企业还应该按照国家的有关规定，计算每一会计期间的所得税费用，计算缴纳所得税。为了核算企业按规定从本期损益中扣除的所得税，应设置“所得税费用”账户，该账户借方发生额登记按所得税准则规定应从本期损益中扣除的所得税费用，贷方发生额登记于期末转入“本年利润”账户的所得税费用，结转后，本账户无余额。

借方	所得税费用 贷方
按规定从本期损益中扣除的所得税	期末转入“本年利润”账户的所得税

【例 7－15】 通达公司 2008 年 1 月末，按利润总额的 25% 计算本月应交所得税。按新税法规定从 2008 年 1 月起，企业的所得税税率为 25%。

本月应交所得税费用 = 400 000 × 25% = 100 000（元）

根据计算结果编制的会计分录如下：

借：所得税费用 100 000

贷：应交税费——应交所得税 100 000

将“所得税费用”转入本年利润账户：

借：本年利润 100 000

贷：所得税费用 100 000

由此可计算出本月净利润为：

400 000 − 100 000 = 300 000（元）

三、利润分配

（一）利润分配的内容

企业实现的净利润，应按规定的顺序进行分配。利润分配的内容主要包括：弥补以前年度的亏损，提取法定盈余公积、任意盈余公积，向投资者分配利润等，尚未分配的部分形成企业的未分配利润。

企业发生净亏损，可用以前年度提取的盈余公积弥补亏损。

（二）利润分配核算应设置的主要账户

1．“利润分配”账户。“利润分配”账户是用来核算企业利润分配情况或亏损弥补情况，是“本年利润”账户的调整账户。

企业如果有利润，“利润分配”账户的借方本期发生额登记本年利润分配情况，如提取的法定盈余公积、向投资者分配利润等，贷方本期一般无发生额，月末借方余额表示本年利润分配的情况。年末时企业将全年实现的净利润从“本年利润”账户的借方转入本账户的贷方。根据年初未分配利润加上本年利润减去本年已分配的利润，即为年末未分配利润，即“利润分配”账户年末贷方余额，表示历年积存的未分配利润。

企业如果发生亏损，“利润分配”账户贷方本期发生额登记用盈余公积弥补亏损的数额，借方本期一般无发生额，月末贷方余额表示已弥补的亏损。年末时企业将全年发生的亏损从“本年利润”账户的贷方转入本账户的借方。根据年初未弥补的亏损加上本年亏损减去本年已弥补的亏损，即为年末未弥补亏损，即“利润分配”账户年末借方余额，表示历年积存的未弥补亏损。

对于利润分配的过程，应根据分配的种类分别设置明细账户，核算企业提取的法定盈余公积、向投资者分配利润等，在“利润分配”账户下设置“提取法定盈余公积”、“提取任意盈余公积”、“应付现金股利”、“盈余公积补亏”等进行明细核算。对于期末未分配利润（或未弥补亏损）的情况，设置“未分配利润”明细账户进行反映。

借方　　利润分配　　贷方

借方	贷方
利润的分配数	从“本年利润”账户转入的全年实现的净利润
	历年累计未分配的利润

2．“盈余公积”账户。“盈余公积”账户属于所有者权益类账户，是用来核算企业从净利润中提取的法定盈余公积。该账户的贷方发生额登记从净利润中提取的法定盈余公积，借方发生额登记用盈余公积弥补亏损或转增资本的支出数额，贷方余额表示为已提取但尚未使用的盈余公积结余额。

借方　　盈余公积　　贷方

借方	贷方
用盈余公积弥补亏损；转增注册资本	提取的盈余公积金
	盈余公积的结余数

3．“应付利润”账户。“应付利润”账户属于负债类账户，是用来核算企业应付给投资者的利润。该账户贷方登记企业按分配决议应付给投资者的利润，借方发生额登记企业实际支付给投资者的利润，期末余额一般在贷方，表示尚未支付的利润。

借方	应付利润 贷方
实际支付给投资者的利润	应分配给投资者的利润
	尚未支付给投资者的利润

（三）利润分配业务的账务处理

【例7-16】 2007年年末，若假设通达公司全年实现净利润500万元，按税后净利润的10%提取盈余公积。

应提取的盈余公积 = 5 000 000 × 10% = 500 000（元）。应作如下会计分录：

借：利润分配——提取法定盈余公积　　500 000
　　贷：盈余公积　　500 000

【例7-17】 经批准，将剩余利润的50%分配给投资者。

应分配的股利为 =（5 000 000 - 500 000）× 50% = 2 250 000（元）。应作如下会计分录：

借：利润分配——应付利润　　2 250 000
　　贷：应付利润　　2 250 000

年度终了，企业应将全年实现的净利润从"本年利润"账户转入"利润分配——未分配利润"账户，编制如下结转分录为：

借：本年利润　　5 000 000
　　贷：利润分配——未分配利润　　5 000 000

若为净亏损则做相反的会计分录。

年末，将"利润分配"有关明细账户余额转入"利润分配——未分配利润"账户，编制如下结转分录：

借：利润分配——未分配利润　　2 750 000
　　贷：利润分配——提取法定盈余公积　　500 000
　　　　　　　　——应付利润　　2 250 000

年终结转后，"利润分配"账户除"未分配利润"明细账户有余额以外，其他明细账户应无余额。

若通达公司"利润分配"账户"未分配利润"明细账2007年年初贷方余额为100万元，年终结转后，"未分配利润"明细账余额为：

1 000 000 + 5 000 000 - 2 750 000 = 3 250 000（元）

即通达公司历年积存的未分配利润为325万元。

（四）资金退出企业的账务处理

资金投入企业后，经过一定的循环和周转，有一部分资金会退出企业的经营活动，如上缴税金、向投资者支付利润、归还借款或应付债券本金和利息，以及向其他单位投资等。

【例7-18】 若通达公司以银行存款向投资者支付利润225万元。应作如下会计分录：

借：应付利润　　2 250 000
　　贷：银行存款　　2 250 000

【例 7-19】 若通达公司以银行存款支付本期欠交的所得税 8 万元。应作如下会计分录：

借：应交税费——应交所得税　　80 000
　　贷：银行存款　　80 000

教学互动

东方公司 2008 年 5 月精简机构，对于职员王海来说有三条路可供他选择：(1) 继续在原单位供职，年收入 1 万元。(2) 下岗，收入打对折，但某快餐厅愿以每月 500 元的工资待遇请他帮佣。(3) 辞职，搞个体经营。结果他决定自己投资 2 万元，开办一家水吧。

下面是该水吧开业一个月的经营情况：

(1) 预付半年房租 3 000 元。

(2) 购入各种饮料 1 万元，本月份耗用其中的 50%。

(3) 支付雇员工资 1 000 元。

(4) 支付水电费 500 元。

(5) 获取营业收入 1.2 万元。

(6) 交纳税金 600 元。

讨论王海的选择是否正确，为什么？

本章小结

收付实现制与权责发生制是两种不同的记账基础，二者的根本区别在于收入和费用的确认和入账时间标准不同。在权责发生制下，需要在期末做相关的账项调账，会计期末调整业务主要有应计收入、预收收入、应计费用和预付费用四种类型。权责发生制能够比较合理地反映某一会计主体在各会计期间的经营成果。

利润是指企业在一定会计期间的经营成果。包括收入减去费用后的净额、直接记入当期利润的利得和损失等。营业利润加上营业外收入，减去营业外支出，即为利润总额，其中营业利润是企业利润的主要来源。企业实现的利润总额，要缴纳所得税，税后利润（净利润）再按照规定顺序进行分配。利润形成及利润分配的核算，应设置“本年利润”、“利润分配”等账户进行核算和监督。

关键词（中英文对照）

收付实现制　accept to pay to realize system
权责发生制　power occurrence system
利润　profits
营业利润　business profits

利润总额　　profits total amount
净利润　　clean profits

自 测 题

一、填空题

1. 在核算企业的收入或费用时，是根据收到或支付款项作为记录收入或费用的依据，还是以取得收款的权利或支付款项的责任作为记录收入或费用的依据，就形成了两种记账基础，即________和________。
2. 利润一般包括三个层次，即________、________和________。
3. 期末应将损益类账户的余额结转到“________”账户。
4. 为了核算企业计算应缴纳的所得税，企业应设置________账户。
5. 年终“利润分配”账户贷方余额表示________。

二、单项选择题

1. 以款项是否实际收到或付出作为判断标准的记账基础是(　　)。
A. 权责发生制　　B. 收付实现制
C. 永续盘存制　　D. 实地盘存制
2. 下列支出中，属于预提费用的是(　　)。
A. 已预先支付的费用　　B. 尚未支付的费用
C. 应属于本期但尚未支付的费用　　D. 尚未支付的费用
3. 按合同的规定，预先收取购买单位的款项应当确认为企业的(　　)。
A. 销售收入　　B. 其他收入
C. 资产　　D. 负债
4. 企业预付下一年度财产保险费时，应借记“(　　)”账户。
A. 管理费用　　B. 制造费用
C. 待摊费用　　D. 预提费用
5. 企业预提应由本月负担的短期借款利息时，应贷记“(　　)”账户。
A. 应付利息　　B. 管理费用
C. 短期借款　　D. 财务费用
6. 计提本月固定资产折旧时，应贷记“(　　)”账户。
A. 固定资产　　B. 累计折旧
C. 预提费用　　D. 制造费用

7. 与企业生产经营无直接关系的支出是(　　)。

A. 管理费用　　B. 财务费用

C. 营业外支出　　D. 其他业务成本

8. "本年利润"账户的期末贷方余额表示(　　)。

A. 利润总额　　B. 亏损总额

C. 未分配利润数额　　D. 本期实现的净利润

9. "所得税费用"账户的贷方登记(　　)。

A. 转入"本年利润"账户的所得税费用

B. 实际缴纳的所得税

C. 应由本企业负担的税费

D. 转入"生产成本"账户的税费

10. "利润分配"账户按其反映的经济内容应属于(　　)账户。

A. 资产类　　B. 所有者权益类

C. 损益类　　D. 负债类

11. 借：管理费用，贷：预提费用，这笔会计分录反映的经济业务是(　　)。

A. 预提应由本月负担的费用　　B. 摊销应由本月负担的费用

C. 已经发生等待摊销的费用　　D. 将管理费用转入"预提费用"账户

12. 企业的净利润等于利润总额减去(　　)。

A. 增值税　　B. 消费税

C. 所得税　　D. 营业税

13. 借：本年利润，贷：利润分配，这笔会计分录反映的经济业务是(　　)。

A. 分配本年实现的利润

B. 结转全年发生的净亏损

C. 结转全年实现的净利润

D. 将利润分配数转入"本年利润"账户

三、多项选择题

1. 会计核算的基础有(　　)。

A. 永续盘存制　　B. 实地盘存制

C. 收付实现制　　D. 权责发生制

2. 下列属于待摊费用的有(　　)。

A. 预付购货款　　B. 预付报刊杂志费

C. 预付保险费　　D. 预付工程款

3. 下列项目中，属于"营业外收入"账户核算内容的有(　　)。

A. 产品销售取得的收入　　B. 材料销售取得的收入

C. 处置非流动资产利得　　D. 非货币性资产交换利得

E. 罚没利得

4. 下列项目中，属于“营业外支出”账户核算内容的有(　　)。

A. 处置非流动资产损失　　B. 公益性捐赠支出

C. 非货币性资产交换损失　　D. 债务重组损失

E. 非常损失

5. 下列账户中，应于期末将发生额结转至“本年利润”账户的有(　　)。

A. 制造费用　　B. 管理费用

C. 财务费用　　D. 预提费用

E. 销售费用

四、判断题

1. 收付实现制是以款项是否收到和付出作为判断标准，来确认收入的实现和费用的发生。(　　)

2. 权责发生制是以权利或责任的发生（即应收应付）作为判断标准，来确认本期收入和费用的归属。(　　)

3. 收入类账户期末一般有余额，且余额在贷方。(　　)

4. 凡是本期支付的费用都应该计入本期成本、费用。(　　)

5. “预提费用”账户属资产类账户。(　　)

6. 企业计提固定资产折旧时，应借记“累计折旧”账户，贷记“固定资产”账户。(　　)

7. 摊销期在一年以上的费用才通过“长期待摊费用”账户核算。(　　)

8. “本年利润”账户如果有借方余额，表示发生的亏损。(　　)

9. 盈余公积是按利润总额的一定比例计算提取的。(　　)

10. 向投资者分配利润，应借记“应付利润”账户。(　　)

五、业务操作题

练习一

【目的】 1. 掌握不同会计基础下企业对本期收入和费用的确认。

2. 掌握权责发生制下企业期末业务调整的会计处理方法。

【资料】 恒信工厂2007年12月发生的有关经济业务如下：

1. 2007年1月预付全年保险费1.2万元，本月应该分摊1 000元。

2. 5日，预收甲公司货款8万元存入银行。

3. 12日，以银行存款预付2008年全年门市租金6万元。

4. 18日，向乙公司发出一批产品，货款10万元，增值税1.7万元，全部款项已于上月预收。

5. 20日，收到上月出租包装物租金2 000元，存入银行。

6. 25日，出售产品一批给丙公司，货款5万元，增值税8 500元，款项均未收到。

7. 31日，按规定税率计算本月应交消费税3 000元。

8. 31日，以银行存款1 200元缴纳上月欠交的消费税。

9. 31 日，本月应收对外出租的仓库租金 4 000 元尚未收到。

10. 31 日，以银行存款 3 100 元偿还短期借款利息，其中 10 和 11 两个月已预提 2 000 元。

【要求】

1. 按两种会计基础分别确认恒信工厂 2007 年 12 月的收入和费用。

业务号	权责发生制		收付实现制	
	收　入	费　用	收　入	费　用
1				
2				
3				
4				
5				
6				
7				
8				
9				
10				

2. 按权责发生制编制企业期末业务调整的会计分录。

练习二

【目的】 练习企业利润形成与分配的会计处理方法。

【资料】 某企业本月“主营业务收入”1 00 万元，“主营业务成本”60 万元，“营业税金及附加”4 万元，“其他业务收入”5 万元，“其他业务成本”3 万元，“管理费用”7 万元，“财务费用”2 万元，“销售费用”1.5 万元，“营业外收入”1 万元，“营业外支出”5 000 元。要求：

1. 列示出结转本月损益的会计分录。

2. 按本月利润总额的 25%计算本月应交所得税，并列示出相关会计分录。

3. 计算本月下列利润指标：

营业利润 =

利润总额 =

净利润 =

4. 按净利润的 10%提取法定公益金。

5. 按剩余利润的 40%向投资者分配利润。

第八章

会计信息的初步加工

学习提示

记账凭证是重要的会计凭证之一，也是对会计信息进行初步加工的主要手段。通过本章学习，了解会计凭证的种类，掌握记账凭证的法律规范和技术规范，能填制专用格式、通用格式和汇总记账凭证，明确记账凭证对于加强经济责任、强化内部控制、监督经济活动及控制经济运行具有重要的意义。

本章主要讲述了记账凭证的种类、记账凭证的基本内容、记账凭证的法律规范和技术规范、记账凭证的填制与审核、汇总记账凭证的编制方法。

学习时应从会计分录与记账凭证的关系入手，掌握记账凭证、汇总记账凭证的填制方法；注意与电算化条件下的凭证填制比较异同；通过独立完成记账凭证填制的实例和实务训练题达到巩固的效果；把握填制记账凭证的直接依据是原始凭证。关于原始凭证的基本内容已经在第一章的有关内容中讲述了，学习时要注意衔接。

建议观看会计职业情景动画演示：0801 认识与填制记账凭证，0802 电算化会计记账凭证的填制。

第一节　记账凭证是格式化的会计信息加工载体

会计信息的初始记录主要体现在原始凭证上，但是原始凭证来自于许多不同的填制单位，种类繁多，格式迥异，数量庞大，且不能分门别类地反映企业经济业务活动情况，也不便于登记账簿。为了更好地满足管理要求所需要的会计信息，便于登记账簿，需要将原始凭证加以归类、整理，填制具有统一格式的记账凭证，确定会计分录并将相关的原始凭证附在记账凭证后面。这样可以简化记账工作，有利于原始凭证的保管，便于对账和查账，提高会计工作质量。所以，记账凭证具有分类归纳原始凭证和满足登记账簿需要的作用。

记账凭证是会计凭证的一种。会计凭证按来源不同分为原始凭证和记账凭证，关于原始凭证的基本内容、取得途径、填写规范以及原始凭证审核等知识，已在本书的第一章讲述。本节在此基础上进一步学习记账凭证的有关内容。

一、记账凭证的种类

记账凭证又称记账凭单，是会计人员根据审核无误的原始凭证按照经济业务事项的内容依据预先设定的会计科目名称予以归类，并据以确定会计分录后所填制的会计凭证。它是登记账簿的直接依据。

记账凭证作为登记账簿的依据，因其所反映的经济业务的内容不同，各单位规模大小及其对会计核算繁简程度的要求不同，其格式和种类亦有所不同。

(一) 按经济业务的内容分类

记账凭证按其所反映的经济内容是否涉及现金、银行存款的变动的不同，可以将记账凭证设置为收款凭证、付款凭证和转账凭证等三种专用格式。

1. 收款凭证。收款凭证是指用于记录库存现金和银行存款收款业务的会计凭证。收款凭证根据有关库存现金和银行存款收入业务的原始凭证填制，是登记库存现金日记账、银行存款日记账以及有关明细账和总账等账簿的依据，也是出纳人员收讫款项的依据。收款凭证格式如图 8－1 所示。

收 款 凭 证

借方科目：　　　　年　月　日　　　　总号　　分号

摘　要	贷方科目		金　额										记账符号
	总账科目	明细科目	千	百	十	万	千	百	十	元	角	分	√

附件　张

会计主管　　记账　　复核　　出纳　　制单

图 8－1 收 款 凭 证

2. 付款凭证。付款凭证是指用于记录库存现金和银行存款付款业务的会计凭证。付款凭证根据有关库存现金和银行存款支付业务的原始凭证填制，是登记库存现金日记账、银行存款日记账以及有关明细账和总账等账簿的依据，也是出纳人员支付款项的依据。付款凭证格式如图 8－2 所示。

付款凭证

总号	
分号	

贷方科目　　　　　　　　　　　　年　　月　　日

摘要	借方科目		金额										记账符号
	总账科目	明细科目	千	百	十	万	千	百	十	元	角	分	√
合计													

附件　　张

会计主管　　记账　　复核　　出纳　　制单

图 8－2　付款凭证

3. 转账凭证。转账凭证是指用于记录不涉及库存现金和银行存款业务的会计凭证。转账凭证根据有关转账业务的原始凭证填制，是登记有关明细账和总账等账簿的依据。转账凭证格式如图 8－3 所示。

转账凭证

总号	
分号	

年　　月　　日

摘要	会计科目		借方金额										贷方金额									
	总账科目	明细科目	千	百	十	万	千	百	十	元	角	分	千	百	十	万	千	百	十	元	角	分
合计																						

附件　　张

会计主管　　记账　　复核　　出纳　　制单

图 8－3　转账凭证

收款凭证、付款凭证、转账凭证的划分，有利于区别不同经济业务并进行分类管理，有利于经济业务的检查，但编制的工作量较大，一般适用于规模较大、收付款业务较多的单位。对于经济业务较简单、规模较小、收付款业务较少的单位，一般采用通用的记账凭证来记录所有经济业务。这时，记账凭证不再区分收款、付款及转账业务，需将所有经济业务统一编号，在同一格式的凭证中进行记录。

（二）按编制的方式不同分类

记账凭证按是否在一张凭证上完整地反映一套会计分录的编制方式，可分为单式记账凭证和复式记账凭证。

1. 单式记账凭证。单式记账凭证是指每一张记账凭证只填列经济业务事项所涉及的一个会计科目及其金额的记账凭证。填列借方科目的称为借项凭证，填列贷方科目的称为贷项凭证。某项经济业务涉及几个会计科目，就编制几张单式记账凭证。单式记账凭证反映内容单一，便于分工记账，便于按会计科目汇总，但一张凭证不能反映每一笔经济业务的全貌，不便于检查会计分录的正确性。如表 8－1 所示。

表 8－1　单式记账凭证

借项凭证

总号	
分号	

年　月　日

摘　要	总账科目	明细科目	金额										记账符号
			千	百	十	万	千	百	十	元	角	分	√
合　计													

附件　张

会计主管　　记账　　复核　　出纳　　制单　程敏

2. 复式记账凭证。复式记账凭证是指将每一笔经济业务事项所涉及的全部会计科目及其金额均在同一张记账凭证中反映的一种记账凭证。复式记账凭证可以集中反映账户的对应关系，便于了解经济业务的来龙去脉；可以减少记账凭证的张数。但是不便于汇总计算每一会计科目的发生额，不便于分工记账。以上所举收款凭证、付款凭证和转账凭证都属于复式记账凭证。

此外需要说明的是，通用记账凭证是典型的复式记账凭证，其格式与“转账凭证”的格式一致，只是凭证的名称就直接称为“记账凭证”。

（三）按是否经过汇总分类

1. 汇总记账凭证。汇总记账凭证是指根据许多同类的单一记账凭证定期加以汇总而重新编制的记账凭证，目的是简化登记总分类账的手续。本章第三节讲述的汇总记账凭证和第十二章第一节讲述的科目汇总表，都是汇总记账凭证的具体形式。

2. 非汇总记账凭证。非汇总记账凭证是根据原始凭证编制，只反映某项经济业务会计分录的记账凭证。

会计凭证的分类体系如图 8-4 所示。

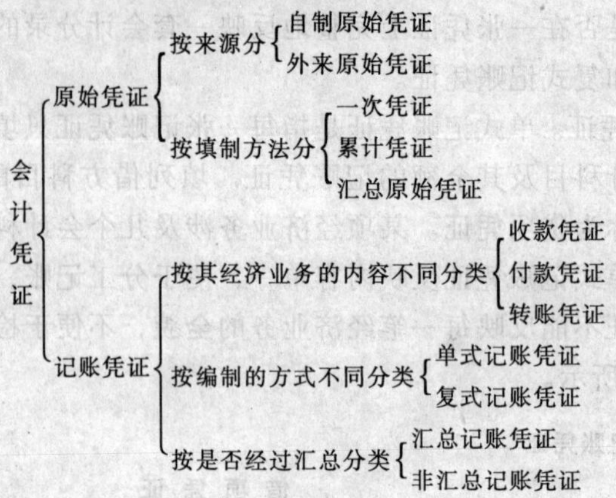

图 8-4 会计凭证的分类体系

二、记账凭证的基本内容

1. 记账凭证的名称；
2. 填制记账凭证的日期；
3. 记账凭证的编号；
4. 经济业务事项的内容摘要；
5. 经济业务事项所涉及的会计科目及其记账方向；
6. 经济业务事项的金额；
7. 记账标记；
8. 所附原始凭证张数；
9. 会计主管、记账、审核、出纳、制单等有关人员签章。

第二节 填制记账凭证的法律规范和技术规范

一、填制记账凭证的法律规范

1. 内容完整。记账凭证的内容必须具备：填制凭证的日期、凭证编号、经济业务摘要、会计科目、金额、所附原始凭证张数、填制凭证人员、稽核人员、记账人员、会计机构负责人、会计主管人员签名或者盖章。收款和付款记账凭证还应当由出纳人员签名或者盖章。以自制的原始凭证或者原始凭证汇总表代替记账凭证的，也必须具备记账凭证应有的项目。

2. 编号连续。一笔经济业务需要填制两张以上记账凭证的，可以采用分数编号法编号。

3. 书写清楚。记账凭证上金额数字的书写要正确规范，与原始凭证相符，所填的金额应是所附原始凭证的合计金额；角分不能为空，也不能用“—”代替，应写“0”。填写会计科目时，必须按照会计制度统一规定的会计科目名称填写，不能简写，也不能用省略号代替会计科目；无统一名称的明细科目要填写确切、无遗漏；应借、应贷科目的对应关系必须清楚。摘要填写要确切、简明。

4. 编制依据规范。记账凭证可以根据每一张原始凭证填制，或根据若干张同类原始凭证汇总填制，也可以根据原始凭证汇总表填制，但不得将不同内容和类别的原始凭证汇总填制在一张记账凭证上。

5. 附件真实可靠。除结账和更正错误的记账凭证可以不附原始凭证外，其他记账凭证必须附有原始凭证。如果一张原始凭证涉及几张记账凭证，可以把原始凭证附在一张主要的记账凭证后面，并在其他记账凭证上注明附有该原始凭证的记账凭证的编号或者附原始凭证汇总表。一张原始凭证所列支出需要几个单位共同负担的，应当将其他单位负担的部分，开给对方原始凭证分割单，进行结算。原始凭证分割单必须具备原始凭证的基本内容：凭证名称、填制凭证日期、填制凭证单位名称或者填制人姓名、经办人的签名或者盖章、接受凭证单位名称、经济业务内容、数量、单价、金额和费用分摊情况等。

6. 特殊业务。在采用“收款凭证”、“付款凭证”和“转账凭证”等复式记账凭证的情况下，涉及库存现金和银行存款之间的划转业务，按规定只填制付款凭证，以免重复记账。

7. 纠错规范。填制记账凭证时若发生错误，应当重新填制。已登记入账的记账凭证在当年内发现填写错误时，可以用红字填写一张与原内容相同的记账凭证，在摘要栏注明“注销某月某日某号凭证”字样，同时再用蓝字重新填制一张正确的记账凭证，注明“订正某月某日某号凭证”字样。如果会计科目没有错误，只是金额错误，也可将正确数字与错误数字之间的差额另编一张调整的记账凭证，调增金额用蓝字，调减金额用红字。发现以前年度记账凭证有错误的，应当用蓝字填制一张更正的记账凭证。

8. 空白注销。记账凭证填制完毕经济业务事项后，如有空行，应当自金额栏最后一笔金额数字下的空行处至合计数上的空行处划线注销。合计金额第一位数字前要填写货币符号。

知识窗

请阅读《中华人民共和国会计法》（1999 年 10 月 31 日修订）的全部内容；财政部制订的《会计基础工作规范》（1996 年 6 月 17 日颁布）中的“第三章第二节　填制会计凭证”的具体规定。

二、填制记账凭证的技术规范

（一）专用记账凭证的填制技术

专用记账凭证的填制分为收款凭证、付款凭证、转账凭证的填制方法。

1. 收款凭证。收款凭证左上角的“借方科目”按收款的性质分别填写“库存现金”或“银行存款”科目名称；日期填写的是编制本凭证的日期；右上角填写编制收款凭证的顺序号；“摘要”填写对所记录的经济业务的简要说明；“贷方科目”填写与收入库存现金或银行存款科目相对应的会计科目名称；“记账”是指该记账凭证已登记账簿的标记，防止经济业务事项重记或漏记；“金额”是指该项经济业务事项的发生额；该凭证右边“附件×张”是指本记账凭证所附原始凭证的张数，附件的附件不计算在附件张数之内；最下边分别由有关人员签章，以明确经济责任。

【例 8-1】 西南铝业股份有限公司 2007 年 3 月 16 日收到春江公司偿还的货款 11.7 万元，款已存入银行（取得银行收账通知一张）。

根据经济业务作会计分录：

借：银行存款 117 000

　　贷：应收账款——春江公司 117 000

根据会计分录填制收款凭证如表 8-2 所示。

表 8-2 **收款凭证**

总号	001
分号	

借方科目：银行存款　　　　2007 年 3 月 16 日

摘要	贷方科目		金额										记账符号
	总账科目	明细科目	千	百	十	万	千	百	十	元	角	分	√
收回春江公司欠款	应收账款	春江公司			1	1	7	0	0	0	0	0	
合计	人民币壹拾壹万柒仟圆整			¥	1	1	7	0	0	0	0	0	

附件 1 张

会计主管　　记账　　复核　　出纳　王芳　　制单　刘红梅

2. 付款凭证。付款凭证的编制方法与收款凭证基本相同，只是左上角由“借方科目”换为“贷方科目”，凭证中间的“贷方科目”换为“借方科目”。

【例 8-2】 西南铝业股份有限公司 2007 年 3 月 28 日以 600 元库存现金购买办公用品（取得购货发票一张）。

根据经济业务作会计分录：

借：管理费用——办公费 600

　　贷：库存现金 600

根据会计分录填制的付款凭证如表 8-3 所示。

注意：对于涉及“库存现金”和“银行存款”之间的经济业务，一般只编制付款凭证，不得再编收款凭证，以免重复记账。

表 8-3　付 款 凭 证

总号	001
分号	

贷方科目：库存现金　　2007 年 3 月 28 日

摘　要	借方科目		金　额										记账符号
	总账科目	明细科目	千	百	十	万	千	百	十	元	角	分	√
购办公用品	管理费用	办公费						6	0	0	0	0	
合　计	人民币陆佰圆整						¥	6	0	0	0	0	

附件 1 张

会计主管　　记账　　复核　　出纳　王芳　　制单　刘红梅

3. 转账凭证。转账凭证将经济业务事项中所涉及全部会计科目按照先借后贷的顺序记入"会计科目"栏中的"一级科目"和"二级明细科目"，并按应借、应贷方向分别记入"借方金额"或"贷方金额"栏。其他项目的填列与收、付款凭证相同。

【例 8-3.】 西南铝业股份有限公司 2007 年 3 月 25 日向天宏公司采购甲材料 400 公斤，单价 10 元，计 4 000 元，增值税为 680 元，假设材料均已按实际成本验收入库，货款尚未支付（取得增值税专用发票和收料单各一张）。

根据经济业务作会计分录为：

借：原材料——甲材料　　4 000

　　应交税费——应交增值税（进项税）　　680

　　贷：应付账款——天宏公司　　4 680

根据会计分录填制转账凭证如表 8-4 所示。

表 8-4　转 账 凭 证

总号	001
分号	

2007 年 3 月 25 日

摘　要	会计科目		借方金额										贷方金额									
	总账科目	明细科目	千	百	十	万	千	百	十	元	角	分	千	百	十	万	千	百	十	元	角	分
采购甲材料	原材料	甲材料					4	0	0	0	0	0										
	应交税费	增（进项）						6	8	0	0	0										
	应付账款	天宏公司															4	6	8	0	0	0
合　计						¥	4	6	8	0	0	0				¥	4	6	8	0	0	0

附件 2 张

会计主管　　记账　　复核　　出纳　　制单　刘红梅

（二）通用记账凭证的填制技术

在实际工作中，规模小、经济业务少的单位，可以使用格式单一的通用记账凭证，以简化记账凭证。通用记账凭证的格式和填制方法与转账凭证相同。

【例 8-4】 西南铝业股份有限公司 2007 年 3 月 26 日向天宏公司采购甲材料 400 公斤，单价 10 元，计 4 000 元，增值税额为 680 元；采购乙材料 200 公斤，单价 8 元，计 1 600 元，增值税额为 272 元，假设材料均已按实际成本验收入库，以银行存款支付了货款。（取得增值税专用发票一张、转账支票存根一张，材料入库单一张）

根据经济业务作会计分录为：

借：原材料——甲材料　　4 000

　　　　　——乙材料　　1 600

　　应交税费——应交增值税（进项税）　　952

　贷：银行存款　　6 552

根据会计分录填制的通用记账凭证如表 8-5 所示。

表 8-5　通用记账凭证

记（转）账凭证

总号	001
分号	

2007 年 3 月 26 日

摘　　要	会计科目		借方金额										贷方金额									
	总账科目	明细科目	千	百	十	万	千	百	十	元	角	分	千	百	十	万	千	百	十	元	角	分
采购材料	原材料	甲材料					4	0	0	0	0	0										
		乙材料					1	6	0	0	0	0										
	应交税费	增（进项）						9	5	2	0	0										
	银行存款	天宏公司															6	5	5	2	0	0
合　　计						¥	6	5	5	2	0	0				¥	6	5	5	2	0	0

附件 3 张

会计主管　　记账　　复核　　出纳　　制单　刘红梅

教学互动

每一位学生应准备三种格式的记账凭证各五张，教师讲解完填制方法，进行示范后，立即给出几张原始单据，让学生据此编制会计分录，填制记账凭证，学生通过练习掌握记账凭证的填制方法。

（三）单式记账凭证的填制方法

单式记账凭证是按一项经济业务所涉及的会计科目，每一个科目单独填制一张记账凭证，单式记账凭证按其反映经济业务所涉及的会计科目和对应科目，又分为“借项记账凭证”和“贷项记账凭证”。

【例 8-5】 西南铝业股份有限公司 2007 年 3 月 29 日向长江公司采购丙材料 600 公斤，单价 10 元，计 6 000 元，增值税额为 1 020 元，假设丙材料均已按实际成本验收入库，以银行存款支付了货款。（取得增值税专用发票一张、支票存根一张，材料入库单一张）

根据经济业务作会计分录为：

借：原材料——丙材料　　6 000

　　应交税费——应交增值税（进项税）　　1 020

　　贷：银行存款　　7 020

根据经济业务填制单式记账凭证如表 8-6、表 8-7、表 8-8 所示。

表 8-6　单式记账凭证

借 项 凭 证

总号	001
分号	1/3

2007 年 3 月 29 日

摘　要	总账科目	明细科目	金额 千	百	十	万	千	百	十	元	角	分	记账符号 √
购丙材料	原材料	丙材料					6	0	0	0	0	0	
合　计						¥	6	0	0	0	0	0	

附件 3 张

会计主管　　记账　　复核　　出纳　　制单　刘红梅

表 8-7　单式记账凭证

借 项 凭 证

总号	001
分号	2/3

2007 年 3 月 29 日

摘　要	总账科目	明细科目	金额 千	百	十	万	千	百	十	元	角	分	记账符号 √
购丙材料	应交税费	增（进项税）					1	0	2	0	0	0	
附件见记 001 1/3													
合　计						¥	1	0	2	0	0	0	

附件 3 张

会计主管　　记账　　复核　　出纳　　制单　刘红梅

表 8-8 单式记账凭证

贷 项 凭 证

总号	001
分号	3/3

2007 年 3 月 29 日

摘　要	总账科目	明细科目	金额 千	百	十	万	千	百	十	元	角	分	记账符号 √
购丙材料	银行存款						7	0	2	0	0	0	
附件见记 001 1/3													
合　计						¥	7	0	2	0	0	0	

附件3张

会计主管　　记账　　复核　　出纳　王芳　　制单　刘红梅

(四) 电算化下填制记账凭证

会计电算化下填制记账凭证的内容和方法与手工条件下的记账凭证填制基本一致，但格式与手工条件下的记账凭证有所不同，其格式要通过限制凭证必有或凭证必无会计科目来实现。对会计科目的限制条件包括：借方必有科目、贷方必有科目、凭证必有科目、凭证必无科目等。会计电算化条件下记账凭证的填制方法和程序比手工记账凭证要简单得多。

三、记账凭证的审核

为了保证记账凭证能够真实、准确地反映经济业务状况，保证账簿记录和会计信息的质量，在根据记账凭证登记账簿之前，必须由有关人员对已填制完毕的记账凭证进行认真、严格的审核。只有审核无误的记账凭证，才能作为记账的依据。记账凭证审核的内容包括：

1. 记账凭证是否附有原始凭证，原始凭证是否齐全、内容是否合法，记账凭证所记录的经济业务与所附原始凭证反映的经济业务是否相符。

2. 记账凭证的应借、应贷会计科目是否正确，账户对应关系是否清晰，所使用的会计科目及其核算内容是否符合会计制度的规定，金额计算是否准确。

3. 摘要是否填写清楚、项目填写是否齐全，如日期、凭证编号、二级和明细会计科目、附件张数以及有关人员签章等。

4. 记账凭证审核实例。

【例 8-6】 按记账凭证审核的要求，审核【例 8-4】的记账凭证。

审核者需在记账凭证的下方相关位置签字，以明确责任。若发现记账凭证的填制有差错或者填列不完整，签章不齐全，应查明原因，责令改正、补充或重填。只有经过审核无误的记账凭证，才能据以登记会计账簿。

表 8-9 通用记账凭证

记（转）账凭证

总号	001
分号	

2007 年 3 月 26 日

摘　要	会计科目		借方金额										贷方金额									
	总账科目	明细科目	千	百	十	万	千	百	十	元	角	分	千	百	十	万	千	百	十	元	角	分
采购材料	原材料	甲材料					4	0	0	0	0	0										
		乙材料					1	6	0	0	0	0										
	应交税费	增（进项）						9	5	2	0	0										
	银行存款	天宏公司															6	5	5	2	0	0
合　计						¥	6	5	5	2	0	0				¥	6	5	5	2	0	0

附件 3 张

会计主管　　记账　　复核　张蓉　　出纳　王芳　　制单　刘红梅

第三节　怎样填制汇总记账凭证

对于规模较大、经济业务较多的企业，通常需要编制汇总记账凭证。汇总的基本含义是在期末把若干张记账凭证上相同科目的数据按一定的方式加总起来，编制汇总记账凭证，据此汇总数据记入总分类账簿，这样可以大大简化登记总分类账的工作。编制汇总记账凭证，还能清晰地反映各科目的对应关系，了解经济业务的来龙去脉，便于分析经济业务内容，进而利于检查会计差错。

一、汇总记账凭证的格式和基本内容

（一）汇总记账凭证的含义和种类

1. 汇总记账凭证的含义。汇总记账凭证是根据若干同类的单一记账凭证，定期加以汇总而重新编制的记账凭证，目的是简化登记总分类账的手续。

2. 汇总记账凭证种类和格式。汇总记账凭证按其反映经济业务的内容，分为专用格式下的三种汇总凭证（即汇总收款凭证、汇总付款凭证、汇总转账凭证）和通用格式下的记账凭证汇总表（即科目汇总表）四种形式。汇总记账凭证的格式如表 8-10—表 8-13 所示。

专用格式下的汇总收款凭证、汇总付款凭证和汇总转账凭证与通用格式下的科目汇总表，其主要区别是：前者在汇总凭证上需要列示对应账户，体现出经济业务产生的对应关系，后者只需按科目发生额加总，不需要列示对应账户，也无法体现经济业务产生的对应关系；前者的汇总过程较为复杂，后者较为简单。

表 8-10

汇总收款凭证

借方科目：库存现金（或银行存款）　　2007 年 3 月　　汇收第××号 共　张

贷方科目	金　额				总账页数	
	1 日—10 日收款凭证×号至×号×张	11 日—20 日收款凭证×号至×号×张	21 日—31 日收款凭证×号至×号×张	全月合计	借方	贷方

会计主管　　复核　　制单

表 8-11

汇总付款凭证

贷方科目：库存现金（或银行存款）　　2007 年 3 月　　汇付第××号 共　张

借方科目	金　额				总账页数	
	1 日—10 日付款凭证×号至×号×张	11 日—20 日付款凭证×号至×号×张	21 日—31 日付款凭证×号至×号×张	全月合计	借方	贷方

会计主管　　复核　　制单

表 8-12

汇总转账凭证

贷方科目：　　2007 年 3 月　　汇转第××号 共　张

借方科目	金　额				总账页数	
	1 日—10 日转账凭证×号至×号×张	11 日—20 日转账凭证×号至×号×张	21 日—31 日转账凭证×号至×号×张	全月合计	借方	贷方

会计主管　　复核　　制单

表 8 – 13 记账凭证汇总表（科目汇总表）

科汇第××号

记账凭证范围：自×号至×号 共 张 2007 年 3 月

科目编码	科目名称	借方发生额	√	贷方发生额	√

会计主管 复核 制单

（二）汇总记账凭证的基本内容

汇总记账凭证的主要内容包括以下六个方面：

1. 汇总记账凭证的名称；
2. 填制日期和编号；
3. 汇总记账凭证设置的账户名称；
4. 相对应的汇总账户的名称及金额；
5. 记账备注；
6. 所附记账凭证的张数。

二、汇总记账凭证的编制方法

（一）科目汇总表的编制

科目汇总表的编制方法是：根据记账凭证（含专用格式的收款凭证、付款凭证、转账凭证和通用格式的），按照相同的会计科目归类，定期汇总每一个会计科目的借方发生额和贷方发生额，并将发生额填入科目汇总表的相同栏目内，对于库存现金和银行存款科目的借方发生额、贷方发生额也可以根据库存现金日记账和银行存款日记账的收支数填列，而不再根据收款凭证和付款凭证归类汇总填列。科目汇总表的编制时间，应根据各企业、单位业务量大小而定，业务量较多的可以每日、每旬汇总，业务量较少的可以半个月或一个月汇总一次。每次汇总都应注明汇总记账凭证的起讫号，以便检查。

（二）汇总收款凭证的编制

汇总收款凭证应根据设置的收款凭证分别按库存现金、银行存款账户的借方设置，并按相应的贷方账户汇总。汇总收款凭证汇总了一定时期内库存现金和银行存款的收款业务，它是按“库存现金”、“银行存款”科目的借方分别设置，将汇总期内全部“库存现金”、“银行存款”的收款凭证，分别按与设置科目相对应的贷方科目归类汇总的一种汇总记账凭证。

其编制方法是：将一定时期（5 日或 10 日）内全部收款凭证按其贷方科目归类汇总，计算贷方科目发生额的合计数，填入汇总收款凭证中，定期填制一次，每月填制一张。月末，结算出汇总收款凭证的合计数，据以登记总账中“库存现金”、“银行存款”的借方及其他对应账户的贷方。

（三）汇总付款凭证的编制

汇总付款凭证，应根据设置的付款凭证，分别以库存现金、银行存款账户的贷方设置，并按相应的借方账户汇总。汇总付款凭证汇总了一定时期内库存现金和银行存款的付款业务，它是按"库存现金"、"银行存款"科目的贷方分别设置，将汇总期内全部"库存现金"、"银行存款"的付款凭证，分别按与设置科目相对应的借方科目归类汇总的一种汇总记账凭证。

其编制方法是：将一定时期（5 日或 10 日）内全部付款凭证按其借方科目归类汇总，计算借方科目发生额的合计数，填入汇总付款凭证中，定期填制一次，每月编制一张。月末，结算出汇总付款凭证的合计数，据以登记总账中"库存现金"、"银行存款"的贷方及其他对应账户的借方。

（四）汇总转账凭证的编制

汇总转账凭证应根据设置的转账凭证，按会计科目的贷方设置（也可以按会计科目的借方设置）。由于大多数经济业务都是一借一贷，或一贷多借，所以，通常按照会计科目的贷方设置。不同的贷方科目应分别编制不同的汇总转账凭证。

（五）编制汇总记账凭证时应注意的事项

1. 如果某一月份内，某一贷方科目的转账凭证不多，也可以不编制汇总转账凭证，直接根据转账凭证登记总账，以简化核算手续。

2. 为了方便汇总，所有转账凭证只能按一个贷方科目与一个借方科目或几个借方科目相对应填制，不能填制一个借方科目与几个贷方科目相对应的转账凭证。

3. 在编制汇总记账凭证时，虽然是按照某一会计科目的借方或贷方设置的，将与其相对应的贷方或借方科目分别归类、汇总，但所设置的该科目的借方或贷方并不一定完全汇总了其本期借方发生额或贷方发生额。只有在登记总账以后，各总分类账户才可以汇总反映该账户的本期全部借方或贷方发生额。

由于各种汇总记账凭证一般每月汇总编制一张，因而总账也是每月登记一次。月末，将汇总收款凭证中各贷方科目的合计数相应记入各该总分类账户的贷方栏，将所有贷方科目金额的合计数记入"库存现金"或"银行存款"总分类账户的借方栏；将汇总付款凭证中各借方科目的合计数相应记入各该总分类账户的借方栏，将所有借方科目金额的合计数记入"库存现金"或"银行存款"总分类账户的贷方栏；将汇总转账凭证中各借方科目的合计数记入所设置科目的贷方栏。

教学互动

汇总记账凭证填制实例

1.【资料】 西南铝业股份有限公司 2007 年 3 月发生的部分经济业务如下：

(1) 3月5日，从银行提取库存现金6 000元（取得现金支票存根1张）。

(2) 3月10日，以库存现金购买办公用品850元（取得购货发票1张）。

(3) 3月11日，购入一台机器设备，价款为1万元，增值税1 700元，以转账支票支付价税款（取得增值税专用发票联和抵扣联各1张，转账支票存根1张）。

(4) 3月12日，购入甲材料1 000公斤，单价20元，增值税3 400元，以银行存款支付价税款，假设企业的材料按实际成本入库，材料已到但尚未验收入库（取得增值税专用发票联和抵扣联各1张，转账支票存根1张）。

(5) 3月13日，购入的甲材料以实际成本验收入库（取得甲材料入库单1张）。

(6) 3月15日，刘刚预借差旅费1 500元，以库存现金支付（取得借款单1张）。

(7) 3月18日，以银行存款购入一项专利技术5 000元（取得普通购货发票1张，转账支票存根1张）。

(8) 3月23日，购入乙材料1 000公斤，单价10元，增值税1 700元，价税款尚未支付，材料已到但尚未验收入库（取得增值税专用发票联和抵扣联各1张）。

(9) 3月25日，销售甲产品2 000件，单价20元，增值税为6 800元，收到价税款存入银行（取得增值税专用发票联1张，转账支票1张）。

(10) 3月26日，结转甲产品2 000件的成本3万元（取得甲产品出库单1张）。

(11) 3月28日，销售乙产品1 000件，单价10元，增值税为1 700元，收到价税款存入银行（取得增值税专用发票联1张，转账支票1张）。

(12) 3月29日，结转乙产品1 000件的成本8 000元（取得乙产品出库单1张）。

(13) 3月29日，车间生产产品，按实际成本领用甲材料3 000元和乙材料2 000元（取得甲材料和乙材料出库单各1张）。

【要求】

1. 根据以上经济业务编制会计分录代替记账凭证（记账凭证采用收、付、转三种方式）；

2. 根据记账凭证编制科目汇总表；

3. 根据记账凭证编制汇总记账凭证。

解答一：根据以上经济业务编制会计分录（代替记账凭证）。

(1) 借：库存现金　　6 000

　　贷：银行存款　　6 000

说明：凭证编号为付字第1号，附件1张。

(2) 借：管理费用　　850

　　贷：库存现金　　850

说明：凭证编号为付字第2号，附件1张。

(3) 借：固定资产——机器设备　11 700
　　贷：银行存款　11 700
说明：凭证编号为付字第3号，附件3张。
(4) 借：在途物资——甲材料　20 000
　　应交税费——应交增值税（进项税）　3 400
　　贷：银行存款　23 400
说明：凭证编号为付字第4号，附件2张。
(5) 借：原材料——甲材料　20 000
　　贷：在途物资——甲材料　20 000
说明：凭证编号为转字1号，附件1张。
(6) 借：其他应收款——刘刚　1 500
　　贷：库存现金　1 500
说明：凭证编号为付字第5号，附件1张。
(7) 借：无形资产　5 000
　　贷：银行存款　5 000
说明：凭证编号为付字第6号，附件2张。
(8) 借：在途物资——乙材料　10 000
　　应交税费——应交增值税（进项税）　1 700
　　贷：应付账款　11 700
说明：凭证编号为转字第2号，附件1张。
(9) 借：银行存款　46 800
　　贷：主营业务收入　40 000
　　　应交税费——应交增值税（进项税）　6 800
说明：凭证编号为收字第1号，附件2张。
(10) 借：主营业务成本——甲商品　30 000
　　贷：库存商品——甲商品　30 000
说明：凭证编号为转字第3号，附件1张。
(11) 借：银行存款　11 700
　　贷：主营业务收入　10 000
　　　应交税费——应交增值税（进项税）　1 700
说明：凭证编号为收字第2号，附件2张。
(12) 借：主营业务成本——乙商品　8 000
　　贷：库存商品——乙商品　8 000
说明：凭证编号为转字第4号，附件1张。
(13) 借：生产成本　5 000
　　贷：原材料——甲材料　3 000
　　　　——乙材料　2 000
说明：凭证编号为转字第5号，附件2张。

解答二：根据记账凭证编制的科目汇总表如下（见表8－14）。

表 8－14　　**记账凭证汇总表（科目汇总表）**

科汇第 3－1 号

记账凭证范围：自收字 1 号至收字 2 号

自付字 1 号至付字 6 号

自转字 1 号至转字 5 号

共 13 张　　2007 年 3 月

科目编码	科目名称	借方发生额	√	贷方发生额	√
1001	库存现金	6 000		2 350	
1002	银行存款	58 500		46 100	
1221	其他应收款	1 500			
1402	在途物资	30 000		20 000	
1403	原材料	20 000		5 000	
1405	库存商品			38 000	
1601	固定资产	11 700			
1701	无形资产	5 000			
2202	应付账款			11 700	
2221	应交税费	5 100		8 500	
5001	生产成本	5 000			
6001	主营业务收入			50 000	
6401	主营业务成本	38 000			
6602	管理费用	850			
	合　　计	181 650		181 650	

会计主管　　复核　　制单　刘红梅

解答三：根据记账凭证编制汇总记账凭证（见表 8－15 至表 8－21。

表 8－15　　**汇总收款凭证**

借方科目：银行存款　　2007 年 3 月　　汇收第 1 号 共 2 张

贷方科目	金　　额				总账页数	
	1 日—10 日收款凭证 ×号至×号×张	11 日—20 日收款凭证×号至×号×张	21 日—31 日收款凭证 1 号至 2 号 2 张	全月合计	借方	贷方
主营业务收入			50 000	50 000		
应交税费			8 500	8 500		

会计主管　　复核　　制单　刘红梅

表 8－16

汇总付款凭证

贷方科目：库存现金　　2007 年 3 月　　汇付第 1 号 共 2 张

借方科目	金额				总账页数	
	1 日—10 日付款凭证 2 号至 2 号 1 张	11 日—20 日付款凭证 5 号至 5 号 1 张	21 日—31 日付款凭证 × 号至 × 号 × 张	全月合计	借方	贷方
管理费用	850			850		
其他应收款		1 500		1 500		

会计主管　　复核　　制单　刘红梅

表 8－17

汇总付款凭证

贷方科目：库存现金　　2007 年 3 月　　汇付第 2 号 共 4 张

借方科目	金额				总账页数	
	1 日—10 日付款凭证 1 号至 1 号 1 张	11 日—20 日付款凭证 3 号、4 号、6 号共 3 张	21 日—31 日付款凭证 × 号至 × 号 × 张	全月合计	借方	贷方
库存现金	6 000			6 000		
固定资产		11 700		11 700		
在途物资		20 000		20 000		
应交税费		3 400		3 400		
无形资产		5 000		5 000		

会计主管　　复核　　制单　刘红梅

表 8－18

汇总转账凭证

贷方科目：在途物资　　2007 年 3 月　　汇转第 1 号 共 1 张

借方科目	金额				总账页数	
	1 日—10 日转账凭证 × 号至 × 号 × 张	11 日—20 日转账凭证 1 号至 1 号 1 张	21 日—31 日转账凭证 × 号至 × 号 × 张	全月合计	借方	贷方
原材料		20 000		20 000		

会计主管　　复核　　制单　刘红梅

表 8－19

汇总转账凭证

贷方科目：应付账款　　2007 年 3 月　　汇转第 2 号 共 1 张

借方科目	金额				总账页数	
	1 日—10 日转账凭证 × 号至 × 号 × 张	11 日—20 日转账凭证 × 号至 × 号 × 张	21 日—31 日转账凭证 2 号至 2 号 1 张	全月合计	借方	贷方
在途物资			10 000	10 000		
应交税费			1 700	1 700		

会计主管　　复核　　制单　刘红梅

表 8-20 汇总转账凭证

贷方科目：库存商品 2007 年 3 月 汇转第 3 号 共 2 张

借方科目	金额				总账页数	
	1 日—10 日转账凭证×号至×号×张	11 日—20 日转账凭证×号至×号×张	21 日—31 日转账凭证 3 号至 4 号 2 张	全月合计	借方	贷方
主营业务成本			38 000	38 000		

会计主管 复核 制单 刘红梅

表 8-21 汇总转账凭证

贷方科目：原材料 2007 年 3 月 汇转第 4 号 共 1 张

借方科目	金额				总账页数	
	1 日—10 日转账凭证×号至×号×张	11 日—20 日转账凭证×号至×号×张	21 日—31 日转账凭证 5 号至 5 号 1 张	全月合计	借方	贷方
生产成本			5 000	5 000		

会计主管 复核 制单 刘红梅

三、记账凭证的装订和保管

记账凭证记账后，应及时进行装订，装订的范围包括：原始凭证、记账凭证、科目汇总表等。

(一) 记账凭证的整理

记账凭证的整理主要是指对记账凭证进行排序、粘贴和折叠。具体内容包括：

1. 原始凭证附在记账凭证后的顺序应与记账凭证所记载的内容顺序一致。

2. 对于纸张面积过小的原始凭证，按一定次序、类别排列后，粘在一张与记账凭证大小相同的白纸上；对于纸张面积略小于记账凭证的原始凭证，可先用回形针或大头针别在记账凭证后面，待装订时再抽去回形针或大头针；对于纸张面积大于记账凭证的原始凭证，可按记账凭证的面积尺寸，先自右向后，再自下向后两次折叠。注意应把凭证的左上角或左侧面让出来，以便装订后，还可以展开查阅。

(二) 记账凭证的装订

装订，就是将一札一札的会计凭证装订成册，以便于保管和查阅。

1. 装订设计。一本凭证，厚度一般以 1.5~2.0 厘米为宜。过簿不利戳立放置；过厚不便于翻阅核查。凭证装订的各册，一般以月份为单位，每月订成一册或若干册。

2. 装订准备。要以记账凭证的左上侧为准，放齐，准备好铁锥、装订机或小手电钻、线绳、铁夹、胶水、凭证封皮、包角纸。

3. 装订方法（见图 8－5）。

(1) 将凭证封面和封底裁开，分别附加凭证前面和后面，再拿一张质地相同的纸放在封面上角，做护角线。

(2) 在凭证的左上角画一边为 5 厘米的等腰三角形，用夹子夹住，用装订机在底线上分布均匀地打两个眼。

(3) 用大针引线绳穿过两个眼，然后将两端折成同一个方向，将线绳从中穿过并夹紧，即可把线引过来。

(4) 在记账凭证的背面打结，也可在侧面打结，但应把凭证两端也系上。

(5) 将护角向左上侧折，并将一侧剪开至凭证的左上角，然后抹上胶水。

(6) 向后折叠，并将侧面和背面的线绳结粘上。

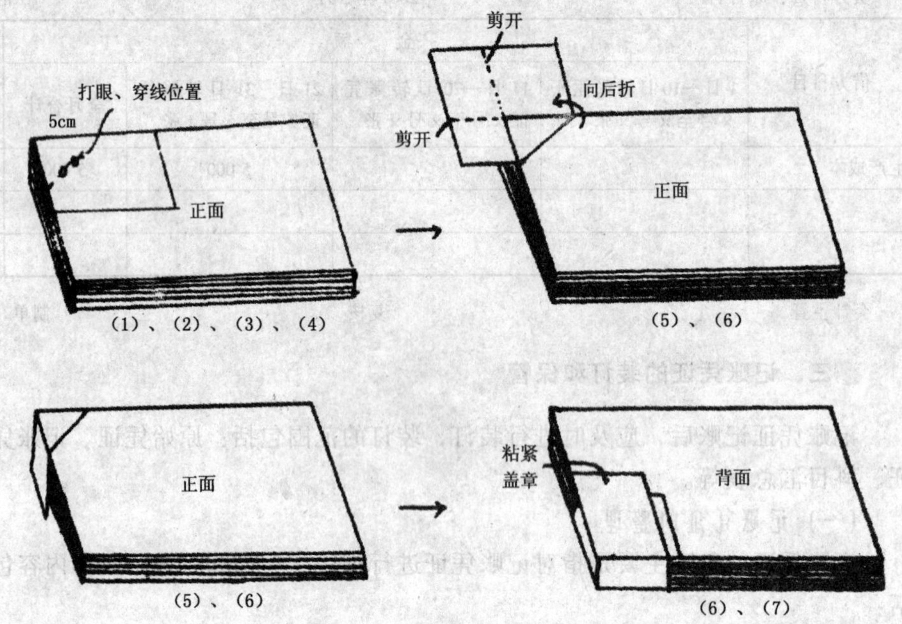

图 8－5 记账凭证装订方法

待晾干后，在凭证皮的脊背写上“某年某月第几册共几册”的字样。装订人在装订线封签处签名或盖章。

(三) 记账凭证的保管

记账凭证的保管是指记账凭证记账后的整理、装订、归档和存查工作。会计凭证的保管应该符合以下要求：

1. 会计凭证应定期装订成册，防止散失。从外单位取得的原始凭证遗失时，应取得原签发单位盖有公章的证明，并注明原始凭证的号码、金额、内容等，由经办单位会计机构负责人、会计主管人员和单位负责人批准后，才能代作原始凭证。若确实无法取得证明的，如车票丢失，则应由当事人写明详细情况，由经办单位会计机构负责人、会计主管人员和单位负责人批准后，代作原始凭证。

2. 会计凭证封面应注明单位名称、凭证种类、凭证张数、起止号数、年度、月份、会计主管人员、装订人员等有关事项，会计主管人员和保管人员应在封面上签章。

3. 会计凭证应加贴封条，防止抽换凭证。原始凭证不得外借，其他单位如有特殊原因确实需要使用时，经本单位会计机构负责人、会计主管人员批准，可以复制。向外单位提供的原始凭证复印件，应在专设的登记簿上登记，并由提供人员和收取人员共同签名、盖章。

4. 原始凭证较多时可单独装订，但应在凭证封面注明所属记账凭证的日期、编号和种类，同时在所属的记账凭证上应注明“附件另订”及原始凭证的名称和编号，以便查阅。

5. 严格遵守会计凭证的保管期限要求，期满前不得任意销毁。

延伸阅读

1. 案例分析。2006 年 12 月 31 日，惠东公司拟销毁一批保管期满的会计档案，其中有两张未结清债权债务的原始凭证和三张未了事项的原始凭证，主办会计李某认为只要保管期满期的会计档案就可以销毁。

请问：惠东公司主办会计李某的观点是否正确?

2. 请阅读财政部、国家档案局关于印发《会计档案管理办法》的通知（《会计档案管理办法》于 1999 年 1 月 1 日起施行）。

本章小结

记账凭证是会计人员根据审核无误的原始凭证，按照经济业务事项的内容依据预先设定的会计科目名称予以归类，并据以确定会计分录后所填制的会计凭证。记账凭证是对会计信息的初步加工，是登记账簿的主要依据，填制和审核记账凭证是会计核算的方法之一。

记账凭证按其所反映的经济内容分为收款凭证、付款凭证和转账凭证等三种专用格式，按编制的方式不同分为单式记账凭证和复式记账凭证，按是否经过汇总分为汇总记账凭证和非汇总记账凭证。记账凭证填制要注意法律规范和技术规范，对已填制的记账凭证进行审核后才能作为登记账簿的依据。汇总记账凭证的编制方法分为科目汇总表的编制、汇总收款凭证、汇总付款凭证和汇总转账凭证的编制。记账凭证应按一定的方法进行整理、装订和保管，不得随意拆装、出借和销毁记账凭证。

关键词（中英文对照）

会计凭证	accounting documents
原始凭证	source documents/original documents

记账凭证	vouchers for the accounts
收款凭证	certificate of receipts
付款凭证	certificate of payment
转账凭证	journal vouchers
汇总记账凭证	summary document/summarized vouchers
会计档案	accounting archives

自 测 题

一、单项选择题

1. 在经济业务发生时取得或填制的会计凭证是(　　)。

A. 原始凭证　　B. 记账凭证
C. 记账编制凭证　　D. 汇总原始凭证

2. 严格地讲，填制记账凭证的依据应是(　　)。

A. 真实的原始凭证　　B. 自制的原始凭证
C. 外来原始凭证　　D. 审核无误的原始凭证

3. 结转完工入库产品的实际成本应编制(　　)。

A. 转账凭证　　B. 收款凭证
C. 付款凭证　　D. 累计凭证

4. 企业所编制的会计分录不体现在(　　)上。

A. 收款凭证　　B. 付款凭证
C. 转账凭证　　D. 原始凭证

5. 对于现金和银行存款之间的相互存取业务，应当填制的记账凭证是(　　)。

A. 收款凭证　　B. 付款凭证
C. 转账凭证　　D. 收款凭证和付款凭证

6. 审核记账凭证时，一般不审核(　　)。

A. 记账凭证是否附有原始凭证，原始凭证内容是否与记账凭证内容相符
B. 记账凭证是否附有原始凭证，原始凭证时间是否与记账凭证时间一致
C. 根据原始凭证所做的会计分录是否正确
D. 记账凭证中规定的项目是否已填列齐全

7. 下列不能作为会计核算的原始凭证的是(　　)。

A. 发票　　B. 合同书

C. 库存商品入库单　　　　　D. 领料单

8. 记账凭证的填制是由(　　)完成的。

A. 出纳人员　　　　　　　B. 会计人员

C. 经办人员　　　　　　　D. 主管人员

9. 填制原始凭证时，应做到以下方面，但是(　　)的叙述上错误的。

A. 阿拉伯数字应当一个一个地写，不得连续写

B. 凭证发生错误，不得随意涂改、乱擦、挖补

C. 所有以元为单位的阿拉伯数字，除表示单价等情况外，一律写到角分

D. 经有关部门批准的业务，其批准文件不能作为原始凭证的附件

10. 登记账簿的直接依据是(　　)。

A. 经济业务　　　　　　　B. 原始凭证

C. 记账凭证　　　　　　　D. 会计报表

二、多项选择题

1. 下列记账凭证中属于专用记账凭证的有(　　)。

A. 收款凭证　　　　　　　B. 付款凭证

C. 转账凭证　　　　　　　D. 借项记账凭证

2. 以下经济业务中，应当填制收款凭证的业务有(　　)。

A. 收到投资者投资存入银行　B. 从银行提取现金

C. 收到投资者投入企业设备　D. 收到货款及税金存入银行

E. 购入材料货款暂未支付给销售方

3. 以下经济业务中，应当填制付款凭证的业务有(　　)。

A. 用现金购买办公用品　　B. 将现金存入银行

C. 用银行存款缴纳税金　　D. 生产产品领用材料

E. 用现金支付员工借款

4. 下列经济业务中，应当填制转账凭证的业务有(　　)。

A. 收到投资者投入企业材料　B. 用银行存款支付够买材料货款

C. 将盈余公积金转为资本　　D. 企业管理部门领用材料

E. 用现金支付材料运费

5. 产品完工验收入库，该项业务所编制的记账凭证，一般应依据(　　)。

A. 出库单　　　　　　　　B. 入库单

C. 制造费用分配表　　　　D. 库存商品成本计算单

E. 领料单

6. 下列凭证中属于记账凭证的有(　　)。

A. 收款凭证　　　　　　　B. 汇总收款凭证

C. 付款凭证　　　　　　　D. 复式记账凭证

7. 会计凭证的传递应结合企业(　　)特点。

A. 经济业务　　　　　　　B. 内部机构组织

C. 人员分工　　　　　　　D. 经营管理

8. 收款凭证可以作为出纳人员(　　)的依据。

A. 收入货币资金　　　　　　B. 付出货币资金

C. 登记现金日记账　　　　　D. 登记银行存款日记账

9. 记账凭证必须具备(　　)等基本内容。

A. 记账凭证名称　　　　　　B. 填制凭证日期

C. 会计分录　　　　　　　　D. 记账凭证编号

10. 如果某一笔经济业务需填制两张记账凭证，该凭证顺序号为 80 号，则此两张记账凭证的编号应为(　　)。

A. 80 号　　　　　　　　　B. 81 号

C. 80 1/2 号　　　　　　　D. 80 2/2 号

三、判断题

1. 记账编制凭证也是一种记账凭证。（　　）

2. 对库存现金与银行存款之间相互划转的业务应填制付款凭证。（　　）

3. 科目汇总表上反映的是若干项经济业务内容。（　　）

4. 会计凭证的传递过程也是经济业务的办理过程。（　　）

5. 在保管期未满前，经过批准可以销毁会计凭证。（　　）

6. 记账凭证的填制日期与原始凭证的填制日期应当相同。（　　）

7. 为了简化便于记账凭证的填制工作，可以先将同类的原始凭证编制原始凭证汇总表，再据以填制记账凭证。（　　）

8. 用于调整、结账和更正错误的记账凭证可以根据有关账簿记录填制。（　　）

9. 采用单式记账凭证要为经济业务涉及的每一个账户编制一张记账凭证。（　　）

10. 单式记账凭证只适宜会计部门分工较细的单位。（　　）

11. 所有的会计凭证都是登记账簿的依据。（　　）

12. 所有的会计凭证都应有签名或盖章。（　　）

13. 与货币收付无关的业务一律编制转账凭证。（　　）

14. 记账凭证的填制日期应是经济业务发生或完成的日期。（　　）

15. 付款凭证是出纳人员付出货币的依据。（　　）

四、实务操作题

【目的】 掌握记账凭证的填制方法

【资料】 西南铝业股份有限公司 2007 年 3 月份发生下列经济业务：

1. 收到宏业公司归还货款 3.5 万元，存入银行。

2. 购入甲材料 100 吨，每吨单价为 400 元，货款以银行存款支付，材料已到但尚未入库（企业材料以实际成本计价）。

3. 向银行借入半年期借款 3 万元。

4. 以现金 5 万元发放本月工资。

5. 销售给远洋公司甲产品800件，单价120元，货款尚未收到。

6. 生产车间制造甲产品领用A材料2吨，单位成本为800元，其中，生产车间制造产品耗用1吨，车间一般耗用和企业管理部门耗用各0.5吨。

7. 计算本月固定资产折旧，其中，车间应提2.4万元，厂部应提4 000元。

8. 出售废料一批，收到现金1 000元。

9. 本月完工产品实际成本为8万元，结转入库。

【要求】 西南铝业股份有限公司的记账凭证种类采用收、付、转三种格式。根据以上经济业务填制相应的记账凭证。

第九章

会计信息的记录

学习提示

会计信息记录的主要载体是会计账簿，设置和登记会计账簿是会计核算工作的中心环节，掌握账簿登记技术是会计职业的重要技能要求。登记账簿应该以审核无误的会计凭证为依据，按照规定程序、依据法律规范进行记录，这样才能保证会计信息的客观真实与系统完整。

本章主要介绍了会计账页的种类与格式、会计账簿的基本要素，以及登记会计账簿的法律规范与技术规范。详细讲述了特种日记账（包括库存现金日记账、银行存款日记账）、总账和明细账的格式、登记方法和适用性；总账与明细账的关系与平行登记的方法；错账查找与错账更正的方法；账簿的启用和记账规则的法律规范。

学习时应理解会计账簿的概念，观看各种样式的会计账簿实体和各种账页格式，掌握几种主要会计账簿的登记方法，注意与电算化条件下的会计账簿登记进行比较，通过训练，独立完成会计账簿登记的练习题和实务训练题，达到规范使用、正确登记账簿的目的。

建议观看会计职业情景动画演示：0901 认识账簿，0902 登记特种日记账，0903 登记分类账，0904 对账，0905 更正错账，1101 结账。

第一节　账簿是记录会计信息的中心

一、会计信息记录的主要载体是会计账簿

（一）会计账簿的含义和作用

1. 含义。会计账簿是指由一定格式账页组成的，以经过审核的会计凭证为依据，全面、系统、连续地记录经济业务的簿籍。

各单位应当按照国家统一的会计制度规定和会计业务的需要，依法设置会计账簿。不得非法设置账簿。

2. 会计账簿的作用。

（1）全面、系统的反映单位经济业务的发生和完成情况。会计登记账簿时，是分不同的账户、按照经济业务发生的时间顺序、毫无遗漏地进行记录

的，它提供的会计信息具有连续性、全面性；有关账户之间又是相互联系地进行登记的，提供的会计信息又具有系统性。全面、连续、系统的会计信息可以从价值方面反映出单位内部一定时期内生产经营活动状况，有利于加强单位经济管理，有助于正确地进行经济决策。

(2) 保护财产物资的安全完整。通过会计账簿中对财产物资增减变动情况的记录，反映财产物资实物的变化情况；通过定期财产清查进行账实核对，检查财产物资账实是否相符，从而起到保护财产物资安全完整的作用。

(3) 为考核企业经营业绩、加强经济核算、进行会计监督和会计分析提供依据。通过对会计账簿的检查、分析，可以了解企业贯彻有关方针、政策、制度的情况，考核资金、成本、利润计划的执行情况，从而评价企业经营成果和财务成果，挖掘潜力，促进企业加强经营管理，加强经济核算。

(4) 为编制会计报表提供资料。会计期末，结账、对账后正确无误的账簿资料是编制会计报表的直接依据。通过编制会计报表，可以使账簿资料更加概括，借助于报表可以了解企业单位经营活动的全貌。

可见，作为会计工作中心环节的账簿登记，能提供各项资产、负债、所有者权益等增减变动情况以及收入、费用、利润形成的资料，为集中、归类、全面、连续、系统记录会计信息起到关键作用。

(二) 会计账簿的设置原则

会计账簿的设置，包括确定账簿的种类、内容和登记方法。一般来说，设置账簿应遵循如下原则：

1. 统一性原则。各单位应当按照国家统一会计制度的规定和会计业务的需要设置账簿，所设置的账簿应能全面反映经济活动情况，满足各方面了解企事业单位财务状况和经营成果的需要，满足经济单位内部加强经济管理的需要。

2. 科学性原则。账簿的设置要组织严密、层次分明。账簿之间要互相衔接、互相补充、互相制约，能清晰地反映账户的对应关系，以便能提供完整、系统的资料。

3. 实用性原则。账簿的设置要讲求“成本与效益”，要根据经济单位规模的大小、经济业务的繁简、会计人员的多少，从加强管理的实际需要和具体条件出发，既要防止账簿重叠，也要防止过于简化。一般来讲，业务复杂、规模大、会计人员多、分工较细的单位，账簿设置可以细一点；而业务简单、规模小、会计人员少的单位，账簿设置则相应简化一点。

4. 合法性原则。《会计法》中规定，各单位发生的各项经济业务事项应当在依法设置的会计账簿上统一登记、核算，不得违反规定私设会计账簿。

(三) 会计账簿的分类

按照不同的标准对会计账簿进行分类，可以为更好地设置账簿、登记账簿提供依据，以满足经济管理对账簿资料的要求。

1. 按账簿用途，可将其分为日记账簿、分类账簿和备查账簿。

(1) 日记账。日记账，是按照经济业务发生或完成时间的先后顺序逐日逐笔进行登记的账簿。日记账按其记录的内容不同，又分为普通日记账和特种日记账。

普通日记账是用来登记各单位全部经济业务的账簿；在账簿中，按照每日发生的经济业务的先后顺序，逐项编制会计分录，作为记入分类账的依据。这种日记账在实际工作中被称为“会计分录簿”。普通日记账是否需要设置，各单位可根据自身的业务特点和管理要求而定。

特种日记账是用来登记某一类特定经济业务发生情况的日记账。如“现金日记账”、“银行存款日记账”。特种日记账中的“现金日记账”和“银行存款日记账”，各单位都要设置，以便加强货币资金的核算和管理。图 9－1 是订本式现金日记账的封面。

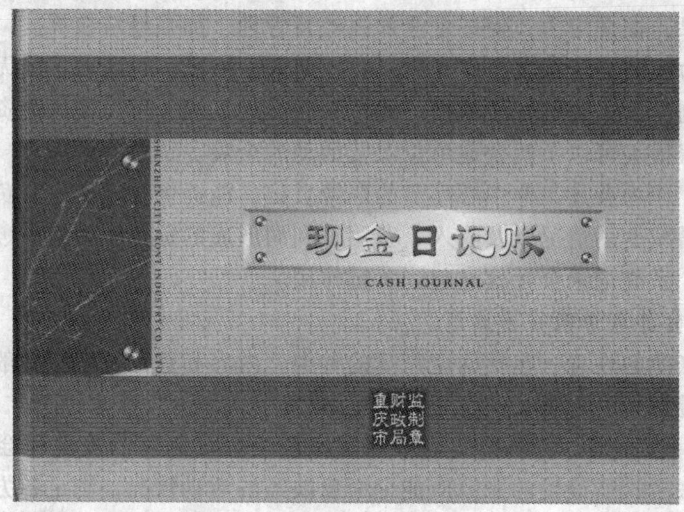

图 9－1　现金日记账封面

(2) 分类账簿。分类账簿是对全部经济业务进行分类登记的账簿。分类账按提供信息的详细程度，可分为总分类账簿和明细分类账簿。总分类账提供总括核算的会计信息，明细分类账提供详细核算的会计信息，总分类账簿和明细分类账簿是会计账簿设置的核心。图 9－2 是订本式总分类账簿的封面，图 9－3是活页式明细分类账簿封面。

(3) 备查账簿。备查簿是对某些在日记账簿和分类账簿中不能记录或记录不完整的经济业务进行补充登记的账簿。如“租入固定资产登记簿”、“代管委托加工材料登记簿”、“商业汇票登记簿”等，在实际会计工作中备查账簿起辅助、补充记录的作用。

2. 按账页格式分类。

(1) 两栏式账簿。两栏式账簿是指由借方和贷方两个基本金额栏目账页组成的账簿。普通日记账通常采用两栏式账簿。

图 9－2　总分类账簿封面

图 9－3　明细分类账簿封面

（2）三栏式账簿。三栏式账簿是指由借方、贷方和余额三个基本栏目账页组成的账簿。三栏式账簿又分为设对方科目和不设对方科目两种，区别是在摘要栏和借方科目栏之间是否有一栏“对方科目”。有“对方科目”栏的，称为设对方科目的三栏式账簿；不设“对方科目”栏的，称为不设对方科目的三栏式账簿。特种日记账、总分类账以及资本、债权、债务明细账都可采用三栏式明细账，三栏式明细账是会计账簿的主体格式。常用的三栏式账页格式见图 9－4。

（3）多栏式账簿。多栏式账簿是在账簿的两个基本栏目借方和贷方的基础上，根据需要分设若干专栏的账簿。比如收入、费用明细账一般均采用这种格式的账簿。不同栏目的多栏式账页分别见图 9－5、图 9－6、图 9－7、图 9－8、

图9－9。

二、常见账页格式展示

分 类 账

SUBSIDIARY LEDGER

账号	总页码
页次	

重庆市财政局 监制 标准会计凭证账簿系列

账户名称：

A/C NAME

年 YEAR		凭证编号 VOUCHER NO	摘 要 DESCRIPTION	借 方 DEBIT	√	贷 方 CREDIT	√	借或贷 DR/CR	余 额 BALANCE	核对
月 MTH	日 DATE									

图9－4 三栏式账页

账号	总页码
页次	

重庆市财政局 监制 标准会计凭证账簿系列

年 YEAR		凭证编号 VOUCHER NO	摘 要 DESCRIPTION	合 计 TOTAL						
月 MTH	日 DATE									

图9－5 七栏式账页

总页次	账号
	页次

13栏

账号	总页次
页次	

年		凭证编号	摘要													
月	日															

图 9－6 十三栏式账页

账号		总页码
页次		

年 YEAR		凭证编号 VOUCHER NO	摘要 DESCRIPTION	合计 TOTAL													
月 MTH	日 DATE																

图 9－7 十四栏式账页

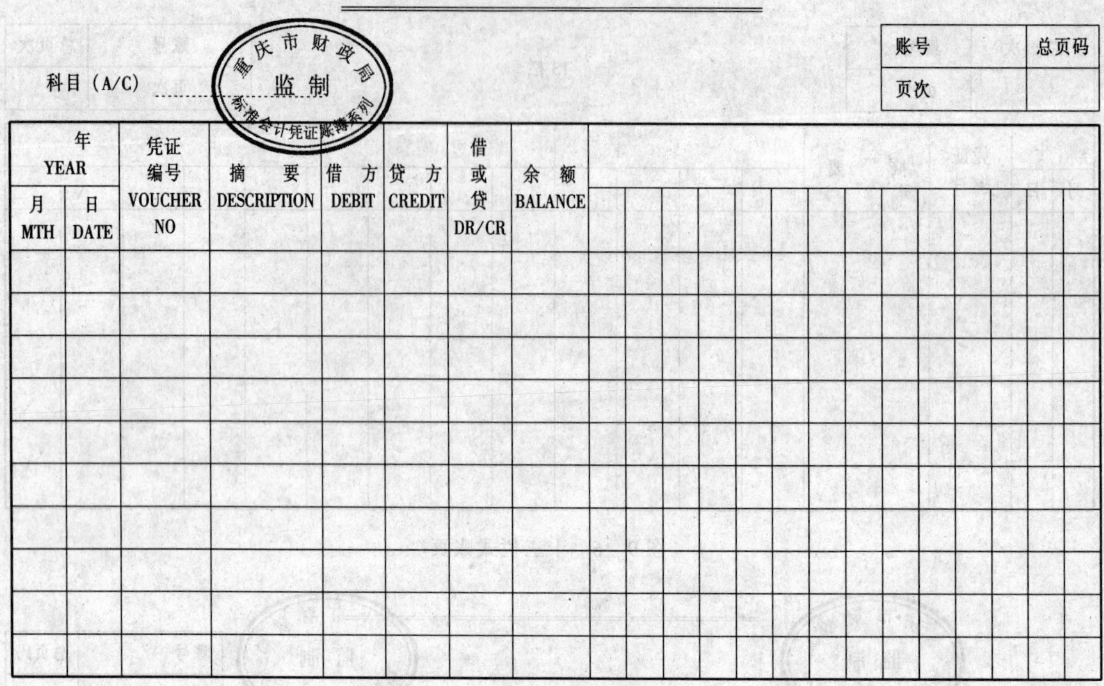

科目（A/C）

账号		总页码
页次		

年 YEAR		凭证编号 VOUCHER NO	摘要 DESCRIPTION	借方 DEBIT	贷方 CREDIT	借或贷 DR/CR	余额 BALANCE														
月 MTH	日 DATE																				

图 9-8 十七栏式账页

SUBSIDIARY LEDGER

明 细 账

重庆市财政局
监制
标准会计凭证账簿系列

账号		总页码
页次		

年 YEAR		凭证编号 VOUCHER NO	摘要 DESCRIPTION	合计 TOTAL	明 A/C 细									科 ACCOUNT 目										
月 MTH	日 DATE																							

图 9-9 二十一栏式账页

(4) 数量金额式账簿。数量金额式账簿的借方、贷方和余额三个栏目内，需要加设数量和单价栏与金额栏构成三个小栏，借以反映财产物资的实物数量和价值量。这种账页适合原材料、库存商品、产成品等明细账的记录使用。数量金额式账页的格式请见图 9 - 10 和图 9 - 11。

最高量______ 最低量______ ______ 第____页第____号

种类______ 存放地址______ 名称______

单位______ 编号______ 规格______

年		凭证号数	摘要	收入			发出			结存		
月	日			数量	单价	金额	数量	单价	金额	数量	单价	金额

图 9 - 10 数量金额式账页

编号______页次______总页______ **存货分类明细账**

名称______

规格______ 类别______ 存储地点______ 最高存量______ 最低存量______ 计量单位______

年		凭证		摘要	收入			发出			结存		
月	日	种类	号数		数量	单价	金额	数量	单价	金额	数量	单价	金额

图 9 - 11 数量金额式账页

3. 按外型特征分类。账簿按外型特征分类可将其分为订本式账簿、活页式账簿和卡片式账簿。

(1) 订本式账簿。订本式账簿是在启用前将编有顺序页码的一定数量账页固定地装订成册的账簿。这种账簿的优点是能够避免账页散失，防止抽换账页；缺点是账页固定，不能增减账页，不便于调整各账户的页数，不便于分工记账和提高工作效率。订本式账簿适用于重要经济事项的记录，如现金日记账、银行存款日记账，总分类账也可采用订本式账簿。

(2) 活页式账簿。活页式账簿是将一定数量的账页归并在账夹内，使用时可根据记账内容增加或减少账页的账簿。这种账簿可根据需要随时添加抽减账页，有利于分工记账，提高登账工作效率。但是，活页式账页容易散失或被抽换，不利于账簿资料的安全、完整。为了防止这些弊端，账页必须编号并由有关人员在账页上签章，平时可装置在账夹中保管使用，年度终了应将活页账装订成册，妥善保管。活页式账簿适用于各种明细账的设置。

(3) 卡片式账簿。卡片式账簿是由若干零散的、具有专门格式的卡片组成的账簿。每一卡片均需编号，登记后按顺序放置在卡片箱内以免散失。这种账簿的优缺点同活页式账簿一样，另外，它不需每年更换，可以跨年度使用。固定资产的明细账适宜采用卡片式账簿。

三、会计账簿的构成要素

由于经济业务内容各不相同，账簿种类及格式也很多，但各类账簿都应具备以下基本内容。

1. 封面。在封面上应写明账簿的名称及记账单位的名称。账簿名称如总分类账、现金日记账、原材料明细账等。账簿封面样式可见图 9 – 1、图 9 – 2 和图 9 – 3。

2. 扉页。在扉页上应填制“账簿启用及经管人员一览表”，在表中应填明账簿名称、编号、页数、启用日期、经管人员姓名及交接日期、账户目录、主管会计人员签章等。账簿启用表的格式见图 9 – 12 所示。

3. 账页。账簿是由账页组成的，在账页上应列明账户名称、总页数和分户页数；账页中还应设置登账日期栏、凭证字号栏、摘要栏、借方栏、贷方栏、余额栏等。不同格式的账页可见图 9 – 4—图 9 – 11。

请阅读《中华人民共和国会计法》（1999 年 10 月 31 日修订）的全部内容；财政部制订的《会计基础工作规范》（1996 年 6 月 17 日颁布）中的“第三章第三节　登记会计账簿”的具体规定。

<table>
<tr><th colspan="6">账 簿 启 用 表</th></tr>
<tr><td>用户名称</td><td></td><td rowspan="2">负责人</td><td>职别</td><td></td><td rowspan="5">盖章</td></tr>
<tr><td>账簿名称</td><td>账簿　　　册</td><td>姓名</td><td></td></tr>
<tr><td>账簿号码</td><td>第　　　号</td><td rowspan="3">主办会计人员</td><td>职别</td><td></td></tr>
<tr><td>账簿页数</td><td>本账簿共计　　　页</td><td>姓名</td><td></td></tr>
<tr><td>启用日期</td><td>年　　月　　日</td><td>盖章</td><td></td></tr>
</table>

<table>
<tr><th colspan="10">经 管 本 账 簿 人 员 一 览 表</th></tr>
<tr><th colspan="3">经管人员</th><th colspan="3">接　管</th><th colspan="3">移　交</th><th rowspan="2">附注</th></tr>
<tr><th>职 别</th><th>姓 名</th><th>盖 章</th><th>年</th><th>月</th><th>日</th><th>年</th><th>月</th><th>日</th></tr>
<tr><td></td><td></td><td></td><td></td><td></td><td></td><td></td><td></td><td></td><td></td></tr>
<tr><td></td><td></td><td></td><td></td><td></td><td></td><td></td><td></td><td></td><td></td></tr>
<tr><td></td><td></td><td></td><td></td><td></td><td></td><td></td><td></td><td></td><td></td></tr>
<tr><td></td><td></td><td></td><td></td><td></td><td></td><td></td><td></td><td></td><td></td></tr>
</table>

图 9－12　账簿启用及经管人员一览表

第二节　登记账簿的法律规范

一、会计账簿启用

启用会计账簿时，应当在账簿封面上写明账簿所属单位名称和账簿名称，并在账簿扉页上附启用表。内容包括：启用日期、账簿页数、记账人员和会计机构负责人、会计主管人员姓名，并加盖印章和单位公章。记账人员或者会计机构负责人、会计主管人员调动工作时，应当注明交接日期、经办人员或者监交人员姓名，并由交接双方人员签名或者盖章。

启用订本式账簿应当从第一页到最后一页顺序编定页数，不得跳页、缺号。使用活页式账页应当按账户顺序编号，并须定期装订成册；装订后再按实际使用的账页顺序编定页码，另加目录，记明每个账户的名称和页次。

二、会计账簿登记

第一，登记会计账簿时，应当将会计凭证日期、编号、业务内容摘要、金额和其他有关资料逐项记入账内，做到数字准确、摘要清楚、登记及时、字迹工整。

第二，登记完毕后，要在记账凭证上签名或者盖章，并注明已经记账的符号表示已经记账。

第三，账簿中书写的文字和数字上面要留有适当空格，不要写满格，一般应占行高的1/2。

第四，登记账簿要用蓝黑墨水或者碳素墨水书写，不得使用圆珠笔（银行的复写账簿除外）或者铅笔书写。

第五，不得随意使用红色墨水在账簿上记录。下列情况，可以用红色墨水记账：(1) 按照红字冲账的记账凭证，冲销错误记录；(2) 在不设借贷等栏的多栏式账页中，登记减少数；(3) 在三栏式账户的余额栏前，如未印明余额方向的，在余额栏内登记负数余额；(4) 根据国家统一的会计制度的规定可以用红字登记的其他会计记录。

第六，各种账簿应按页次顺序连续登记，不得跳行、隔页。如果发生跳行、隔页，应当将空行、空页划线注销，或者注明"此行空白"、"此页空白"字样，并由记账人员签名或者盖章。

第七，凡需要结出余额的账户，结出余额后，应当在"借或贷"等栏内写明"借"或者"贷"等字样。没有余额的账户，应在"借或贷"栏内写"平"字，并在"余额"栏用"θ"或"—0—"表示。

第八，每一账页登记完毕结转下页时，应当结出本页合计数及余额，写在本页最后一行和下页第一行有关栏目内，并在摘要栏内注明"过次页"和"承前页"字样；也可以将本页合计数及金额只写在下页第一行有关栏内，并在摘要栏内注明"承前页"字样。对需要结计本月发生额的账户，结计"过次页"的本页合计数应当为自本月初起至本页末止的发生额合计数；对需要结计本年累计发生额的账户，结计"过次页"的本页合计数应当为自年初起至本页末止的累计数；对既不需要结计本月发生额，也不需要结计本年累计发生额的账户，可以只将每页末的余额结转次页。

三、电算化方式下账簿登记的基本要求

根据《中华人民共和国会计法》、《会计电算化管理办法》、《会计电算化工作规范》、《会计软件基本功能规范》的规定，在会计电算化方式下，根据审核通过的机内记账凭证或者计算机自动生成的记账凭证或者记账凭证汇总表登记总分类账；根据审核通过的机内记账凭证和相应机内原始凭证登记明细分类账。总分类账和明细分类账可以同时登记或者分别登记，可以在同一个功能模块中登记或者在不同功能模块中登记。会计软件可以提供机内会计凭证审核通过后直接登账或成批登账的功能；机内总分类账和明细分类账登记时，应当计算出各会计科目的发生额和余额。发现已经输入并审核通过或者已经登账的记账凭证有错误的，可以采用红字凭证冲销法或者补充凭证法进行更正。

第三节 登记账簿的技术规范

一、特种日记账的登记方法

1. 现金日记账。

（1）现金日记账的格式。现金日记账是用来核算和监督库存现金每天的收入、支出和结存情况的账簿，其格式有三栏式和多栏式两种。无论采用三栏式还是多栏式现金日记账，都必须使用订本账。

（2）现金日记账的登记方法。现金日记账应由出纳人员根据库存现金收付有关的记账凭证或记账凭证中所附的原始凭证，按时间顺序逐日逐笔进行登记，并根据“上日余额 + 本日收入（借方） - 本日支出（贷方） = 本日余额”的公式，逐日结出库存现金余额，与库存现金实存数核对，以检查每日库存现金收付是否有误。

（3）登记实例。以第八章的【教学互动 8 - 2：汇总记账凭证填制实例】为例，登记的现金日记账结果如图 9 - 13 所示。

现金日记账

科目：库存现金　　　　日期：2007 - 03 - 01—2007 - 03 - 31

2007年		凭证字号	摘要	借方											贷方											借/贷	余额										
月	日			万	千	百	十	万	千	百	十	元	角	分	万	千	百	十	万	千	百	十	元	角	分		万	千	百	十	万	千	百	十	元	角	分
			上期结转																							借							6	0	0	0	0
3	5	付 0001	提现						6	0	0	0	0	0												借						6	6	0	0	0	0
3	5		本日合计						6	0	0	0	0	0												借						6	0	0	0	0	0
3	10	付 0002	购办公用品																		8	5	0	0	0	借						5	7	5	0	0	0
3	10		本日合计																		8	5	0	0	0	借						5	7	5	0	0	0
3	15	付 0005	预借差旅费																	1	5	0	0	0	0	借						4	2	5	0	0	0
3	15		本日合计																	1	5	0	0	0	0	借						4	2	5	0	0	0
3			当前合计						6	0	0	0	0	0						2	3	5	0	0	0	借						4	2	5	0	0	0
3			当前累计						6	0	0	0	0	0						2	3	5	0	0	0	借						4	2	5	0	0	0
																										借											

图 9 - 13　三栏式现金日记账

对于借、贷方分设的多栏式现金日记账，其登记方法是：先根据有关库存现金收入业务的记账凭证登记现金收入日记账，根据有关现金支出业务的记账凭证登记现金支出日记账，每日营业终了，根据现金支出日记账结计的支出合计数，一笔转入现金收入日记账的“支出合计”栏中，并结出当日余额。多栏式现金日记账格式见图 9 - 14 所示。

现 金 日 记 账

总第____页 分第____页

会计科目及编号__________

年 度

子 目 及 户 名__________

年		凭证		摘 要	对应科目	收 入					支 出					结存
						应贷科目				合计	应借科目				合计	
月	日	字	号													

图 9-14 多栏式现金日记账

2. 银行存款日记账的格式和登记方法。银行存款日记账是用来核算和监督银行存款每日的收入、支出和结余情况的账簿。银行存款日记账应按企业在银行开立的账户和币种分别设置，每开设一个银行存款账户应设置一本日记账。

银行存款日记账的格式和登记方法与现金日记账基本相同，但是它必须强调依据收、付款记账凭证所附加的银行存款收入、付出的原始凭证逐笔登记，以便于银行对账。

以第八章的【教学互动 8-2：汇总记账凭证填制实例】为例，登记的银行存款日记账结果如图 9-15 所示。

银行存款日记账

科目：银行存款　　　　日期：2007-03-01—2007-03-31

2007年 月	日	凭证字号	摘 要	借方（亿千百十万千百十元角分）	贷方（千百十万千百十元角分）	借/贷	余额（十亿千百十万千百十元角分）
			上期结转			借	50000
3	5	付 0001	提现		600000	借	440000
3	5		本日合计		600000	借	440000
3	11	付 0003	购入机器设备		1170000	借	3230000
3	11		本日合计		1170000	借	3230000
3	12	付 0004	购入甲材料		2340000	借	890000
3	12		本日合计		2340000	借	890000
3	10	付 0006	购专利技术		500000	借	390000
3	10		本日合计		500000	借	390000
3	25	收 0001	销售甲产品	4680000		借	5070000
3	25		本日合计	4680000		借	5070000
3	28	收 0002	销售乙产品	1170000		借	6240000
3	20		本日合计	1170000		借	6240000
3			当前合计	5850000	4610000	借	6240000
3			当前累计	5850000	4610000	借	6240000
						借	

图 9-15 三栏式银行存款日记账

二、总分类账的格式和登记方法

1. 总分类账是按照总分类账户分类登记以提供总括会计信息的账簿。总分类账页格式最常用三栏式，设置借方、贷方和余额三个基本的金额栏。

2. 总分类账的登记方法。总分类账的登记方法要受企业会计核算组织形式的影响，既可以根据记账凭证逐笔登记，也可以根据经过汇总的科目汇总表或汇总记账凭证汇总登记。

3. 实例。根据第八章的【教学互动 8－2：汇总记账凭证填制实例】的转字第 001 号和转字第 005 号记账凭证，登记在"原材料"总分类账页上，其结果见图 9－16 所示。

原材料总分类账

科目：原材料　　　　日期：2007－03－01—2007－03－31

2007年		凭证字号	摘要	借方											贷方											借/贷	余额										
月	日			亿	千	百	十	万	千	百	十	元	角	分	亿	千	百	十	万	千	百	十	元	角	分		亿	千	百	十	万	千	百	十	元	角	分
			上期结转																							借						1	0	0	0	0	0
3	29		转账凭证合计					2	0	0	0	0	0	0						5	0	0	0	0	0	借					1	6	0	0	0	0	0
3			当前合计					2	0	0	0	0	0	0						5	0	0	0	0	0	借					1	6	0	0	0	0	0
3			当前累计					2	0	0	0	0	0	0						5	0	0	0	0	0	借					1	6	0	0	0	0	0
																										借											

图 9－16　原材料总分类账

三、明细分类账的格式和登记方法

（一）明细分类账的格式

明细分类账涉及的内容很广泛，各个账户提供会计信息的方式、要求均有差异，所以其格式也是复杂多样，常用的有三栏式、多栏式、数量金额式和横线登记式（或称平行式）等多种。

1. 三栏式明细分类账。三栏式明细分类账是设有借方、贷方和余额三个栏目，用以分类核算各项经济业务，提供详细核算资料的账簿，其格式与三栏式总账格式相同，适用于只进行金额核算的账户，比如：往来账、金额账、资金账等。图 9－17 是原材料总账的二级金额明细账。

2. 多栏式明细分类账。多栏式明细分类账是将属于同一个总账科目的各个明细科目合并在一张账页上进行登记，且这种账户平时一般只有增加记录，比如生产成本、各类费用等账户。它适用于成本、费用类科目的明细核算，应交增值税是典型的十三栏式多栏账，图 9－18 是应交增值税明细账。

3. 数量金额式明细分类账。数量金额式明细分类账其借方（收入）、贷方（发出）和余额（结存）都分别设有数量、单价和金额三个专栏，管理上要求存货类明细账既要提供价值指标，还要提供实物指标，如原材料账户，既要进行金额核算又要进行数量核算。图 9 – 19 是原材料的数量金额账。

原材料明细分类账

科目：甲材料　　　　　　　　　　日期：2007 – 03 – 01—2007 – 03 – 31

2007 年 月	日	凭证字号	摘要	借方（十亿千百十万千百十元角分）	贷方（亿千百十万千百十元角分）	借/贷	余额（亿千百十万千百十元角分）
			上期结转			借	60000
3	13	转 0001	甲材料验收入库	2000000		借	2060000
3	29	转 0005	车间生产领用材料		300000	借	1760000
3			当前合计	2000000	300000	借	1760000
3			当前累计	2000000	300000	借	1760000
						借	

图 9 – 17　原材料—甲材料明细分类账

应交增值税多栏式明细分类账

日期：2007 – 03 – 01—2007 – 03 – 31

2007 年 月	日	凭证字号	摘　要	借方（千百十元角分）	贷方（千百十元角分）	借/贷	余额（千百十元角分）	借方分析：进项税额（万千百十元角分）	借方分析：已交税金（千百十元角分）	贷方分析：销项税额（万千百十元角分）	贷方分析：出口退税（万千百十元角分）	贷方分析：进项税额转出（千百十万千百十元角分）	贷方分析：转出多交增值税（千百十万千百十元角分）
			上期结转			平							
3	12	付 0004	购入甲材料	340000		借	340000	340000					
3	23	转 0002	购乙材料	170000		借	510000	170000					
3	25	收 0001	销售甲产品		680000	贷	170000			680000			
3	26	收 0002	销售乙产品		170000	贷	340000			170000			
3			当前合计	510000	850000	贷	340000	510000		850000			
3			当前累计	510000	850000	贷	340000	510000		850000			

图 9 – 18　应交增值税多栏账

数量金额式明细分类账

科目：甲材料　　　　　　　　　　日期：2007 – 03 – 01—2007 – 03 – 31

2007 年 月	日	凭证字号	摘　要	借方 数量	借方 单价	借方 本币（百十万千百十元角分）	贷方 数量	贷方 单价	贷方 本币（十万千百十元角分）	借/贷	余额 数量	余额 单价	余额 本币（百十万千百十元角分）
			上期结转							借	30.00		60000
3	13	转 0001	甲材料验收入库	1 000.00	20.0000	2000000				借	1 030.00		2060000
3	29	转 0005	车间生产领用材料				150.00	20.0000	300000	借	880.00	20.0000	1760000
3			当前合计	1 000.00	20.0000	2000000	150.00	20.0000	300000	借	880.00	20.0000	1760000
3			当前累计	1 000.00	20.0000	2000000	150.00	20.0000	300000	借	880.00	20.0000	1760000

图 9 – 19　原材料—甲材料数量金额式明细账

4. 横线登记式明细分类账。横线登记式明细分类账是采用横线登记，即将每一相关的业务登记在一行，从而可依据每一行各个栏目的登记是否齐全来判断该项业务的进展情况。这种格式的账页主要适用于有增加必定有相等数量减少的业务记录，比如："在途材料"、"往来账"等。

（二）明细分类账的登记方法

不同类型经济业务的明细分类账可根据管理需要，依据记账凭证、原始凭证或汇总原始凭证，逐日逐笔或定期汇总登记。固定资产、债权、债务等明细账应逐日逐笔登记；库存商品、原材料、产成品收发明细账以及收入、费用明细账可以逐笔登记，也可定期汇总登记。

根据第八章的【教学互动 8－2：汇总记账凭证填制实例】业务内容，原材料等三种明细账（部分）登记结果见图 9－17、图 9－18、图 9－19 等。

教学互动

每一位学生应准备各种格式的会计账页，教师讲解完登记方法，进行示范后，立即根据第八章【教学互动：汇总记账凭证填制实例】所填制的记账凭证登记日记账、总分类账和明细分类账，通过练习掌握账簿的登记方法。

四、总分类账和明细分类账的平行登记

（一）总分类账和明细分类账的关系

总分类账是根据总分类账户设置的账簿，明细分类账是根据总账所属明细账分类账户设置的账簿，总分类账与明细分类账的关系概括为以下几点：

1. 二者核算的经济内容是相同的，提供核算指标的详细程度不同。总分类账提供某类经济业务总括的核算指标，明细分类账则提供某类经济业务详细的核算指标。

2. 总分类账控制、统驭明细分类账，明细分类账则对总分类账起着辅助和补充说明的作用，总分类账控制着明细分类账的核算内容和核算数据。

3. 总分类账的借方（或贷方）本期发生额等于所属明细分类账借方（或贷方）本期发生额之和，总分类账期末余额等于所属明细分类账期末余额之和。

（二）总分类账与明细分类账的平行登记

1. 平行登记的含义。平行登记是指经济业务发生后，一方面要登记有关总分类账户，另一方面要登记所属明细分类账户的会计记录方法。总分类账与明细分类账之间只有进行平行登记，才能起到总账控制明细账、明细账补充说明总账的作用；同时，通过平行登记，总账与明细账之间进行核对，可以检验账户登记是否正确。

2. 平行登记的方法。

(1) 会计期间一致。对所发生的经济业务，在同一会计期间内，一方面记入有关总分类账户，另一方面记入其所属的有关明细分类账户。

(2) 记账方向相同。即对所发生的经济业务进行登账时，记入总分类账户的方向应与记入明细分类账户的方向一致，总分类账户记入借方（或贷方），明细分类账户也应记入借方（或贷方）。

(3) 登记金额相等。总账与明细账需要同方向登记，且记入总分类账户的金额必须与记入所属明细分类账户的金额之和相等。

(4) 登记依据相同。记入总账的凭证字号与记入明细分类账中的凭证字号相同。在实际工作中，可编制“明细分类账户本期发生额及余额表”，提供明

细分类账户发生额、余额的合计数，并将其与总分类账户进行核对，检验二者金额是否相等。

3. 平行登记实例。

资料：西南铝业股份有限公司 2007 年 3 月份“应收账款”科目的期初余额如下：

应收账款　　　　　　　　150 000 元
其中：应收 A 公司　　　　80 000 元
　　　应收 B 公司　　　　70 000 元

西南铝业股份有限公司 2007 年 3 月份发生下列材料采购业务（为简化账务处理，不考虑销售产品过程中的成本结转）：

(1) 3 月 5 日，向 A 公司销售甲产品 3 000 件，单价 20 元，计 6 万元，增值税为 10 200 元；以库存现金代垫运杂费 150 元，价税款及代垫运杂费尚未收到。

(2) 3 月 8 日，向 B 公司销售乙产品 2 500 件，单价 32 元，计 8 万元，增值税为 13 600 元，价税款尚未收到。

(3) 3 月 15 日，收到 A 公司偿还的货款 10 万元，B 公司偿还的货款 9 万元，收到的款项存入银行。

(4) 3 月 24 日，向 A 公司销售甲产品 2 000 件，单价 20 元，货款 4 万元，增值税为 6 800 元；销售乙产品 1 000 件，单价 35 元，货款 35 000 元，增值税为 5 950 元。款项尚未收到。

要求：

(1) 根据 2007 年 3 月发生的经济业务编制会计分录。

(2) 根据期初余额和本月的记账凭证完成“应收账款”和“主营业务收入”两个账户总账和明细分类账的平行登记。

(3) 完成总账和明细账的试算平衡及核对，检查平行登记是否正确。

解答：

(1) 根据 2007 年 3 月发生的经济业务编制会计分录（假设本月只有这几笔业务，采用通用记账凭证对凭证进行编号）。

①向 A 公司销售甲产品：　　　　　　　　　　　　　　（记 001）
借：应收账款——A 公司　　　　　　　　　　70 350
　　贷：主营业务收入——甲产品　　　　　　　　60 000
　　　　应交税费——应交增值税（销项税）　　　10 200
　　　　库存现金　　　　　　　　　　　　　　　150

②向 B 公司销售乙产品：　　　　　　　　　　　　　　（记 002）
借：应收账款——B 公司　　　　　　　　　　93 600
　　贷：主营业务收入——乙产品　　　　　　　　80 000
　　　　应交税费——应交增值税（销项税）　　　13 600

③收回前欠货款：　　　　　　　　　　　　　　　　　（记 003）
借：银行存款　　　　　　　　　　　　　　190 000

贷：应收账款——A公司　　　　　　　　　　100 000

　　　　　——B公司　　　　　　　　　　90 000

④向A公司销售产品：　　　　　　　　　　（记004）

借：应收账款——A公司　　　　　　　　87 750

　贷：主营业务收入——甲产品　　　　　　40 000

　　　　　　　　——乙产品　　　　　　35 000

　　应交税费——应交增值税（销项税）　　　12 750

（2）根据期初余额和本月的记账凭证完成“应收账款”和“主营业务收入”两个账户总账和明细分类账的平行登记，登记结果见表9－1至表9－6所示。

表9－1

应收账款　总分类账

2007年3月

2007年		凭证		摘要	对方科目	借方	贷方	借/贷	余额
月	日	种类	号数						
3	1			期初余额				借	150 000
	5	记	001	销售甲产品	主营业务收入	70 350		借	220 350
	8	记	002	销售乙产品	主营业务收入	93 600		借	313 950
	15	记	003	收回前欠货款	银行存款		190 000	借	123 950
	24	记	004	销售甲、乙产品	主营业务收入	87 750		借	211 700
	31			本月发生额合计及期末余额		251 700	190 000	借	211 700

表9－2

应收账款　明细分类账

户名：A公司　　　　2007年3月

2007年		凭证		摘要	对方科目	借方	贷方	借/贷	余额
月	日	种类	号数						
3	1			期初余额				借	80 000
	5	记	001	销售甲产品	主营业务收入	70 350		借	150 350
	15	记	003	收回前欠货款	银行存款		100 000	借	50 350
	24	记	004	销售甲、乙产品	主营业务收入	87 750		借	138 100
	31			本月发生额合计及期末余额		158 100	100 000	借	138 100

表9－3

应收账款　明细分类账

户名：B公司　　　　2007年3月

2007年		凭证		摘要	对方科目	借方	贷方	借/贷	余额
月	日	种类	号数						
3	1			期初余额				借	70 000
	8	记	002	销售乙产品	主营业务收入	93 600		借	163 600
	15	记	003	收回前欠货款	银行存款		90 000	借	73 600
	31			本月发生额合计及期末余额		93 600	90 000	借	73 600

表 9－4

主营业务收入　总分类账

2007 年 3 月

2007 年		凭　证		摘　要	对方科目	借　方	贷　方	借/贷	余　额
月	日	种类	号数						
3	1			期初余额				平	θ
	5	记	001	销售甲产品	应收账款		60 000	贷	60 000
	8	记	002	销售乙产品	应收账款		80 000	贷	140 000
	24	记	004	销售甲、乙产品	应收账款		75 000	贷	215 000
	31			本月发生额合计及期末余额			215 000	贷	215 000

表 9－5

主营业务收入　明细分类账

户名：甲产品

2007 年 3 月

2007 年		凭　证		摘　要	对方科目	借　方	贷　方	借/贷	余　额
月	日	种类	号数						
3	1			期初余额				平	θ
	5	记	001	销售甲产品	应收账款		60 000	贷	60 000
	24	记	004	销售甲产品	应收账款		40 000	贷	100 000
	31			本月发生额合计及期末余额			100 000	贷	100 000

表 9－6

主营业务收入　明细分类账

户名：乙产品

2007 年 3 月

2007 年		凭　证		摘　要	对方科目	借　方	贷　方	借/贷	余　额
月	日	种类	号数						
3	1			期初余额				平	θ
	8	记	002	销售乙产品	应收账款		80 000	贷	80 000
	15	记	004	销售乙产品	应收账款		35 000	贷	115 000
	31			本月发生额合计及期末余额			115 000	贷	115 000

（3）进行总账和明细账的试算平衡及核对，检验平行登记是否正确，编制的总账及所属明细账发生额及余额表见表 9－7 和表 9－8 所示。

表 9－7

应收账款总账及所属明细账发生额及余额表

2007 年 3 月

明细账户	期初余额		本期发生额		期末余额	
	借　方	贷　方	借　方	贷　方	借　方	贷　方
A 公司	80 000		158 100	100 000	138 100	
B 公司	70 000		93 600	90 000	73 600	
总账合计	150 000		251 700	190 000	211 700	

表 9-8　　主营业务收入总账及所属明细账发生额及余额表

2007 年 3 月

明细账户	期初余额		本期发生额		期末余额	
	借 方	贷 方	借 方	贷 方	借 方	贷 方
甲产品				100 000		100 000
乙产品				115 000		115 000
总账合计				215 000		215 000

第四节　错账的查找与更正

为了保证账簿登记的正确性，总结企业单位一定会计期间（月份、季度、年度）经济活动发生情况，必须定期进行账目核对与结算，即进行结账工作。

一、对账

对账，即核对账目。将会计账簿记录的有关数字与库存实物、货币资金、有价证券、往来单位或个人等进行核对，保证账证相符、账账相符、账实相符，为编制会计报表，加强企业单位经营管理提供正确、客观、可信的会计信息。对账的主要内容包括以下几个方面。

（一）账证核对

账证核对是指核对会计账簿记录与原始凭证、记账凭证的时间、凭证字号、内容等是否相符，尤其是金额是否一致，记账方向是否相同。

（二）账账核对

账账核对是指核对不同会计账簿之间的账簿记录是否相符。主要是总分类账借方与贷方的余额核对，总分类账与所属明细分类账发生额和余额之间的核对，总分类账与日记账核对，以及明细分类账之间的核对。

（三）账实核对

账实核对是指各项财产物资、债权债务等账面余额与实有数额之间的核对。主要包括：库存现金日记账账面余额与库存现金实有数额是否相符；银行存款日记账账面余额与银行对账单的余额是否相符；各项财产物资明细账账面余额与财产物资的实有数额是否相符；有关债权债务明细账账面余额与对方单位的账面记录是否相符。

在实际工作中，企业全面的账实核对一般是在年终前进行财产清查，这一内容在第十章还要专门讲述。

二、错账查找的方法

记账错误会造成总分类账借贷金额不平衡、总账金额与其所属的明细账金额不平衡、账实不符等现象。要检查账户记录是否正确，应首先根据试算平衡表，检查表中各账户的期初、期末余额与账簿中相应账户的期初、期末余额是否相符，检查表中各账户本期借方、贷方发生额与账簿中相应账户的借方、贷方发生额是否相符，检查表中金额方向与账户中金额方向是否一致，从而发现试算表中有无记错账户、重记、漏记等情况。其次，根据“明细分类账户本期发生额及余额表”，检查其编制的正确性。以上核查工作完毕后，如果试算平衡表借方、贷方仍不平衡，总账金额与所属明细账金额仍不相等，则说明记账本身有差错，可以采用以下方法进行更仔细的查找。

（一）九除法

即将差数除以 9 来检查错账的方法。记账时，如果出现数字移位情况，如把十位数记成百位数，或把千位数记成百位数，那么，正确数与移位数之差可被九整除，以此为线索，查找记账错误。如移一位，使原数扩大或缩小 9 倍；如移二位，使原数扩大或缩小 99 倍。

（1）小数记成大数的移位，如将 200 误记为 2 000，差数为 1 800，除以 9 得 200，则 200 应为正确数。

（2）大数记成小数的移位，如将 6 500 误记为 65，差数为 6 435，除以 99 得 65，则 65 为错记数。

在实际查账工作中，如怀疑某数为移位数，首先判断是扩大移位还是缩小移位，若为扩大移位，则将其差数除以 9 或 99 等，那么商数可能为正确数；若为缩小移位，则将其差除以 9 或 99 等，那么商数可能为错误数。

本方法主要适用于数字错位和相邻两数顺序颠倒所造成的错账。

（二）二除法

即将差额数除以 2 来查找错账的方法。在记账时，如果某账户的金额记错了方向，如应记入借方的金额记入了贷方，或应记入贷方的金额记入了借方，则必然会出现一方合计数增多，而另一方合计数减少的情况，其差额应是记错方向金额数字的两倍，且差错数必为偶数，那么，以该差额数除以 2，结果即为记错的数字。然后在账簿中查找与之相同的数字，而不必逐笔查找。照此查找很容易找出错账所在。

例如，某账户贷方总额超过借方总额 8 000 元，用 8 000 除以 2 得出 4 000 元，则在该账户中查找是否有一笔金额为 4 000 元的记录，错将借方金额登记在贷方了。

本方法适用于凭证或账簿栏次错写而造成的方向错误。

（三）顺查法

即按会计核算程序，从会计凭证到账簿，按先后顺序进行查错。

1. 检查记账凭证与所附原始凭证内容是否相符，金额是否正确。

2. 将记账凭证与有关总账、日记账、明细账逐笔核对，以发现错误所在。

本方法适用于企业由于某种原因造成较多错账，并且不同性质的错误又交织在一起而相互抵消时。

（四）逆查法

即与会计核算程序相反，从账簿到凭证，逆向查找。

1. 检查各账户余额计算是否正确。

2. 将总分类账与明细分类账进行核对，检查平行登记是否正确。

3. 逐笔核对账簿记录是否与记账凭证相符。

4. 逐项核对记账凭证与所附原始凭证是否相符，记账凭证中会计分录是否正确。

本方法适用于企业由于某种原因造成较多错账，并且不同性质的错误又交织在一起相互抵消时。

（五）余额复核法

即查找总账余额计算是否正确的方法。

1. 逐笔计算各账户余额是否正确，特别应注意上下页余额过账有无错误。

2. 检查分析某些账户的余额有无不正常现象，从中找出问题。

3. 检查总账与所属明细账余额是否一致。

本方法适用于试算平衡表期末借方与期末贷方余额不等的情形。

教学互动

给学生准备一张正确的总账科目的期初余额表，再准备三张分别有两处填写有误的总账科目期初余额表，让学生查找哪里填错了。

三、错账更正的方法

账簿记录发生错误，按会计法规规定，不得涂改、挖补、刮擦或者用药水消除字迹，不准重新抄写，必须按规定的方法进行更正。下面分别介绍几种常用的规范的错账更正方法。

（一）划线更正法

在结账前发现账簿记录有文字或数字错误，而记账凭证没有错误，采用本更正法。更正时，可在错误的文字或数字上划一条单红线，在红线的上方填写正确的文字或数字，并由相关人员在更正处盖章。对于错误的数字，应全部划红线更正，不得只更正其中的错误数字；对于文字错误，可只划去错误的部分。

【例 9－1】 在账簿中将 400 元误记为 4 000 元，但记账凭证中数据没有错误，其修改方法如图 9－20 所示。

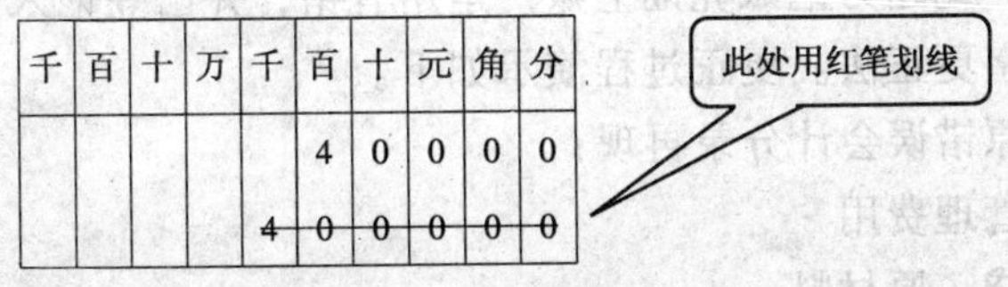

千	百	十	万	千	百	十	元	角	分
					4	0	0	0	0
				4	0	0	0	0	0

图 9－20 划线更正法

（二）红字更正法

记账后在当年内发现记账凭证所记的会计科目错误，或者会计科目无误而所记金额大于应记金额，从而引起记账错误，采用红字更正法。下面以案例资料说明两种情况下的错账更正。

案例资料

本案例资料给出西南铝业股份有限公司总账科目的期初余额（图 9－21），再给出本月发生的几笔错账，根据不同的错账情况运用相应的错账更正方法进行更正。

总账科目期初余额表

日期：2007－03－01—2007－03－31

科目名称	期初余额	
	借　　方	贷　　方
库存现金	13 000.00	
银行存款	8 200.00	
原材料	10 000.00	
库存商品	5 600.00	
固定资产	4 200.00	
短期借款		2 500.00
应付账款		8 500.00
应交税费		
实收资本		30 000.00
合　　计	41 000.00	41 000.00

图 9－21　正确的科目期初余额

1. 记账凭证上会计账户运用错误时，用红字填写一张与原记账凭证完全相同的记账凭证，以示注销原记账凭证，然后用蓝字填写一张正确的记账凭证，并据以记账。

【例 9－2】 2007 年 3 月 28 日，西南铝业股份有限公司发现 2007 年 3 月 16 日仓库发出一批材料用于生产产品，计 8 500 元，填制记账凭证时，误写应借科目为“管理费用”，并已登记入账。

分析：此题为记账凭证上账户运用有错，并已登记入账。正确的更正方法应采用红字更正法。更正过程演示如下。

(1) 原错误会计分录再现：

借：管理费用　　　　8 500

　　贷：原材料　　　　8 500

原填制的错误记账凭证如图 9－22：

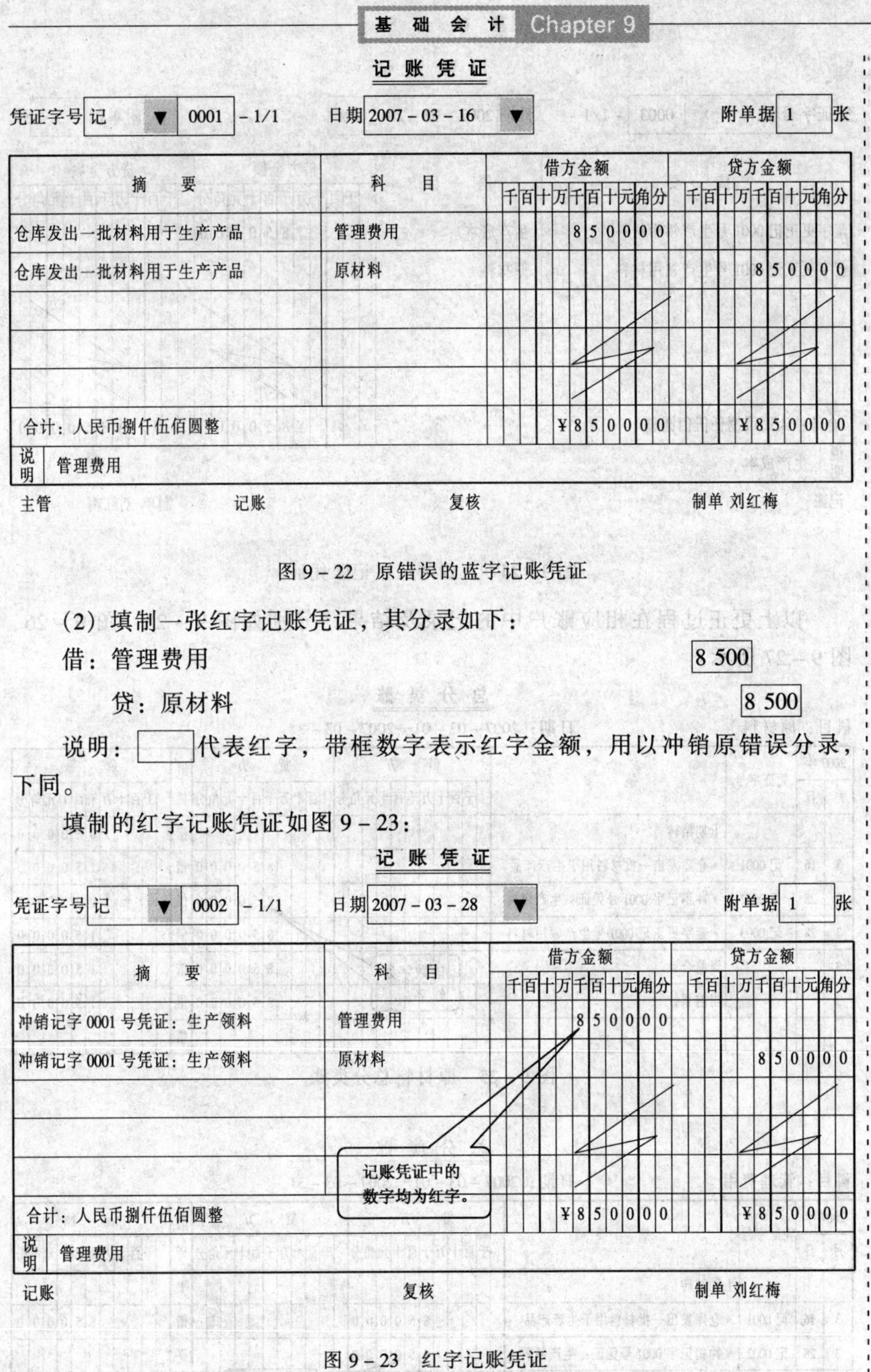

记 账 凭 证

凭证字号 记 ▼ 0001 - 1/1　　日期 2007 - 03 - 16 ▼　　附单据 1 张

摘 要	科 目	借方金额（千百十万千百十元角分）	贷方金额（千百十万千百十元角分）
仓库发出一批材料用于生产产品	管理费用	8 5 0 0 0 0	
仓库发出一批材料用于生产产品	原材料		8 5 0 0 0 0
合计：人民币捌仟伍佰圆整		¥ 8 5 0 0 0 0	¥ 8 5 0 0 0 0
说明	管理费用		

主管　　记账　　复核　　制单 刘红梅

图 9 - 22　原错误的蓝字记账凭证

(2) 填制一张红字记账凭证，其分录如下：

借：管理费用　　　　8 500（带框）

　　贷：原材料　　　　8 500（带框）

说明：□代表红字，带框数字表示红字金额，用以冲销原错误分录，下同。

填制的红字记账凭证如图 9 - 23：

记 账 凭 证

凭证字号 记 ▼ 0002 - 1/1　　日期 2007 - 03 - 28 ▼　　附单据 1 张

摘 要	科 目	借方金额（千百十万千百十元角分）	贷方金额（千百十万千百十元角分）
冲销记字 0001 号凭证：生产领料	管理费用	8 5 0 0 0 0	
冲销记字 0001 号凭证：生产领料	原材料		8 5 0 0 0 0
合计：人民币捌仟伍佰圆整		¥ 8 5 0 0 0 0	¥ 8 5 0 0 0 0
说明	管理费用		

记账　　复核　　制单 刘红梅

图 9 - 23　红字记账凭证

(3) 填制一张蓝字正确记账凭证，其会计分录如下：

借：生产成本　　　　8 500

　　贷：原材料　　　　8 500

填制的蓝字记账凭证如图 9 - 24：

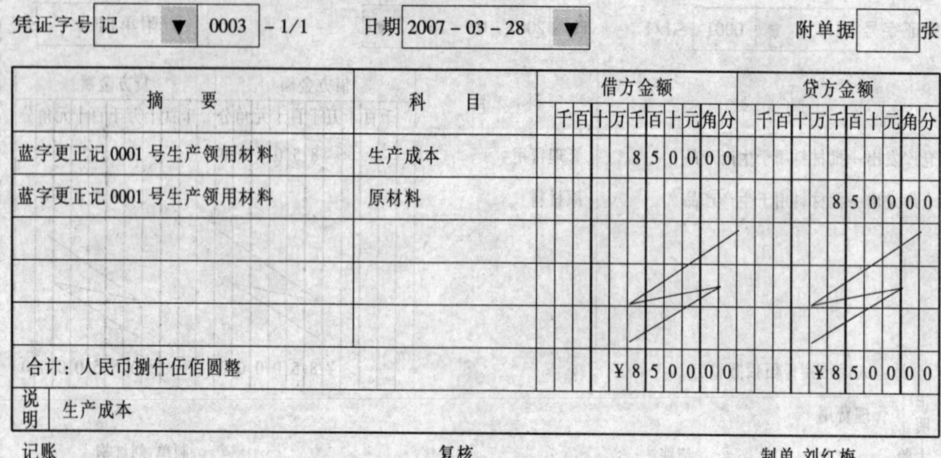

记 账 凭 证

凭证字号 记 ▼ 0003 -1/1　　日期 2007-03-28 ▼　　附单据 □ 张

摘　　要	科　　目	借方金额（千百十万千百十元角分）	贷方金额（千百十万千百十元角分）
蓝字更正记 0001 号生产领用材料	生产成本	850000	
蓝字更正记 0001 号生产领用材料	原材料		850000
合计：人民币捌仟伍佰圆整		¥850000	¥850000
说明	生产成本		

记账　　　　　　复核　　　　　　制单 刘红梅

图 9－24　正确的蓝字记账凭证

以上更正过程在相应账户中的记录及结果，分别如图 9－25、图 9－26、图 9－27 所示。

总 分 类 账

科目：原材料　　　　日期：2007－03－01—2007－03－31

2007 年 月	日	凭证字号	摘　要	借方（千百十万千百十元角分）	贷方（百十万千百十元角分）	借/贷	余额（千百十万千百十元角分）
			上期结转			借	1000000
3	16	记 0001	*仓库发出一批材料用于生产产品		850000	借	150000
3	28	记 0002	*冲销记字 0001 号凭证：生产领料		850000	借	1000000
3	28	记 0003	*蓝字更正记 0001 号生产领用材料		850000	借	150000
3			当前合计		850000	借	150000
3			当前累计		850000	借	150000
						借	

该数字为红字。

图 9－25　原材料总分类账

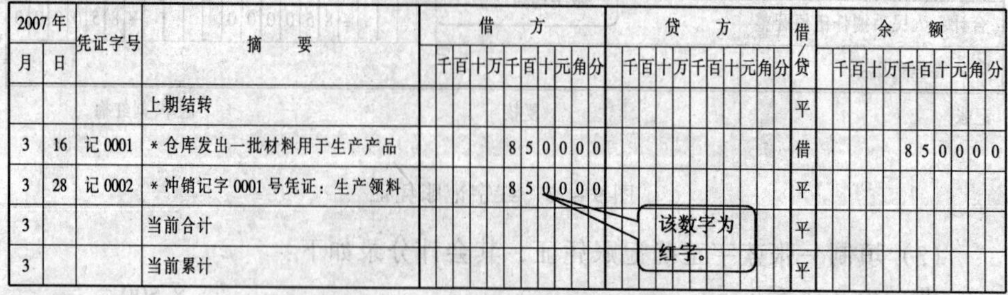

总 分 类 账

科目：管理费用　　　　日期：2007－03－01—2007－03－31

2007 年 月	日	凭证字号	摘　要	借方（千百十万千百十元角分）	贷方（千百十万千百十元角分）	借/贷	余额（千百十万千百十元角分）
			上期结转			平	
3	16	记 0001	*仓库发出一批材料用于生产产品	850000		借	850000
3	28	记 0002	*冲销记字 0001 号凭证：生产领料	850000		平	
3			当前合计			平	
3			当前累计			平	

图 9－26　管理费用总分类账

总分类账

科目：生产成本　　　　　　　　　　日期：2007－03－01—2007－03－31

2007年 月	日	凭证字号	摘　要	借方（千百十万千百十元角分）	贷方（百十万千百十元角分）	借/贷	余额（千百十万千百十元角分）
			上期结转			借	
3	28	记 0003	＊蓝字更正记 0001 号生产领用材料	850000		借	850000
3			当前合计	850000		借	850000
3			当前累计	850000		借	850000
						借	

图 9－27　生产成本总分类账

2. 记账凭证上会计账户运用无误但所记金额大于应记金额时，按多记的金额用红字编制一张与原记账凭证应借、应贷账户完全相同的记账凭证，以冲销多记的金额，并据以记账。

【例 9－3】 2007 年 3 月 28 日，西南铝业股份有限公司购入甲材料一批，货款计 8 000 元，增值税计 1 360 元，货款尚未支付，填制记账凭证时，将金额误记为 8 万元，增值税计 13 600 元，已编制记账凭证并登记入账。

分析：记账凭证会计账户无误，所记金额大于应记金额。正确的更正方法应采用红字更正法。更正过程演示如下。

(1) 原编制的错误会计分录再现：

借：原材料——甲材料　　　　　　　　　　80 000

　　应交税费——应交增值税（进项税）　　13 600

　　贷：应付账款　　　　　　　　　　　　　93 600

原填制的错误记账凭证如图 9－28 所示：

记账凭证

凭证字号 记 ▼ 0004 －1/1　　日期 2007－03－28 ▼　　附单据 2 张

摘　要	科　目	借方金额（亿千百十万千百十元角分）	贷方金额（亿千百十万千百十元角分）
购入甲材料，款未付	原材料	8000000	
购入甲材料，款未付	应交税费　进项税额	1360000	
购入甲材料，款未付	应付账款		9360000
合计：人民币玖万叁仟陆佰元整		¥9360000	¥9360000
说明	原材料		

主管　　　　记账　　　　复核　　　　制单 刘红梅

图 9－28　原填制的错误记账凭证

(2) 应用红字编制一张记账凭证冲销多记的数字。其会计分录如下：

借：原材料——甲材料　　　　　　　　　　72 000

应交税费——应交增值税（进项税） 12 240

贷：应付账款 82 240

按多记数额填制的红字记账凭证如图 9 - 29 所示：

记 账 凭 证

凭证字号 记 0005 - 1/1 日期 2007 - 03 - 28 附单据 1 张

摘 要	科 目	借方金额	贷方金额
冲销记字 0004 号凭证多记的金额	原材料	7200000	
冲销记字 0004 号凭证多记的金额	应交税费 进项税额	1224000	
冲销记字 0004 号凭证多记的金额	应付账款		8424000
合计：人民币捌万肆仟贰佰肆拾圆整		¥8424000	¥8424000
说明	原材料		

记账凭证中的数字均为红字。

主管 记账 复核 制单 刘红梅

图 9 - 29 按多记数额填制的红字记账凭证

以上更正过程在相关账户中的记录及结果，分别如图 9 - 30、图 9 - 31。

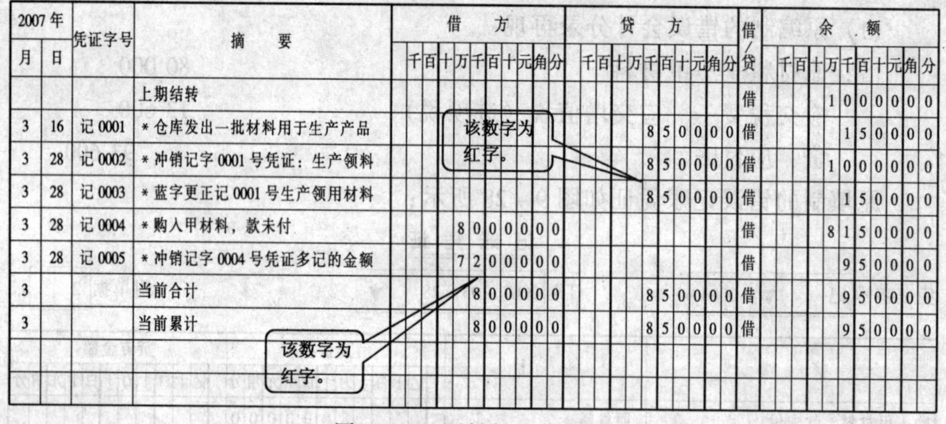

总 分 类 账

科目：原材料 日期：2007 - 03 - 01—2007 - 03 - 31

2007年 月	日	凭证字号	摘 要	借 方	贷 方	借/贷	余 额
			上期结转			借	1000000
3	16	记 0001	* 仓库发出一批材料用于生产产品		850000	借	150000
3	28	记 0002	* 冲销记字 0001 号凭证：生产领料		850000	借	1000000
3	28	记 0003	* 蓝字更正记 0001 号生产领用材料		850000	借	150000
3	28	记 0004	* 购入甲材料，款未付	8000000		借	8150000
3	28	记 0005	* 冲销记字 0004 号凭证多记的金额	7200000		借	950000
3			当前合计	800000	850000	借	950000
3			当前累计	800000	850000	借	950000

图 9 - 30 原材料总分类账

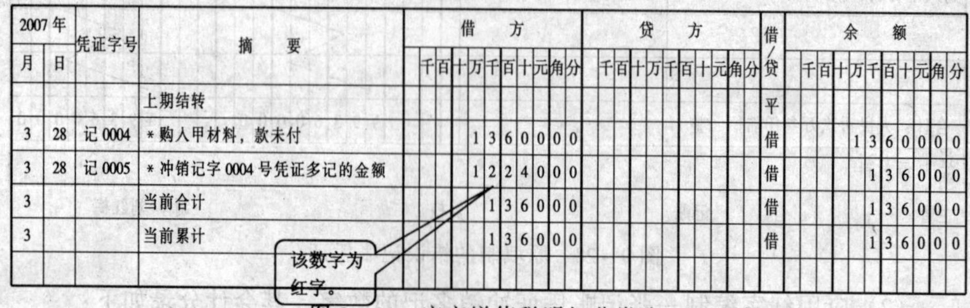

应交增值税明细分类账

科目：进项税额 日期：2007 - 03 - 01—2007 - 03 - 31

2007年 月	日	凭证字号	摘 要	借 方	贷 方	借/贷	余 额
			上期结转			平	
3	28	记 0004	* 购入甲材料，款未付	1360000		借	1360000
3	28	记 0005	* 冲销记字 0004 号凭证多记的金额	1224000		借	136000
3			当前合计	136000		借	136000
3			当前累计	136000		借	136000

图 9 - 31 应交增值税明细分类账

（三）补充登记法

记账后发现记账凭证填写的会计账户无误，只是所记金额小于应记金额时，采用补充登记法。

更正方法是：按少记的金额用蓝字编制一张与原记账凭证应借、应贷账户完全相同的记账凭证，以补充少记的金额，并据以记账。

【例 9 - 4】 2007 年 3 月 29 日，西南铝业股份有限公司用库存现金购买办公用品 12 000 元。编制记账凭证时，将金额误写为 1 200 元，并据以登记入账。

分析：所记金额小于应记金额，正确的更正方法应采用补充登记法。更正过程演示如下。

(1) 原编制的错误会计分录再现：

借：管理费用　　1 200

　贷：库存现金　　1 200

原填制的不正确的记账凭证如图 9 - 32。

记 账 凭 证

凭证字号 记 ▼ 0006 - 1/1　　日期 2007 - 03 - 29 ▼　　附单据 2 张

摘　要	科　目	借方金额										贷方金额									
		千	百	十	万	千	百	十	元	角	分	千	百	十	万	千	百	十	元	角	分
用库存现金购买办公用品	管理费用					1	2	0	0	0	0										
用库存现金购买办公用品	库存现金															1	2	0	0	0	0
合计：人民币壹仟贰佰圆整					¥	1	2	0	0	0	0				¥	1	2	0	0	0	0
说明																					

记账　　复核　　制单 刘红梅

图 9 - 32　原填制的不正确的记账凭证

(2) 为了更正有关账户中少记的 10 800 元的错误，应用蓝字填制一张记账凭证，其会计分录如下：

借：管理费用　　10 800

　贷：库存现金　　10 800

按差额填制的记账凭证如图 9 - 33 所示。

记 账 凭 证

凭证字号 记 ▼ 0007 －1/1　　日期 2007－03－29 ▼　　　　附单据　　张

摘　要	科　目	借方金额										贷方金额									
		千	百	十	万	千	百	十	元	角	分	千	百	十	万	千	百	十	元	角	分
补记购买办公用品少记的金额	管理费用				1	0	8	0	0	0	0										
补记购买办公用品少记的金额	库存现金														1	0	8	0	0	0	0
合计：人民币壹万零捌佰圆整				¥	1	0	8	0	0	0	0			¥	1	0	8	0	0	0	0
说明																					

记账　　　　　　　　　　　复核　　　　　　　　　　　制单 刘红梅

图 9－33　按差额填制的记账凭证

以上更正过程在相关账簿账户中的记录及结果，分别如图 9－34、图 9－35 所示。

总 分 类 账

科目：管理费用　　　　日期：2007－03－01—2007－03－31

2007年 月	日	凭证字号	摘　要	借方 百	十	万	千	百	十	元	角	分	贷方 百	十	万	千	百	十	元	角	分	借/贷	余额 百	十	万	千	百	十	元	角	分
			上期结转																			平									
3	16	记 0001	＊仓库发出一批材料用于生产产品				8	5	0	0	0	0										借				8	5	0	0	0	0
3	28	记 0002	＊冲销记字 0001 号凭证：生产领料				8	5	0	0	0	0										平									
3	29	记 0006	＊用库存现金购买办公用品				1	2	0	0	0	0										借				1	2	0	0	0	0
3	29	记 0007	＊补记购买办公用品少记的金额			1	0	8	0	0	0	0										借			1	2	0	0	0	0	0
3			当前合计			1	2	0	0	0	0	0										借			1	2	0	0	0	0	0
3			当前累计			1	2	0	0	0	0	0										借			1	2	0	0	0	0	0

该数字为红字。

图 9－34　管理费用总分类账

总 分 类 账

科目：库存现金　　　　日期：2007－03－01—2007－03－31

2007年 月	日	凭证字号	摘　要	借方 亿	千	百	十	万	千	百	十	元	角	分	贷方 亿	千	百	十	万	千	百	十	元	角	分	借/贷	余额 亿	千	百	十	万	千	百	十	元	角	分
			上期结转																							借					1	3	0	0	0	0	0
3	29	记 0006	＊用库存现金购买办公用品																	1	2	0	0	0	0	借					1	1	8	0	0	0	0
3	29	记 0007	＊补记购买办公用品少记的金额																1	0	8	0	0	0	0	借						1	0	0	0	0	0
3			当前合计																1	2	0	0	0	0	0	借						1	0	0	0	0	0
3			当前累计																1	2	0	0	0	0	0	借						1	0	0	0	0	0
																										借											

图 9－35　库存现金总分类账

(四) 会计电算化下错账更正的方法

会计电算化方式下，如果发现已经登记入账的记账凭证有错误，仍然可采用红字更正法和补充登记法，但不能采用划线更正法。在会计电算化方式下，还可以采用取消记账、取消复核等方式，进行特有的无痕迹修改。

四、结账

根据《会计基础工作规范》第六十四条规定，各单位应当按照规定定期结账。

(一) 结账的程序

结账前，必须将本期内所发生的各项经济业务全部登记入账。具体包括以下内容：

1. 将本期发生的经济业务事项全部登记入账，并保证其正确性；

2. 根据权责发生制的要求，调整有关账项，合理确定本期应计的收入和应计的费用；

3. 将损益类科目转入“本年利润”科目，结平所有损益类科目；

4. 结算出资产、负债和所有者权益科目的本期发生额和余额，并结转下期。

(二) 结账的方法

1. 对不需按月结计本期发生额的账户，每次记账以后，都要随时结出余额，每月最后一笔余额即为月末余额。月末结账时，只需要在最后一笔经济业务事项记录之下划通栏单红线，不需要再结计一次余额。

2. 现金、银行存款日记账和需要按月结计发生额的收入、费用等明细账，每月结账时，要结出本月发生额和余额，在摘要栏内注明“本月合计”字样，并在下面划通栏单红线。

3. 需要结计本年累计发生额的某些明细账户，每月结账时，应在“本月合计”行下结出自年初起至本月末止的累计发生额，登记在月份发生额下面，在摘要栏内注明“本年累计”字样，并在下面划通栏单红线。12月末的“本年累计”就是全年累计发生额，全年累计发生额下面应当划通栏双红线。

4. 总账账户平时只需结出月末余额。年终结账时，将所有总账账户结出全年发生额和年末余额，在摘要栏内注明“本年合计”字样，并在合计数下划通栏双红线。

5. 年度终了结账时，要把各账户的余额结转到下一会计年度，并在摘要栏注明“结转下年”字样；在下一会计年度新建有关会计账簿的第一行余额栏内填写上年结转的余额，并在摘要栏注明“上年结转”字样。

延伸阅读

2003年11月，东茂公司因产品销售不畅，新产品研发受阻。公司财会预测公司本年度将发生800万元亏损。刚刚上任的公司总经理责成总会计师张某千方百计实现当年盈利目标，并说："实在不行，可以对会计报表做一些会计技术处理。"总会计师很清楚公司本年度亏损已成定局，要落实总经理的盈利目标，只能在财务会计报告上做手脚。总会计师感到左右为难，如果不按总经理的意见去办，自己以后在公司不好呆下去；如果照总经理意见办，对自己也有风险。为此，总会计师思想负担很重，不知如何是好。

要求：根据《会计法》和会计职业道德的要求，分析总会计师张某应如何处理并简要说明理由。

分析与提示：

总会计师张某应当拒绝总经理的要求。因为总经理的要求不仅违反了《会计法》第四条"单位负责人对本单位的会计工作和会计资料的真实性、完整性负责"，第五条"任何单位或者个人不得以任何方式授意、指使、强令会计机制、会计人员伪造、变造会计凭证、会计账簿和其他会计资料，提供虚假财务会计报告"，也违背了会计职业道德中的会计人员应当诚实守信、客观公正、遵守准则的要求。

本章小结

会计信息的记录是由账簿来完成的，记账是会计核算工作的中心环节。账簿是由具有一定格式的账页所组成，用来连续、分类地记录和反映各项经济的簿籍。设置和登记账簿，能连续、分类、完整地反映各单位在一定时期内的全部经济活动情况，为单位内部和外部的会计使用者提供系统、有用的会计核算资料。

账簿按用途分类，可以分为序时账簿、分类账簿和备查账簿；按外表形式分类，可以分为订本式账簿、活页式账簿和卡片式账簿。

账簿的格式依具体的账簿种类不同而有所差别。总账一般是"三栏式"；日记账一般也是"三栏式"；明细账的格式，根据反映经济业务的需要，一般有"三栏式"、"数量金额式"、"多栏式"三种。

各单位都必须按法律规定设置账簿，对设置的现金日记账和银行存款日记账，按经济业务发生的先后顺序逐日逐笔登记且每日结出余额；总分类账可以根据记账凭证逐日逐笔登记，也可以根据记账凭证汇总后定期登记，具体登记方法因账务处理程序不同而不同；明细分类账可以逐日逐笔登记，也可以定期汇总登记。

总分类账与所属明细分类账应平行登记，以便核对，相互牵制。登记账簿是会计核算工作中一项比较细致繁琐的工作，要保证登记及时、内容完整、数字正确、摘要清楚、账面整洁，必须遵守法律规范规定的记账规则。对发生的记账错误，应按规定的方法更正，账簿错误的更正方法主要有划线更正法、红字更正法、补充登记法三种。

关键词（中英文对照）

会计账簿	accounting book
日记账	day book/journal book
总分类账	general ledger/general account
明细分类账	subsidiary ledger/detailed ledger
记账	booking/account
平行登记	parallel polling
对账	checking
错账	errors of account
结账	close the book

自 测 题

一、单项选择题

1. 由具有一定格式而又相互连续的账页组成的簿籍称为(　　)。

A. 会计科目　　B. 会计账户

C. 会计账簿　　D. 会计报表

2. 银行存款日记账的借方除了根据银行存款收款凭证登记外，有时还要根据(　　)登记。

A. 银行存款付款凭证　　B. 现金收款凭证

C. 现金付款凭证　　D. 转账凭证

3. 数量金额式明细分类账簿(　　)。

A. 只反映价值量实物量

B. 只反映实物量

C. 既反映实物量，又反映价值量

D. 既不反映价值量，也不反映实物量

4. 特种日记账是(　　)。

A. 序时登记全部经济业务和多种经济业务的日记账

B. 对常见的经济业务分设专栏登记，不常发生的经济业务，设一个综合栏集中登记，然后逐笔过账

C. 专门用来登记某一类经济业务的日记账

D. 专门用来登记货币资金的日记账

5. 总分类账适用于(　　)账簿。

A. 订本式　　B. 活页式

C. 多栏式　　D. 数量金额式

6. 不可以采用三栏式账页的有(　　)。

A. 总账　　B. 应付账款明细账

C. 现金日记账　　D. 原材料明细账

7. 可以采取数量金额式的有(　　)。

A. 生产成本明细账　　B. 库存商品明细账

C. 在途物资明细账　　D. 主营业务成本明细账

8. 划线更正法适用于更正(　　)。

A. 记账凭证上科目用错产生的错账

B. 记账凭证上金额写少产生的错账

C. 记账凭证上金额写多产生的错账

D. 记账凭证正确只是记账笔误的错账

9. 记账凭证上记账栏中的"√"表示(　　)。

A. 已经登记入账　　B. 不需登记入账

C. 此凭证作废　　D. 此凭证编制正确

10. 记账后，如果发现记账错误是由于记账凭证所列会计科目或金额有错误引起的，可采用(　　)。

A. 红字更正法　　B. 划线更正法

C. 补充登记法　　D. AB 均可

二、多项选择题

1. 会计账簿按用途可以分为(　　)。

A. 序时账簿　　B. 订本式账簿

C. 分类账簿　　D. 备查账簿

2. 会计账簿按外表形式可以分为(　　)。

A. 订本式账簿　　B. 总分类账簿

C. 活页式账簿　　D. 卡片式账簿

3. 总分类账簿一般分为(　　)。

A. 借、贷、余三栏式账页　　B. 活页式账簿

C. 订本式账簿　　D. 收、付、余三栏式账页

4. 企业到银行提取现金 500 元，此项业务应在(　　)中登记。

A. 现金日记账　　B. 银行存款日记账

C. 总分类账　　D. 明细分类账

5. 可以作为现金日记账记账依据的有(　　)。

A. 现金收款凭证　　B. 现金付款凭证

C. 银行存款收款凭证　　D. 银行存款付款凭证

6. (　　)属于登记账簿的要求。

A. 账簿书写的文字和数字上面要留适当空距，一般应占行高的二分之一

B. 登记账簿要用圆珠笔、蓝黑或黑色墨水书写

C. 不得用铅笔

D. 各种账簿按页次顺序连续登记、不得跳行、隔页

7. 采用划线更正法，其要点是：(　　)(按顺序)。

A. 在错误的文字或数字（单个数字）上划一条红线注销

B. 在错误的文字或数字（整个数字）上划一条红线注销

C. 将正确的文字或数字用蓝字写在划线的上端

D. 更正人在划线处盖章

8. 在(　　)情况下，可使用补充登记法更正差错。

A. 记账后

B. 发现记账凭证中应借、应贷科目有错

C. 发现记账凭证中应借、应贷科目无错

D. 所填金额小于应填金额

9. 会计上允许使用的更正错账的方法有(　　)。

A. 划线更正法　　B. 红字更正法

C. 补充登记法　　D. 用涂改液修正

10. 在会计工作中红色墨水可用于(　　)。

A. 记账　　B. 结账

C. 转账　　D. 冲账

三、判断题

1. 账页上的“借或贷”栏表示账户的余额方向。(　　)

2. 各种账簿应按照顺序编号的页次连续登记，不得跳行或隔页登记。(　　)

3. 总分类账是由记账人员根据记账凭证逐笔登记的。(　　)

4. 明细账必须逐日逐笔登记，总账必须定期汇总登记。(　　)

5. 结账是指在会计期末对一定时期内账簿记录所做的核对工作。(　　)

6. 总账可采用三栏式账页，而明细账则应根据其经济业务的特点采用不同格式的账页。(　　)

7. 在整个账簿体系中，日记账和分类账是主要账簿，备查账为辅助账簿。(　　)

8. 平行登记要求总账和其相应的明细账必须同一时刻登记。(　　)

9. 结账之前，如果发现账簿中所记文字或数字有过账笔误或计算错误，而记账凭证并没有错，可用划线更正法更正。(　　)

10. 总分类账、现金及银行存款日记账一律不得采用活页式账簿。(　　)

四、实务练习题

练习题一

【目的】 掌握会计账簿的设置与登记

【资料】

1. 西南铝业股份有限公司 2007 年 3 月 1 日“现金日记账”的余额为 600 元。

2. 西南铝业股份有限公司 2007 年 3 月 1 日发生如下与现金收付有关的经济业务：

(1) 用现金 120 元支付有关购买材料运费，材料已到但尚未入库。

(2) 张明报销出差旅费 2 400 元。出差前借款为 2 000 元。垫付部分已付给张明本人。

(3) 从银行提取现金 18 000 元准备发放工资。

(4) 用现金 18 000 元发放工资。

(5) 陈华报销出差费 2 250 元，交回借款剩余 750 元。出差前借款为 3 000 元。

(6) 出售多余的材料收到现金货款 800 元。

(7) 将现金 1 000 元存入银行。

说明：企业的记账凭证采用收款凭证、付款凭证、转账凭证三种格式。

【要求】

1. 根据所给的资料，首先确认应填写的记账凭证名称，根据会计分录填制。

2. 开设并登记“库存现金日记账”和“库存现金总账”。

练习题二

【目的】 练习更正错账的方法。

【资料】 假定西南铝业股份有限公司以下资料中所给的经济业务已全部登记入账。

1. 收到投资者投入的货币资金 300 000 元，已存入银行。

收款凭证上编制的会计分录为：

借：银行存款　　30 000

　　贷：实收资本　　30 000

2. 用银行存款 60 000 元购入不需要安装的设备一台。

付款凭证上的分录为：

借：固定资产　　600 000

　　贷：银行存款　　600 000

3. 用银行存款 40 000 元偿还应付账款。

付款凭证上的分录为：

借：应收账款　　40 000

　　贷：银行存款　　40 000

4. 生产产品领用材料一批，价值32 000元。

转账凭证上编制的会计分录为：

借：生产成本　　32 000

　　贷：原材料　　32 000

在账簿中登记该项经济业务时，“生产成本”账户的借方登记为3 200元。

【要求】

1. 根据资料分析错账的原因。
2. 确定更正方法。
3. 运用所学知识对错账进行更正。

第十章

会计信息真实性的保障

学习提示

保障会计信息真实可靠，是编制财务会计报告前必须经过的重要环节；要求会计信息真实可靠是会计核算工作的重要质量标准。会计信息是否真实可靠集中体现在账簿记录的依据是否真实可靠、账簿记录本身是否正确以及账簿记录与实物资产是否一致等方面。

为了使账簿提供的资料真实可靠，保证财务会计报告的准确性，这就需要在编制财务会计报告之前，采取一定的方法保障会计信息真实正确。本章主要介绍会计信息真实性的重要意义和保障会计信息真实性的方法。

通过本章的学习，要了解建立会计内部控制制度是保证会计信息真实性的有效途径，财产清查制度是会计内部控制制度的有机组成部分。对库存现金进行清查的方法是实地盘点法，对银行存款进行清查的方法是核对法，对实物资产进行清查的方法是实地盘点法，对往来款项进行清查的方法是询证核对法。对企业财产物资清查结果进行会计处理主要通过“待处理财产损溢”账户进行。

建议观看会计职业情景动画演示：1001 会计信息质量保障，1002 清查财产。

第一节　会计信息的真实性

一、会计信息应该真实

会计信息是指特定会计主体的财务状况、经营及其成果等方面的信息，是对会计主体经济业务活动中能以货币计量反映的价值运动的一种客观表达。在会计工作中应当正确地运用会计原则和方法，以收集到准确反映企业实际情况、对会计信息使用者决策有用的会计信息。这就要求企业记录的会计信息具有真实性。

会计信息的真实性是指会计核算应当以实际发生的交易或事项为依据，如实地反映企业财务状况、经营成果和现金流量情况。会计必须根据审核无误的原始凭证，采用特定的方法进行记账和核算，保证所提供的会计信息真实可靠，内容完整。

财政部2006年2月颁布的《企业会计准则——基本会计准则》第十二条要求，“企业应当以实际发生的交易或者事项为依据进行会计确认、计量和报告，如实反映符合确认和计量要求的各项会计要素及其他相关信息，保证会计信息真实可靠、内容完整。”

二、建立会计内部控制制度，保证会计信息的真实性

企业经营管理的目标是提高经营管理的效率和效果，实现企业净资产的保值增值。企业上下为此需要协调一致，形成合力，规避风险，抓住机遇，以实现经营目标。内部控制方法是实现企业目标的技术手段。随着现代化管理手段的不断发展，内部控制方法越来越多，包括目标控制、组织控制、程序控制、授权控制、预算控制、风险控制、法规控制等。

会计内部控制是内部控制的核心。从企业实践来看，内部控制的发展过程是围绕会计控制这一核心来进行的。最初的内部控制实际上就是会计控制，它以账簿之间的核对、账簿记录与财产的一致性以及会计数据的可靠性作为其核心内容。至20世纪60年代，内部控制分化为会计控制和管理控制。其中会计控制的目的是保护资产的安全与完整和会计信息的真实性。

会计内部控制的方法包括不兼容职务相互分离控制、授权批准控制、会计制度控制、预算控制、风险控制等。

不兼容职务相互分离控制要求各单位按照不兼容职务相分离的原则，合理设置会计相关工作岗位，明确职责权限，形成相互制衡机制。

授权批准控制要求各单位应明确规定涉及会计及相关工作的授权批准的范围、权限、程序、责任等内容，单位内部的各级管理层必须在授权范围内行使职权和承担责任，经办人员也必须在授权范围内办理业务。

会计制度控制要求各单位应制定出适合本单位的会计制度，明确会计凭证、会计账簿和财务会计报告的处理程序，建立和完善会计档案保管和会计工作交接办法，实行会计人员岗位责任制，充分发挥会计的监督职能。

预算控制要求各单位加强对预算编制、执行、分析、考核等环节的管理，明确预算项目，建立预算标准，规范预算的编制、审定、下达和执行程序，及时分析和控制预算差异，采取改进措施，确保预算的执行。

风险控制要求各单位树立风险意识，针对各个风险控制点，建立有效的风险管理系统。通过风险预警、风险识别、风险评估、风险分析、风险报告等措施，对财务风险和经营风险进行全面防范和控制。

三、财产清查

财产清查是指通过对各种实物和库存现金的实地盘点，对银行存款、往来

款项进行核对，确定各种财产物资、货币资金和往来款项的实存数，并查明账存数与实存数是否相符的一种会计核算方法。财产清查也是保证会计信息真实性的一种重要手段。

企业必须提供真实的会计信息，账簿记录则是会计信息的主要来源。企业各项财产物资的增减变化和结存情况是通过账簿记录进行反映和监督的，主要通过日常会计核算中的凭证审核、试算平衡和对账等方法来保证账实相符。但是，在实际工作中，除了记账错误外，还有以下原因可能造成账实不符：

(1) 财产物资在保管过程中，会发生自然损耗。

(2) 因非常事故，如水灾、火灾等造成的非常损失。

(3) 在财产管理中，由于收发手续不严、计量检验不准确等，发生错收、错付或在账簿中漏记、重记和错记等情况。

(4) 由于管理人员失职造成的财产破损、变质、短缺或对会计资料的人为调整。

(5) 由于不法分子营私舞弊、贪污盗窃及有关工作人员作弊所造成的财产损失。

(6) 结算过程中，由于结算凭证传递不及时，形成未达账项而引起的账实不符等。

由于以上情况造成的账实不符，在日常会计核算中难以查出，都要通过财产清查来发现，并且找出原因，进行账项调整，确保企业能够提供真实准确的会计信息。

由此可见，财产清查是会计内部控制的一个有机组成部分，其作用主要表现在以下几方面：

1. 保证会计信息的真实可靠。财产清查通过查明各项财产物资、货币资金和往来款项的实存数，以确定账实是否相符，对不符的账项，进一步查明原因，落实责任，并及时调整账面数字，做到账实相符，从而保证了会计信息的真实性。

2. 保护财产物资的安全完整。通过财产清查，可以查明财产物资有无短缺和毁损情况。一旦发现问题，应查明原因，认真处理。对于管理制度方面存在的问题，应及时采取措施，建立健全相关制度；对于因管理人员及其他工作人员失职而造成的损失应追究其经济责任，并给予必要的行政处分；对于贪污盗窃行为，应给予必要的法律制裁。

3. 健全财产物资的管理制度。通过财产清查，能够查明各项财产保管制度和财经、财务纪律的执行情况，以便及时发现问题，采取措施，进一步建立健全财产物资管理和会计核算制度。

4. 挖掘财产物资潜力，提高资金使用率。通过财产清查，可以查明财产物资的储备和利用情况，查看有无储备不足、积压、滞销情况；可以查明各种款项的结算情况，有无长期拖欠、拒付款项及未达账项等，以便为经济管理提供相关资料，充分挖掘物资潜力，加速资金周转，提高经济效益。

延伸阅读

会计信息真实性的局限性

首先，会计信息是历史信息。会计信息是对企业过去已经完成了的经济活动的反映，其真实性是对过去经济业务的真实反映，是过去的“真实性”。资产要素的确认与计量多数是建立在历史成本基础之上的，在物价发生变化的情况下，历史会计信息与企业现实的财务状况、经营成果之间会有较大差异。针对这种情况，会计理论界一直在努力寻求新的方法，如物价变动会计，采用现行成本计价，使会计信息的相关性提高。

其次，会计信息具有不确定性。会计信息的不确定性是指在会计规定允许的范围内由于选用了不同的会计处理方法，会计信息在反映同一经济事项时显现不同结果的特征。例如对存货的计价，企业会计准则规定的有先进先出法、加权平均法、个别计价法等四种。企业选用不同的方法对存货计价，会导致收益产生差异。可见，产生会计信息的不确定性是由于对同一经济业务采用不同的会计方法进行处理的结果，而这些方法都具有理论依据并且是会计准则所允许的。

其三，会计信息含有估计的因素。在会计核算中，企业总是力求准确性，但有些经济业务本身就具有不确定性，因而需要根据经验判断做出估计，这就使会计报表提供的信息常常具有近似的性质。例如，坏账准备、固定资产预计使用年限和残值、无形资产的摊销年限等。这些估计在一定程度上是不可避免的。可以说，离开了会计估计，就无法进行会计核算和报表披露。这就难免给会计信息的真实性造成影响。

最后，贯彻会计核算的重要性原则和成本效益原则在一定程度上也会影响会计信息的真实性。可供企业选用的谨慎性原则，由于采用稳健的态度来确认、计量资产、负债、收入和费用，带有很大的主观性，如果运用不当，也会导致会计信息偏离实际的情况。

第二节 货币资产的清查与处理

企业的货币资产主要包括库存现金和银行存款。

一、库存现金的清查

库存现金是指企业存放在财会部门用于日常零星开支的货币资金。

（一）库存现金的清查方法

库存现金清查的基本方法是实地盘点法。即通过对库存现金进行盘点确定其实有数，并将现金实有数与现金日记账的余额进行核对，查明账实是否相符。在对库存现金清查过程中，还要注意检查现金的收支是否符合现金管理制度的规定，有无现金坐支、白条抵库等情况。

为了明确经济责任，在进行清查时，出纳人员必须在场。清查结束后，应根据盘点结果填写“库存现金盘点报告表”，并由盘点人员与出纳人员共同签名或盖章。“库存现金盘点报告表”既是盘存清单，又是实存账存对比表，是据以调整有关账簿记录的重要原始凭证。其格式如图 10－1 所示。

库存现金盘点表

单位名称： 年 月 日

实存金额	账存金额	实存与账存对比		备 注
		盘 盈	盘 亏	

盘点人签章 出纳人签章

图 10－1 库存现金盘点表

（二）库存现金盘点结果的处理

1. 财产清查结果的处理。财产清查结果是指经过清查以后，各类财产物资的账面结存数与其实际结存数之间比较的结果。包括以下两种：一种是账实相符；另一种是账实不符。在会计核算上需要进行处理的是账实不符的情况。账实不符具体又包括盘盈和盘亏。盘盈是指财产物资的实际结存数大于其账面结存数；盘亏是指财产物资的实际结存数小于其账面数。

财产清查结果的处理分业务处理和账务处理两个方面。

通过财产清查而发现的问题，必须以国家有关财经法规为依据，在分清责任的基础上，进行相应的处理。对于在清查过程中发现的账存数与实存数的差异，应查明原因和性质，明确经济责任，依据有关法令、制度规定，实事求是的提出处理意见，报经有关部门批准后处理。

对财产清查中发现的各项差异，会计上应分两步进行账务处理。

(1) 将已查明的财产盘盈、盘亏或毁损，根据有关原始凭证，编制记账凭证，并据以登记账簿，使各项财产的账存数与实存数完全一致。为此，企业应设置“待处理财产损溢”账户，核算和监督企业在财产清查中发现的各种财产物资的盘盈、盘亏和毁损。该账户的借方登记各种财产物资的盘亏、毁损及企业按规定程序批准的盘盈转销数；贷方登记各种财产物资的盘盈数及按规定程序批准的盘亏毁损转销数。该账户期末余额具有不确定性，如为贷方余额，反映尚未处理的各项财产物资盘盈数；如为借方余额，反映尚未处理的各项财产物资的盘亏或毁损数。

(2) 根据盘盈盘亏的性质和原因，依企业管理权限，经股东大会、董事会、经理厂长会议或类似机构批准后，按照有关财务会计制度的规定，在期末结账前处理完毕。

具体来说，对财产清查中发现的流动资产的盘盈，应冲减本期的管理费用，或转作营业外收入；对固定资产的盘盈，应作为前期差错处理，通过“以前年度损益调整”账户核算；对于确实无法支付给债权人的应付款项，应转作企业的资本公积。

对财产清查中发现的流动资产的盘亏，属于自然损耗产生的定额内合理损耗，应计入企业本期的管理费用；能确定过失人的，应由过失人负责赔偿，属于保险责任范围的应向保险公司索赔，赔偿和索赔的部分计入其他应收款。如另有残料价值，计入原材料等。扣除过失人赔偿、保险公司赔款和残料价值后的部分，应计入企业本期的管理费用。属于非常损失造成的实物资产的毁损，扣除保险公司赔款和残料价值后的部分，计入企业本期的营业外支出。对于固定资产的盘亏，应计入企业本期的营业外支出。对于确实无法收回的应收账款，应冲减已经提取的坏账准备。

知识窗

“待处理财产损溢”账户，就其核算的内容看，具有盘盈和盘亏两种截然不同的性质。核算内容的双重性决定了该账户是一个双重性质账户。

2. 库存现金盘点结果的账务处理。库存现金的盘盈，即现金溢余；库存现金的盘亏，即现金短缺。

现金溢余或现金短缺，应首先在“待处理财产损溢”账户中核算。现金溢余登记到“待处理财产损溢”账户的贷方，现金短缺登记到“待处理财产损溢”账户的借方。按管理权限报经批准后，分别以下情况处理：如为现金短缺，属于应由责任人赔偿的部分，计入其他应收款；属于无法查明的其他原因，计入管理费用。如为现金溢余，属于应支付给有关人员或单位的，计入其他应付款；属于无法查明原因的，计入营业外收入。

【例 10-1】 西南铝业股份有限公司在库存现金清查中发现长款（盘盈）200元。经反复核查未查明原因，经批准转作企业的营业外收入。

①首先，对发现的库存现金盘盈调整账簿记录，做到账实相符。编制的会计分录为：

借：库存现金 200

　　贷：待处理财产损溢 200

②然后，经批准后转作企业的营业外收入，对盘盈进行转销。编制的会计分录为：

借：待处理财产损溢 200

　　贷：营业外收入 200

【例 10-2】 西南铝业股份有限公司在库存现金清查中发现短款（盘亏）300元。经查明，属于出纳员的保管责任，应由出纳员赔偿。

①首先，对发现的库存现金盘亏调整账簿记录，做到账实相符。编制的会计分录为：

借：待处理财产损溢 300

贷：库存现金　　300

②经批准后，由出纳员赔偿。编制的会计分录为：

借：其他应收款　　300

贷：待处理财产损溢　　300

二、银行存款的清查

银行存款是指企业存放在银行存款账户中的货币资金。

（一）银行存款的清查方法

银行存款的清查采用的是账目核对法，即将本单位的银行存款日记账与开户银行转来的对账单进行逐笔核对，以查明双方记录是否相符。如果核对结果不一致，可能是双方记账出现了差错。如果排除了双方记账出错的可能性，则可能是因为未达账项的存在而造成了双方记录的不同。当存在未达账项时，应编制“银行存款余额调节表”进行调节，对其进行清理。

所谓未达账项是指企业与其开户银行之间一方已经入账，而另一方因尚未收到有关凭证而未登记入账的款项。比如，企业委托其开户银行向客户收取款项。银行已收到了款项，并已存入企业的存款户，开给企业的收款通知也已发出，但尚未到达企业。这时就会产生银行已收款记账，而企业因没有收到银行发来的收款通知凭证，而尚未登记“银行存款日记账”的未达账项。

延伸阅读

银行“对账单”实际上是银行对企业在银行存放的货币资金的收支和结余情况详细的书面记录。在正常情况下，银行“对账单”与企业开设的“银行存款日记账”的登记情况应当是一致的。即对于企业在银行存放的货币资金的每一项收入或支出，双方都应毫无遗漏地进行登记，反映的收支事项相同，增加变动的金额应当相等，增加变动的结果，即余额也应当是相等的。但是，当存在未达账项时，则余额不再相等，企业和银行双方将登记的情况定期或不定期的进行相互核对，借以确认双方记录的完整性和准确性。

知识窗

银行所开设的“企业存款”账户属于银行用以反映其资金来源的账户，该账户的基本结构是：在贷方登记增加数（企业存入数），在借方登记减少数（企业支用数），有余额在贷方。

（二）未达账项的四种情形

第一种，企业已收款记账，银行因尚未收到有关凭证而未收款记账。如企业将收到的购货方用转账支票的销货款存入银行，而银行尚未办理记账手续。

第二种，企业已付款记账，银行因尚未收到有关凭证而未付款记账。如企业开出转账支票支付购货款，企业已记银行存款减少，但银行尚未收到该支票，未记录企业银行存款的减少。

第三种，银行已收款记账，企业因尚未收到有关凭证而未收款记账。如银行代企业收到某购货企业汇来的购货款，银行已记其存款增加，但企业尚未收到银行的收款通知，因而未入账。

第四种，银行已付款记账，企业因尚未收到有关凭证而未付款记账。如银行代企业支付了水电费，银行已入账，但企业尚未收到银行的付款通知，因而未入账。

由于未达账项造成的双方账面上的差异并不是记账错误，因此，在进行银行存款清查时，为了了解银行存款的准确余额，查明双方记账是否有误，就必须排除未达账项的影响。清理未达账项的工作是通过编制“银行存款余额调节表”来进行的。

“银行存款余额调节表”的编制方法是：先将双方调整前的账面余额分为两方，再各自补上对方已经入账而本方尚未入账的金额，然后验证经过调节以后的双方账面余额是否相符。即经过调节后，如果双方记账没有发生差错，则下面的公式应该是成立的：

企业银行存款日记账余额 + 银行已收企业未收的款项 – 银行已付企业未付的款项 = 银行对账单余额 + 企业已收银行未收的款项 – 企业已付银行未付的款项

延伸阅读

未达账项的四种情况都会造成企业与银行存款余额不符。第一、四两种情况，会使企业银行存款日记账余额大于银行的企业存款户余额；第二、三两种情况，则正好相反，会使银行的企业存款户余额大于企业银行存款日记账余额。

【例 10 – 3】 西南铝业股份有限公司银行存款日记账月末余额为 182 400 元，银行对账单同期余额为 211 400 元，经逐笔核对，发现有以下四笔未达账项：

①企业将月末收到的转账支票 36 000 元，送存银行，企业已记账而银行尚未入账；

②企业开出现金支票 7 000 元，持票人尚未到银行办理取款手续；

③企业委托银行代收外地销货款 64 000 元，银行已入账而企业尚未收到收款通知；

④银行代企业支付水电费 6 000 元，但企业尚未收到付款通知。

根据上述资料，编制“银行存款余额调节表”，如表 10 – 1 所示。

表 10－1　　银行存款余额调节表

项　目	金　额	项　目	金　额
企业银行存款日记账余额	182 400	银行对账单余额	211 400
加：银行已收企业未收	64 000	加：企业已收银行未收	36 000
减：银行已付企业未付	6 000	减：企业已付银行未付	7 000
调节后的存款余额	240 400	调节后的存款余额	240 400

【例 10－4】 西南铝业股份有限公司 2007 年 12 月 31 日“银行存款——工行存款”日记账余额为：2 103 000元，提供的对账单余额为：2 378 400元。

2007 年 12 月 31 日的工行存款余额调节表如表 10－2 所示：

表 10－2　　2007 年 12 月 31 日工行存款余额调节表

企业银行存款账户	金　额	银行提供的对账单	金　额
日记账余额	2 103 000	对账单余额	2 378 400
加：银收企未收		加：企收银未收	
07.12.30 收补贴款（19597）	100 000		
减：银付企未付		减：企付银未付	
07.12.31 扣手续费（08427）	100	07.12.29 预付货款（20980）	175 500
调节后的余额	2 202 900	调节后的余额	2 202 900

企业根据 2008 年 1 月发生的部分经济业务登记“银行存款——工行存款”日记账如表 10－3 所示：

表 10－3　　银行存款——工行存款日记账

2008 年		凭证号	摘　要	借　方	贷　方	借/贷	余　额
月	日						
01	01		期初余额			借	2 103 000
	01	收 1	收财政补贴（其他 19597）	100 000		借	2 203 000
	01	付 1	付上年手续费（其他 08427）		100	借	2 202 900
	01	付 2	付到期商业汇票（商业汇票 01547）		100 000	借	2 102 900
	02	付 3	付购计算机款（支票 20981）		16 000	借	2 086 900
	05	收 2	收出售计算机款（10478）	6 000		借	2 092 900
	05	付 4	付税金（支票 20982）		36 600	借	2 056 300
	08	付 5	付办公楼装修费（支票 20983）		10 000	借	2 046 300
	10	付 6	提现（支票 10825）		42 601.84	借	2 003 698.16
	15	收 3	收回前欠货款（支票 10485）	579 150		借	2 582 848.16
	16	收 4	收回投资（其他 06423）	16 500		借	2 599 348.16
	17	付 7	付广告费（支票 20984）		9 900	借	2 589 448.16
	18	收 5	收销售商品款（其他 06424）	292 500		借	2 881 948.16

2008 年 1 月的工行对账单如表 10－4 所示：

表 10－4　　2008 年 1 月工行对账单

月	日	结算方式	结算号	借　方	贷　方	借/贷	余　额
01	01	上期结存				贷	2 378 400
	01	支票	20980	175 500		贷	2 202 900
	02	商业汇票	01547	100 000			2 102 900
	03	支票	20981	16 000			2 086 900
	07	…	20982	36 600			2 050 300
	08	…	10478		6 000		2 056 300
	09		20983	10 000			2 046 300
	10		10825	42 601.84			2 003 698.16
	19	其他	06423		16 500		2 020 198.16
	20		06424		292 500		2 312 698.16
	28		19598		117 000		2 429 698.16
	31		08428	150			2 429 548.16

要求：进行银行对账，并根据对账结果编制“银行存款余额调节表”。

该企业应按以下步骤进行：

①根据日记账、2007 年 12 月 31 日的余额调节表、2008 年 1 月银行提供的对账单逐笔进行银行对账。对上账的作★标记。

企业银行存款账户	金　额	银行提供的对账单	金　额
日记账余额	2 103 000	对账单余额	2 378 400
加：银收企未收		加：企收银未收	
★07.12.30 收补贴款（19597）	100 000		
减：银付企未付		减：企付银未付	
★07.12.31 扣手续费（08427）	100	★07.12.29 预付货款（20980）	175 500
调节后的余额	2 202 900	调节后的余额	2 202 900

银行存款——工行存款日记账

2008 年		凭证号	摘　要	借　方	贷　方	借/贷	余　额
月	日						
01	01		期初余额			借	2 103 000
★	01	收 1	收财政补贴（其他 19597）	100 000		借	2 203 000
★	01	付 1	付上年手续费（其他 08427）		100	借	2 202 900
★	01	付 2	付到期商业汇票（商业汇票 01547）		100 000	借	2 102 900
★	02	付 3	付购计算机款（支票 20981）		16 000	借	2 086 900

续表

2008年		凭证号	摘　　要	借　方	贷　方	借/贷	余　额
月	日						
★	05	收2	收出售计算机款（10478）	6 000		借	2 092 900
★	05	付4	付税金（支票20982）		36 600	借	2 056 300
★	08	付5	付办公楼装修费（支票20983）		10 000	借	2 046 300
★	10	付6	提现（支票10825）		42 601.84	借	2 003 698.16
	15	收3	收回前欠货款（支票10485）	579 150		借	2 582 848.16
★	16	收4	收回投资（其他06423）	16 500		借	2 599 348.16
	17	付7	付广告费（支票20984）		9 900	借	2 589 448.16
★	18	收5	收销售商品款（其他06424）	292 500		借	2 881 948.16

工商银行对账单

月	日	结算方式	结算号	借　方	贷　方	借/贷	余　额
01	01	上期结存				贷	2 378 400
★	01	支票	20980	175 500		贷	2 202 900
★	02	商业汇票	01547	100 000			2 102 900
★	03	支票	20981	16 000			2 086 900
★	07	…	20982	36 600			2 050 300
★	08	…	10478		6 000		2 056 300
★	09		20983	10 000			2 046 300
★	10		10825	42 601.84			2 003 698.16
★	19	其他	06423		16 500		2 020 198.16
★	20		06424		292 500		2 312 698.16
	28		19598		117 000		2 429 698.16
	31		08428	150			2 429 548.16

②根据对账结果，编制银行存款余额调节表，消除未达账项的影响。

企业银行存款账户	金　额	银行提供的对账单	金　额
日记账余额	2 881 948.16	对账单余额	2 429 548.16
加：银收企未收		加：企收银未收	
	117 000	收回前欠货款（支票10485）	579 150
减：银付企未付		减：企付银未付	
	150	付广告费（支票20984）	9 900
调节后的余额	2 998 798.16	调节后的余额	2 998 798.16

教学互动

要求同学列举四种未达账项的情形，并对其进行分析，指出各种情形应如何在银行存款余额调节表中进行调节。

请注意：未达账项并非错账、漏账，“银行存款余额调节表”对未达账项的调节只起到对账作用，不能据以调整账簿记录，未达账项的登记必须在取得有关凭证以后才可以进行。在银行存款余额调节表中，双方调节后的相等数额，在双方记账无误的情况下，即为企业目前在银行实际结存的存款。

第三节　其他资产的清查与处理

一、实物资产的清查

实物资产是指企业所拥有的具有实物形态的各种资产，包括原材料、包装物、在产品、产成品和固定资产等。

（一）实物资产清查方法

实物资产的清查所采用的基本方法是实地盘点法，即先通过对各种实物资产进行盘点确定其实有数，并将实有数与记录这些实物资产的账户的余额进行核对，以查明其账实是否相符。清查时，应根据实物资产的各自特点，采用相应的清查方法：对于数量大、无法逐一清点的实物，如露天堆放的煤炭、沙石等，可采用测量体积等技术推算法；对于大量而价值低的实物，可采用抽样盘点的方法；对于委托外单位加工或保管的实物资产可以采用向对方发函询证的方法进行确定。清查过程中，实物保管人员和盘点人员应同时到场，以明确经济责任。

在清查实物后，应将盘点结果如实登记在“盘存单”上，并由盘点人员和实物保管人员签字盖章。“盘存单”用于记录实物盘点结果，反映实物资产的实有数量与质量。

为检查盘点结果与账面结存数是否一致，还应根据“盘存单”和有关账簿记录编制“账存实存对比表”。该表是进行实物资产清查结果处理、调节账面记录的原始凭证。“账存实存对比表”的格式如表 10－5 所示：

表 10－5　　实存账存对比表

财产类别：　　　　年　月　日

编号	名称及规格	计量单位	单价	账存		实存		盘亏		盘盈		备注
				数量	金额	数量	金额	数量	金额	数量	金额	

会计主管签章：　　　　　　　　编表人签章：

（二）实物资产清查结果的账务处理

不同实物资产清查结果的账务处理过程略有不同。

1. 存货清查结果的账务处理。为了反映企业在财产清查中查明的各种存货的盘盈、盘亏情况，企业应当在“待处理财产损溢”账户的借方登记存货的盘亏金额及盘盈的转销金额，贷方登记存货的盘盈金额及盘亏的转销金额。在按管理权限报经批准后，盘盈的存货应作冲减管理费用处理；盘亏的存货，如有残料价值，记入“原材料”账户，如有保险公司和过失人的赔款，记入“其他应收款”账户，扣除残料价值和应由保险公司、过失人赔款后的净损失，属于一般经营损失的部分，记入“管理费用”账户，属于非常损失的部分，记入“营业外支出”账户。

【例 10－5】 西南铝业股份有限公司在对存货的清查中发现盘盈 A 材料 1 000 公斤，实际单位成本 20 元，经查属于材料收发计量方面的错误。

①对发现的材料盘盈首先应调整账簿记录，做到账实相符。编制的会计分录为：

借：原材料——A 材料　　20 000

　　贷：待处理财产损溢　　20 000

②经批准冲减管理费用。编制的会计分录为：

借：待处理财产损溢　　20 000

　　贷：管理费用　　20 000

【例 10－6】 西南铝业股份有限公司在财产清查中发现盘亏 B 材料 200 公斤，实际单位成本 30 元，经查属于非常事故造成的材料毁损。

①对发现的材料盘亏首先应调整账簿记录，做到账实相符。编制的会计分录为：

借：待处理财产损溢　　6 000

　　贷：原材料——B 材料　　6 000

②经批准计入企业的营业外支出。编制的会计分录为：

借：营业外支出　　6 000

　　贷：待处理财产损溢　　6 000

【例 10－7】 西南铝业股份有限公司在财产清查中发现盘亏 C 材料一批，实际成本为 3 000 元，经查属于材料保管员的过失造成的，按规定由其个人赔偿 2 000 元，残料已验收入库，价值 200 元。（暂不考虑增值税）

①对发现的材料盘亏首先应调整账簿记录，做到账实相符。编制的会计分录为：

借：待处理财产损溢　　3 000

　　贷：原材料——C 材料　　3 000

②经批准后，应区别不同情况进行处理。

应由过失人赔偿 2 000 元，编制的会计分录为：

借：其他应收款——某责任人　　2 000

贷：待处理财产损溢　　　　　　　　　　　　2 000

残料验收入库作价 200 元，编制的会计分录为：

借：原材料——某残余材料　　　　　　　200

　　贷：待处理财产损溢　　　　　　　　　　200

材料盘亏净损失应记入管理费用，编制的会计分录为：

借：管理费用　　　　　　　　　　　　　800

　　贷：待处理财产损溢　　　　　　　　　　800

2. 固定资产清查结果的账务处理。企业在财产清查中盘盈的固定资产，作为前期差错处理。在按管理权限报经批准处理前应先通过“以前年度损益调整”账户核算，按相关规定确定固定资产的入账价值，借记“固定资产”科目，贷记“以前年度损益调整”账户。

企业在财产清查中盘亏的固定资产，按盘亏固定资产的账面价值，借记“待处理财产损溢”账户，按已计提的累计折旧，借记“累计折旧”账户，按固定资产的原价，贷记“固定资产”账户。根据管理权限报经批准后处理时，按可收回保险赔偿或过失人赔偿，借记“其他应收款”账户，按应计入营业外支出的金额，借记“营业外支出”账户，贷记“待处理财产损溢”账户。

【例 10－8】 西南铝业股份有限公司在财产清查中发现短缺一台设备，原价 1 万元，已计提累计折旧 6 000 元。

①对发现的固定资产盘亏首先应调整账簿记录，做到账实相符。编制的会计分录为：

借：待处理财产损溢　　　　　　　　　4 000

　　累计折旧　　　　　　　　　　　　6 000

　　贷：固定资产　　　　　　　　　　　　10 000

②经批准转作企业的营业外支出。编制的会计分录为：

借：营业外支出　　　　　　　　　　　4 000

　　贷：待处理财产损溢　　　　　　　　　4 000

延伸阅读

提取固定资产折旧是贷记“累计折旧”账户，属于折旧的增加。当固定资产盘亏或已达到使用寿命进行清理时，一方面应将固定资产原值从“固定资产”账户转销掉；另一方面该项固定资产已提折旧也应一并转销，借记“累计折旧”账户。

二、往来款项的清查

往来款项是指各种应收、应付、预收、预付款项。

（一）往来款项的清查方法

往来款项的清查一般采用询证核对法。企业在所记账目正确完整的基础上，开具“往来款项对账单”送交对方，与债务人或债权人单位进行核对。对方单位若核对相符，应在回单上盖章后退回；如有不符，将情况在回单上注明，并将对账单退回，作为进一步核对的依据。

往来款项清查的结果应编制“往来款项清查表”，表中填列各项债权、债务的金额及清查结果的说明等。

延伸阅读

在对往来款项清查中，也会出现“未达账项”的情况，需要对“未达账项”进行调整，其调节表的编制方法与银行存款余额调节表的编制方法相同。

（二）往来款项清查结果的账务处理

往来款项清查结果的账务处理包括应收款项清查结果的账务处理和应付款项清查结果的账务处理两个方面。

1.应收款项清查结果的账务处理。应收款项的清查主要有两种结果：一是在同对方对账以后，对方承认所欠款项。对于这种情况在会计上不需要进行账务处理。二是在与对方对账以后，对方不承认所欠款项，或对方单位根本就已经不存在了。在这种情况下，对方所欠款项就有可能部分收不回来，或全部收不回来，因此会对企业造成损失，这在会计上叫做坏账损失。对于在财产清查中已经确认的坏账损失，需要进行账务处理。

企业对发生的坏账损失应采用备抵法进行处理。所谓备抵法是指按期（一般在每年年末）估计可能发生的坏账损失，按照应收款项的一定比例提取坏账准备，当某一笔应收款项全部或部分被确认为坏账时，根据坏账金额冲减坏账准备的一种方法。

采用备抵法对坏账损失进行处理时，应设置“坏账准备”账户。“坏账准备”账户属于资产类账户，用来核算企业坏账准备的提取和转销情况。该账户贷方登记按照规定的办法提取的坏账准备（增加数），借方登记已经确认的坏账损失冲销坏账准备数（减少数）。该账户期末余额具有不确定性，如为借方余额，反映企业多冲销的坏账准备数；如为贷方余额，反映企业多提取的坏账准备数。但在年末，通过补提或冲销后，该账户应为贷方余额。

延伸阅读

“坏账准备”账户是一个结构特殊的账户。它虽然属于资产类账户，但由于核算内容不同于一般资产，该账户一般是先有贷方发生额（先提取），后有借方发生额（后转销）。另外，该账户的余额方向在年度内各个月份中也具有不确定性。

知识窗

对应收款项的清查结果不通过“待处理财产损溢”账户，而是经批准后，在“坏账准备”账户中直接进行核算。

【例 10－9】 西南铝业股份有限公司从 2007 年起，采用应收账款余额百分比法提取坏账准备，提取的比例为 5‰。当年年末应收账款余额为 80 万元。假设“坏账准备”账户年初余额为零。

①当年应提取的坏账准备为：

800 000 元 × 5‰ = 4 000（元）

②对于提取的坏账准备，编制的会计分录为：

借：资产减值损失　　4 000

　　贷：坏账准备　　4 000

【例 10－10】 西南铝业股份有限公司在 2007 年 6 月 18 日的财产清查中，确认有 500 元的款项已确实无法收回。经批准，作为坏账损失转销。

编制的会计分录为：

借：坏账准备　　500

　　贷：应收账款——某单位　　500

2. 应付款项清查结果的账务处理。对于在应付款项的清查中需要进行账务处理的，主要是由于企业的债权单位已经撤销等原因，致使企业无法支付给对方的应付款项。按照规定，企业确实无法支付的应付款项，经批准应转作营业外收入，直接记入“营业外收入”账户。

【例 10－11】 西南铝业股份有限公司 2007 年 6 月在财产清查中，确认有 3 000 元应付款项确实无法偿还给对方。经批准转作企业的营业外收入。

编制的会计分录为：

借：应付账款——某单位　　3 000

　　贷：营业外收入　　3 000

延伸阅读

对应付账款清查结果的账务处理也不通过“待处理财产损溢”账户，在发现之后暂不做账务处理，而是经批准后直接借记“应付账款”账户，贷记“营业外收入”账户。

本章小结

为保障会计信息真实性，企业应该建立会计内部控制制度。而财产清查是会计内部控制制度的重要组成部分。

财产清查是根据账簿记录，对企业的货币资金、存货、固定资产和往来款项等进行盘点或核对，查明各项财产的实际结存数与账面结存数是否相符的一种专门方法。财产清查的内容不同，采用的清查方法也有所不同。对库存现金和各种实物资产一般采用实地盘点法进行清查；对银行存款一般采用与银行“对账单”核对的方法进行清查；对往来款项一般采用“询证核对法”进行清查。

对在财产清查中发现的盘盈或盘亏，应按照有关财务会计制度的规定进行处理。处理的步骤主要是：调整账簿记录，做到账实相符，同时将清查结果在专门账户中加以记录，以待处理；报经批准后，根据批准意见编制记账凭证登记入账，将待处理的盘盈和盘亏转销。对财产清查结果进行处理时，可能会用到“待处理财产损溢”账户。该账户是一个双重性质账户。

关键词（中英文对照）

内部控制	internal control
内部会计控制	internal accounting control
财产清查	property checking
未达账项	account in transit
盘点	inventory taking
银行存款余额调节表	bank reconciliation statement
待处理财产损溢	surplus and loss in suspense

自 测 题

一、单项选择题

1. 财产物资的盘存制度是(　　)。

A. 权责发生制　　B. 收付实现制

C. 永续盘存制和实地盘存制　　D. 应计制和现金制

2. 财产物资的盘盈是指(　　)。

A. 账存数大于实存数　　B. 实存数大于账存数

C. 由于记账差错多记的金额　　D. 由于记账差错少记的金额

3. 库存现金清查的基本方法是(　　)。

A. 技术推算法　　B. 实地盘点法

C. 抽样盘存法　　D. 函证核对法

4. 在“银行存款余额调节表”上表明企业可以动用存款数的指标是(　　)。

A. 银行已收企业未收款项　　B.“银行存款日记账”余额

C. 银行“对账单”余额　　D. 调节以后的存款余额

5. 往来款项清查一般采用(　　)。

A. 实地盘点法　　B. 函证核对法

C. 技术推算法　　D. 实地盘存制

二、多项选择题

1. 与外单位核对账目的方法适用于(　　)。

A. 现金的清查　　B. 银行存款的清查

C. 往来款项的清查　　D. 材料的清查

E. 固定资产的清查

2. 全面清查，一般是在(　　)时进行。

A. 年终　　B. 季终

C. 月终　　D. 单位撤消、合并或改变隶属关系

3. 下列表单中，可作为货币资金和实物资产清查结果处理的原始凭证有(　　)。

A. 现金盘点报告表　　B. 财产物资盘存单

C. 银行存款余额调节表　　D. 银行对账单

E. 账存实存对比表

4. 从企业的角度看，未达账项的情形有(　　)。

A. 企业已收银行未收款项　　B. 银行已收企业未收款项

C. 企业已付银行未付款项　　D. 银行已付企业未付款项

E. 银行与企业均未收付款项

5. 账目核对法一般适用于(　　)的清查。

A. 银行存款　　B. 银行借款

C. 材料物资　　D. 固定资产

三、判断题

1. 银行存款的清查，主要是将银行存款日记账与总账进行核对。　(　　)

2. 未达账款是造成企业银行存款日记账与银行对账单余额不等的唯一原因。　(　　)

3. 对在财产清查中发现的盘盈和盘亏只有经批准才能调整账簿记录。　(　　)

4. 财产清查结果的账务处理都必须通过“待处理财产损溢”账户进行核算。　(　　)

5. 财产清查就是指对各种实物资产的清查。　(　　)

四、业务练习题

某企业 2007 年 9 月 30 日银行存款日记账余额为 54 000 元，银行转来对账单余额为 83 000 元。经逐笔核对，发现以下未达账项：

1. 企业送存转账支票 60 000 元，并已登记银行存款增加，但银行尚未记账。

2. 企业开出转账支票 45 000 元，但持票单位尚未到银行办理转账，银行尚未记账。

3. 企业委托银行代收某公司购货款 48 000 元，银行已收妥并登记入账，但企业未收到收款通知，尚未记账。

4. 银行代企业支付电话费 4 000 元，银行已登记企业存款减少，但企业未收到银行付款通知，尚未记账。

要求：根据以上资料，编制“银行存款余额调节表”。

第十一章

会计信息的输出

学习提示

会计信息的输出是会计核算的最终环节，编制财务会计报告是会计核算方法体系中的一项专门方法。通过前面章节的学习，可以清楚地看到会计核算方法之间的相互联系，通过编制会计凭证，记录有用的会计信息，并将其登记在会计账簿中；同时通过财产清查等方法，保障会计信息的真实和完整。会计信息输出的主要形式是编制财务会计报告，它是建立在填制会计凭证、登记账簿、财产清查、账项调整等环节的基础之上的。

本章主要介绍会计信息输出的形式，重点讲述了财务会计报告的概念、分类和编制要求；资产负债表的概念、结构、作用及其编制方法；利润表的概念、结构、作用及其编制方法。

学习时要注意把握编制会计报表的数据主要是来源于会计账簿，了解财务会计报告输出的形式，财务会计报告的使用者及财务会计报告的作用；资产负债表是反映企业一定日期财务状况的报表，利润表是反映企业一定期间经营成果的报表。

建议观看会计职业情景动画演示：1101 结账，1102 资产负债表，1103 利润表，1104 怎样利用财务会计报告。

第一节　会计信息输出的形式与内容

一、会计信息输出的形式

企业通过设置和登记会计账簿，全面、连续、系统地记录和计算经济业务，进行日常会计核算工作。但是会计账簿提供的会计信息不能充分反映企业经济业务的全貌，同时，它们分散记录于各个账户中，不能清晰地反映各经济指标间的内在联系，而且，企业的账簿也不便于会计部门以外的其他职能部门使用，更无法将账簿提供给企业外部的有关部门或人员使用。因此，在日常的会计工作中还必须通过根据账簿提供的资料，编制财务会计报告，向其使用者提供反映企业财务状况、经营成果和现金流量等有关方面的会计信息，反映企业管理层受托责任的履行情况，有助于财务会计报告使用者作出决策。

想一想：

谁会关心并使用企业的财务会计报告?

二、财务会计报告的意义和内容

财务会计报告是企业对外提供的反映企业某一特定日期的财务状况和某一会计期间的经营成果、现金流量等会计信息的书面文件。

财务会计报告包括会计报表和其他应当在财务会计报告中披露的相关信息和资料。一套完整的会计报表至少应当包括资产负债表、利润表、现金流量表、所有者权益变动表以及会计报表附注。

资产负债表、利润表和现金流量表分别从不同角度反映企业的财务状况、经营成果和现金流量。资产负债表是反映企业在某一特定日期的财务状况的会计报表；利润表是反映企业在一定会计期间的经营成果的会计报表；现金流量表是反映企业在一定会计期间的现金和现金等价物流入和流出的会计报表。

所有者权益变动表是反映构成所有者权益的各组成部分当期的增减变动情况的会计报表。企业的净利润及其分配情况是所有者权益变动的组成部分，相关信息已经在所有者权益变动表及其附注中反映，企业不需要再单独编制利润分配表。

会计报表附注是对在资产负债表、利润表、现金流量表以及所有者权益变动表等报表中列示项目的文字描述或明细资料，以及对未能在这些报表中列示项目的说明等。

三、财务会计报告的分类

企业财务会计报告按编报时间分为年度、半年度、季度和月度财务会计报告。

年度财务会计报告又称年报，是指年度终了对外提供的财务会计报告。半年度财务会计报告是指在每个会计年度的前六个月结束后对外提供的财务会计报告，又称中报。季度、月度财务会计报告是指季度、月度终了提供的财务会计报告，又称季报和月报。

月度、季度和半年度财务会计报告统称中期财务会计报告。

中期财务会计报告至少应当包括资产负债表、利润表、现金流量表、所有者权益变动表和会计报表附注。

四、财务会计报告的作用

企业编制财务会计报告的目标，是向财务会计报告使用者提供与企业财务状况、经营成果和现金流量有关的会计信息，反映企业管理层受托责任的履行情况，有助于财务会计报告使用者作出经济决策。其作用主要表现在：

1. 对编报企业来说，通过阅读、研究和分析财务会计报告，可以使管理层掌握本企业经济活动、财务收支和经营成果的全面情况，从报表的指标体系分析中，寻找本企业在生产经营活动中存在的问题和不足，以便正确地规划未来，进行经营决策，进一步挖掘提高经济效益的潜力。

2. 通过财务会计报告，股东（投资者）可以获得有关企业的盈利能力、资本结构和利润分配政策等方面的信息；债权人可以获得有关企业偿债能力的信息；政府及相关机构可获得有关企业的资源及其运用、分配方面的情况；企业职工可获得与职工福利相关的资料；社会公众可获得有关企业目前状况及其未来发展趋势等有关方面的信息。

五、财务会计报告的编制要求

为了发挥财务会计报告的作用，保证财务会计报告信息的质量，企业编制财务会计报告必须做到数字真实、计算准确、内容完整、编报及时和便于理解。

1. 数字真实。保证会计报表数字真实是会计核算的真实性原则决定的。为保证会计报表数字真实，企业在编制报表前应将本期发生的经济业务全部登记入账，不得为编制报表而提前结账或延迟结账。要认真对账和进行财产清查，保证账证相符、账账相符、账表相符和账实相符。此外，还应编制试算表对账簿的记录进行检验。

2. 计算准确。编制会计报表是在计算技术上要求比较高的一项工作。会计报表上的大部分项目的数字虽然来自于账簿所提供的发生额或余额，但并不都是简单抄录，有些数字要经过计算后，才能抄列在会计报表的有关项目中。因此，在编制会计报表时，在数字计算上必须做到准确无误。

3. 内容完整。各个会计报表上的项目构成了反映某一类经济内容的完善的指标体系，必须按会计制度的统一要求编制会计报表，不得漏编漏报会计报表，也不得漏填漏列会计报表中的项目。对会计报表中需要加以说明的问题，应在附注中用文字说明。

4. 报送及时。会计信息的基本特征是具有时效性，及时报送会计报表是会计核算的及时性原则决定的。对于需要报送的会计报表必须按照规定的期限及时编制、及时报送，以便报表使用者通过会计报表及时了解企业的财务状况、经营成果和现金流量等的有关信息，及时进行经济决策。

5. 便于理解。财务会计报告需要加以说明的问题，应附有简要的文字说明，对其中主要指标的构成和计算方法，报告期内发生的特殊情况，如经营范围的变化、对报告期经济效益影响较大的各种因素等都加以说明，以便使用者理解。

第二节 资产负债表

一、资产负债表概述

资产负债表是反映企业在某一特定日期的财务状况的会计报表。

上述定义中强调的“特定日期”是指一定会计期间的某一个时日，一般是指会计期间（月度、季度、半年度、年度等）的最后一天。因为，根据资金运动的基本原理，对于持续经营的企业来说，资金的运动是不会停止下来的，这种运动在每一个时点上都会呈现出其特有的状态，编制资产负债表就是揭示资金运动在某一个时点上的状况，即对企业的财务状况进行反映。

资产负债表是根据“资产 = 负债 + 所有者权益”这一会计公式，依照一定的分类标准和次序，将企业在某一特定日期的资产、负债和所有者权益项目进行排列，并根据其有关账户的期末余额编制而成的。

二、资产负债表的内容和结构

（一）资产负债表的内容

资产负债表是专门用来反映企业的财务状况，主要反映以下三方面内容：

1. 资产。资产应当按照流动资产和非流动资产两大类别在资产负债表中列示，在流动资产和非流动资产类别下再进一步按其性质分项列示。

资产负债表中列示的流动资产项目通常包括：货币资金、交易性金融资产、应收票据、应收账款、预付款项、应收利息、应收股利、其他应收款、存货和一年内到期的非流动资产等。

资产负债表中列示的非流动资产项目通常包括：长期股权投资、固定资产、在建工程、工程物资、固定资产清理、无形资产、开发支出、长期待摊费用以及其他非流动资产等。

2. 负债。负债应当按照流动负债和非流动负债在资产负债表中进行列示，在流动负债和非流动负债类别下再进一步按其性质分项列示。

资产负债表中列示的流动负债项目通常包括：短期借款、应付票据、应付账款、预收款项、应付职工薪酬、应交税费、应付利息、应付股利、其他应付款、一年内到期的非流动负债等。

非流动负债项目通常包括：长期借款、应付债券和其他非流动负债等。

3. 所有者权益。所有者权益是企业资产扣除负债后的剩余权益，反映企业在某一特定日期股东（投资者）拥有的净资产的总额，它一般按照实收资本、资本公积、盈余公积和未分配利润分项列示。

（二）资产负债表的结构

将资产负债表的内容按一定顺序排列起来，就形成了资产负债表的结构。资产负债表的结构一般有报告式和账户式两种。

1. 报告式资产负债表。报告式资产负债表又称垂直式资产负债表。它依据“资产 - 负债 = 所有者权益”的会计等式，将资产、负债和所有者权益项目采用垂直分列的形式排列于表格的上下。上方首先列示资产类各个项目，然后扣减负债类项目，最后列示所有者权益项目。这种格式的特点是突出地反映了企业的净资产，以便向企业的所有者报告他们在企业中所拥有的权益，故称报告式。其格式如表 11 - 1 所示：

表 11－1　　资 产 负 债 表

编制单位：　　年　月　日　　单位：元

资产： 流动资产 非流动资产 资产总计
减：负债 流动负债 非流动负债 负债合计
所有者权益： 实收资本 资本公积 盈余公积 未分配利润 所有者权益合计

2. 账户式资产负债表。账户式资产负债表又称平衡表。我国企业的资产负债表采用账户式结构。账户式资产负债表依据“资产 = 负债 + 所有者权益”的会计等式，分左右两方，左方为资产项目，按资产的流动性大小排列，流动性大的资产如“货币资金”、“交易性金融资产”等排在前面，流动性小的资产如“长期股权投资”、“固定资产”等排在后面。右方为负债及所有者权益项目，一般按要求清偿时间的先后顺序排列，“短期借款”、“应付票据”、“应付账款”等需要在一年以内或者长于一年的一个正常营业周期内偿还的流动负债排在前面，“长期借款”等在一年以上才需偿还的非流动负债排在中间，在企业清算之前不需要偿还的所有者权益项目排在后面。资产项目的总额与负债和所有者权益项目的总额相等，即资产负债表的左方和右方平衡，故称平衡式。这种格式的主要特点是突出地反映了资产、负债和所有者权益三个会计要素之间的内在联系，便于报表使用者通过对左右两边相关项目的比较，了解企业的财务状况及其变动趋势。账户式资产负债表的格式如表 11－2 所示：

表 11－2　　资 产 负 债 表

编制单位：　　年　月　日　　单位：元

资　　产	期末余额	年初余额	负债和所有者权益（或股东权益）	期末余额	年初余额
流动资产：			流动负债：		
货币资金			短期借款		
交易性金融资产			交易性金融负债		
应收票据			应付票据		
应收账款			应付账款		
预付款项			预收款项		
应收利息			应付职工薪酬		

续表

资　　产	期末余额	年初余额	负债和所有者权益（或股东权益）	期末余额	年初余额
应收股利			应交税费		
其他应收款			应付利息		
存货			应付股利		
一年内到期的非流动资产			一年内到期的非流动负债		
其他流动资产			其他应付款		
流动资产合计			其他流动负债		
非流动资产：			流动负债合计		
可供出售金融资产			非流动负债：		
持有至到期投资			长期借款		
长期应收款			应付债券		
长期股权投资			长期应付款		
投资性房地产			其他非流动负债		
固定资产			非流动负债合计		
在建工程			负债合计		
固定资产清理					
无形资产			所有者权益（或股东权益）：		
开发支出			实收资本（或股本）		
商誉			资本公积		
长期待摊费用			盈余公积		
其他非流动资产			未分配利润		
非流动资产合计			所有者权益（或股东权益）合计		
资产合计			负债和所有者权益(或股东权益)总计		

三、资产负债表的填制方法

资产负债表各项目均需填列“年初余额”和“期末余额”两栏。其中“年初余额”栏内各项数字，应根据上年末资产负债表的“期末余额”栏内所列数字填列，即将上年末资产负债表中“期末数”栏的数字按照对应关系直接抄入本年资产负债表的“年初余额”各相应行次。“期末余额”栏主要有以下几种填列方法：

1. 根据总账账户余额直接填列于资产负债表的相应项目中。如“交易性金融资产”、“短期借款”、“应付票据”、“应付职工薪酬”等项目，根据“交易性金融资产”、“短期借款”、“应付票据”、“应付职工薪酬”各总账账户的余额直接填列。

【例 11－1】 西南铝业股份有限公司 2007 年 12 月 31 日结账后的“交易性金融资产”账户余额为 20 万元。

该企业2007年12月31日资产负债表中的“交易性金融资产”项目金额为20万元。

2. 有些项目根据几个总账账户的期末余额计算填列，如“货币资金”项目，需根据“库存现金”、“银行存款”、“其他货币资金”三个总账账户的期末余额的合计数填列。

【例11－2】 西南铝业股份有限公司2007年12月31日结账后的“库存现金”账户余额为5 000元，“银行存款”账户余额为500万元，“其他货币资金”账户余额为100万元。

该企业2007年12月31日资产负债表中的“货币资金”项目金额为：

5 000＋5 000 000＋1 000 000＝6 005 000（元）

本例中，企业应当按照“库存现金”、“银行存款”、“其他货币资金”三个总账账户余额加总后的金额，作为资产负债表中“货币资金”项目的金额。

3. 根据明细账账户余额计算填列。如“应付账款”项目，需要根据“应付账款”和“预付账款”两个账户所属的相关明细账户的期末贷方余额计算填列；“应收账款”项目，需要根据“应收账款”和“预收账款”两个账户所属的相关明细账户的期末借方余额计算填列。

【例11－3】 西南铝业股份有限公司2007年12月31日结账后有关账户余额如表11－3所示：

表11－3

账户名称	借方余额	贷方余额
“应付账款”总账账户		76 000
“应付账款——A企业”		40 000
“应付账款——B企业”	24 000	
“应付账款——C企业”		60 000
“预付账款”总账账户	6 000	
“预付账款——D企业”	8 000	
“预付账款——E企业”		2 000

在这两个总账账户所属的明细账户的余额中，“应付账款——B企业”借方余额24 000元具有预付款的性质，就应与“预付账款”正常方向的余额一起填入资产负债表的“预付账款”项目。

想一想：

根据例11－3，如何填列资产负债表“预付账款”项目的金额。

4. 根据总账账户和明细账户余额分析计算填列。如“长期借款”项目，需要根据“长期借款”总账账户余额扣除“长期借款”账户所属的明细账户中将在一年内到期、且企业不能自主地将清偿义务展期的长期借款后的金额计算填列。

【例11－4】 西南铝业股份有限公司长期借款情况如表11－4所示：

表 11－4

借款起始日期	借款期限（年）	金额（元）
2007 年 1 月 1 日	5	1 000 000
2005 年 1 月 1 日	4	1 500 000
2004 年 3 月 1 日	3	2 000 000

该企业 2007 年 12 月 31 日资产负债表中“长期借款”项目金额为：

1 000 000＋1 500 000＝2 500 000（元）

本例中，企业应当根据“长期借款”总账账户余额 4 500 000（1 000 000＋1 500 000＋2 000 000）元，减去一年内到期的长期借款 200 万元，作为资产负债表中“长期借款”项目的金额，即 250 万元。将在一年内到期的长期借款 200 万元，应当填列在流动资产下“一年内到期的非流动资产”项目中。

5. 根据有关账户余额减去其备抵账户余额后的净额填列。如资产负债表中的“应收票据”、“应收账款”、“长期股权投资”、“在建工程”等项目，应当根据“应收票据”、“应收账款”、“长期股权投资”、“在建工程”等账户的期末余额减去“坏账准备”、“长期股权投资减值准备”、“在建工程减值准备”等账户余额后的净额填列。“固定资产”项目，应当根据“固定资产”账户的期末余额减去“累计折旧”、“固定资产减值准备”备抵账户余额后的净额填列；“无形资产”项目，应当根据“无形资产”账户的期末余额，减去“累计摊销”、“无形资产减值准备”备抵账户余额后的净额填列。

【例 11－5】 西南铝业股份有限公司 2007 年 12 月 31 日结账后“应收账款”账户所属各明细账户的期末借方余额合计 300 000 元，贷方余额合计 150 000元，对应收账款计提的坏账准备为 50 000 元，假定“预收账款”账户所属明细账户无借方余额。

该企业 2007 年 12 月 31 日资产负债表中的“应收账款”项目金额为：

300 000－50 000＝250 000 元

本例中，企业应当以“应收账款”账户所属明细账户借方余额 30 万元，减去对应收账款计提的坏账准备 5 万元后的金额，作为资产负债表“应收账款”项目的金额，即 25 万元。“应收账款”账户所属明细账户贷方余额，应与“预收账款”账户所属明细账户贷方余额加总，填列为“预收账款”项目。

【例 11－6】 西南铝业股份有限公司 2007 年 12 月 31 日结账后的“固定资产”账户余额为 200 万元，“累计折旧”账户余额为 10 万元，“固定资产减值准备”账户余额为 30 万元。

该企业 2007 年 12 月 31 日资产负债表中的“固定资产”项目金额为：

2 000 000－100 000－300 000＝1 700 000 元

本例中，企业应当以“固定资产”总账账户余额，减去“累计折旧”和“固定资产减值准备”两个备抵类总账账户余额后的金额，作为资产负债表中“固定资产”的项目金额。

6. 综合运用上述填列方法分析填列。如资产负债表中的“存货”项目，需要根据“原材料”、“委托加工物资”、“周转材料”、“材料采购”、“在途物资”、“发出商品”、“材料成本差异”等总账账户期末余额的分析汇总数，再减去“存货跌价准备”账户余额后的净额填列。

【例 11-7】 西南铝业股份有限公司采用计划成本核算材料，2007 年 12 月 31 日结账后有关账户余额为：“材料采购”账户余额为 15 万元（借方），“原材料”账户余额为 200 万元（借方），“周转材料”账户余额为 150 万元（借方），“库存商品”账户余额为 230 万元（借方），“生产成本”账户余额为 70 万元（借方），“材料成本差异”账户余额为 14 万元（贷方），“存货跌价准备”账户余额为 20 万元。

该企业 2007 年 12 月 31 日资产负债表中的“存货”项目金额为：

150 000 + 2 000 000 + 1 500 000 + 2 300 000 + 700 000 - 140 000 - 200 000 = 6 310 000 元

本例中，企业应当以“材料采购”、“原材料”、“周转材料”、“库存商品”、“生产成本”各总账账户余额加总后，加上或减去“材料成本差异”总账账户余额（若为贷方余额，应减去；若为借方余额，应加上），再减去“存货跌价准备”总账账户余额后的金额，作为资产负债表中“存货”项目金额。

【例 11-8】 西南铝业股份有限公司 2007 年 12 月 31 日有关资料如下：

(1) 账户余额表（表 11-5）

表 11-5

单位：元

账户名称	借方余额	贷方余额	账户名称	借方余额	贷方余额
库存现金	10 000		累计折旧		300 000
银行存款	59 000		在建工程	40 000	
应收票据	60 000		无形资产	150 000	
应收账款	80 000		短期借款		10 000
预付账款		30 000	应付账款		70 000
坏账准备		5 000	预收账款		10 000
原材料	70 000		应付职工薪酬	4 000	
周转材料——低值易耗品	10 000		应交税费		13 000
发出商品	90 000		长期借款		80 000
材料成本差异		55 000	实收资本		500 000
库存商品	100 000		盈余公积		200 000
固定资产	800 000		未分配利润		200 000

(2) 债权债务明细账户余额：

应收账款明细资料如下：

应收账款——A 公司借方余额 100 000 元

应收账款——B 公司贷方余额 20 000 元

预付账款明细资料如下：

预付账款——C公司借方余额20 000元

预付账款——D公司贷方余额50 000元

应付账款明细资料如下：

应付账款——E公司贷方余额100 000元

应付账款——F公司借方余额30 000元

预收账款明细资料如下：

预收账款——G公司贷方余额40 000元

预收账款——H公司借方余额30 000元

(3) 长期借款共两笔，均为到期一次性还本付息。金额及期限如下：

①从工商银行借入3万元（本利和），期限从2007年6月1日至2008年6月1日；

②从建设银行借入5万元（本利和），期限从2007年8月1日至2009年8月1日。

要求：编制西南铝业股份有限公司2007年12月31日的资产负债表。

根据以上资料，该企业2007年12月31日编制资产负债表如表11－6所示：

表11－6　　资 产 负 债 表

编制单位：西南铝业股份有限公司　　2007年12月31日　　单位：元

资　　产	期末余额	负债和所有者权益（或股东权益）	期末余额
流动资产：		流动负债：	
货币资金	69 000	短期借款	10 000
应收票据	60 000		
应收账款	125 000	应付账款	150 000
预付款项	50 000	预收款项	60 000
存货	215 000	应付职工薪酬	－4 000
流动资产合计	519 000	应交税费	13 000
非流动资产：		一年内到期的非流动负债	30 000
固定资产	500 000	流动负债合计	259 000
在建工程	40 000	非流动负债：	
无形资产	150 000	长期借款	50 000
		非流动负债合计	50 000
非流动资产合计	690 000	负债合计	309 000
		所有者权益（或股东权益）：	
		实收资本	500 000
		盈余公积	200 000
		未分配利润	200 000
		所有者权益合计	900 000
资产合计	1 209 000	负债和所有者权益总计	1 209 000

货币资金：100 00 + 59 000 = 69 000（元）.

应收账款：100 000 + 30 000 – 5 000 = 125 000（元）（应收账款项目由“应收账款”明细账户的借方余额和“预收账款”明细账户借方余额，扣除“坏账准备”账户余额后填列）

预付款项：20 000 + 30 000 = 50 000 元（预付账款项目由“预付账款”明细账户的借方余额和“应付账款”明细账户借方余额合并填列）

存货：70 000 + 10 000 + 90 000 – 55 000 + 100 000 = 215 000 元

应付账款：100 000 + 50 000 = 150 000 元（应付账款项目由“应付账款”明细账户的贷方余额和“预付账款”明细账户贷方余额合并填列）

预收款项：40 000 + 20 000 = 60 000 元（预收款项项目由“预收账款”明细账户的贷方余额和“应收账款”明细账户贷方余额合并填列）

一年内到期的非流动负债：30 000 元（从资料（3）分析，①属于一年内到期的非流动负债）

长期借款：80 000 – 30 000 = 50 000 元（扣除一年内到期的非流动负债填列）

四、资产负债表的作用

1. 资产负债表可以提供企业资产总额及其分布状况。通过编制资产负债表，可以提供企业在某一特定日期的资产总额，表明企业拥有的经济资源及其分布情况，是分析企业经营能力的主要资料。

2. 资产负债表可以反映企业负债总额及其构成状况。通过编制资产负债表，可以反映企业在某一特定日期的负债总额及其构成，表明企业未来需要用多少资产或劳务清偿债务。

3. 资产负债表可以反映企业所有者权益总额及其构成状况。通过编制资产负债表，能够清楚地表明各类投资者投入的资本在企业资产中所占的份额，了解所有者权益的构成情况。

4. 可以提供进行财务分析的数据资料。通过编制资产负债表，能够利用该表的有关资料计算反映企业资金的周转速度和资产负债率等指标，借以评价企业的偿债能力。

想一想：

资产负债表中项目编排的依据是什么？应满足哪些会计信息质量要求？

第三节 利 润 表

一、利润表概述

利润表是反映企业在一定会计期间的经营成果的会计报表。

上述定义中强调的“一定会计期间”是指一个时间过程。因为“利润表”中所列示的收入是在一定的会计期间内逐步实现的，所列示的费用也是在一定的会计期间内逐步产生的，收入和费用都是企业在一定时期内（如一年）多次发生额的累积。

利润表是根据“收入－费用＝利润”会计等式，依照一定的分类标准和次序，将企业一定时期内的收入、费用和利润项目适当排列，并根据损益类账户的本期发生额编制而成的。

利润表是专门用来反映企业的经营成果，主要反映以下内容：

1. 企业在一定时期内所取得的营业利润。它是由营业收入减去营业成本、营业税金及附加、销售费用、管理费用、财务费用、资产减值损失，加上公允价值变动收益（减去公允价值变动损失）和投资收益（减去投资损失）而得到的数额。

2. 利润总额。它是由营业利润加上营业外收入，减去营业外支出而得到的数额。

3. 净利润。它是由利润总额减去所得税费用而得到的数额。

4. 对于上市公司，还应列出每股收益的信息。

二、利润表的结构

利润表的结构主要有单步式和多步式两种。

单步式利润表是将本期所有收入与费用分别汇总，不再区分收入与费用的不同类型，然后两者相减、一次计算出本期净利润。其优点是比较直观、简单，易于编制，但不能揭示出利润各构成要素之间的内在联系，不便于报表使用者对企业进行盈利分析与预测。

我国企业的利润表采用多步式。多步式利润表是将净利润的计算分为若干步骤来进行，最后确定其最终财务成果。其格式如表 11－7 所示。

表 11－7 利 润 表

编制单位： 年 月 单位：元

项 目	本期金额	上期金额
一、营业收入		
减：营业成本		
营业税金及附加		
销售费用		
管理费用		
财务费用		
资产减值损失		
加：公允价值变动收益（损失以“－”号填列）		
投资收益（亏损以“－”号填列）		
二、营业利润（亏损以“－”号填列）		
加：营业外收入		
减：营业外支出		
三、利润总额（亏损总额以“－”号填列）		

续表

项　　目	本期金额	上期金额
减：所得税费用		
四、净利润（净亏损以"－"号填列）		
五、每股收益：		
（一）基本每股收益		
（二）稀释每股收益		

多步式利润表按净利润形成的主要环节，将营业利润、利润总额和净利润等分步进行计算，从而得出最终财务成果的报表。有关公式如下：

1. 营业利润＝营业收入－营业成本－营业税金及附加－销售费用－管理费用－财务费用－资产减值损失＋公允价值变动损益（或－公允价值变动损益）＋投资收益（或－投资损失）

其中，营业收入＝主营业务收入＋其他业务收入

营业成本＝主营业务成本＋其他业务成本

2. 利润总额＝营业利润＋营业外收入－营业外支出

3. 净利润＝利润总额－所得税费用

想一想：

通过学习，你认为企业的利润主要来源于什么地方？

知识窗

多步式利润表的列示栏目

在两种格式的利润表当中，世界各国大多采用的是第二种格式——多步式利润表。在我国，企业每月都要编制利润表。利润表一般有两个列示栏目：第一个栏目报告本月数是多少，即企业本月有多少收入、多少成本、多少费用、多少利润；第二个栏目是截止本月累计数。

三、利润表的编制方法

利润表中各项目均需填列"本期金额"和"上期金额"两栏。其中"上期金额"栏内各项数字，应根据上年该期利润表的"本期金额"栏内所列数字填列。"本期金额"栏内各期数字，除"基本每股收益"和"稀释每股收益"项目外，应当按照有关账户的发生额分析填列。

"营业收入"项目，根据"主营业务收入"、"其他业务收入"账户的发生额分析计算填列。

"营业成本"项目，根据"主营业务成本"、"其他业务成本"账户的发生额分析计算填列。

其他项目均按照各该账户的发生额分析填列。

【例 11－9】 西南铝业股份有限公司 2007 年度“主营业务收入”账户的贷方发生额为 3 亿元，借方发生额为 15 万元（为 11 月份发生的购买方退货），“其他业务收入”账户的贷方发生额为 20 万元。

该企业 2007 年度利润表中“营业收入”的项目金额为：

30 000 000－150 000＋200 000＝30 050 000（元）

本例中，企业一般应当以“主营业务收入”和“其他业务收入”两个总账账户的贷方发生额之和，作为利润表中“营业收入”项目金额。当年发生销售退回的，应冲减主营业务收入。

【例 11－10】 西南铝业股份有限公司 2007 年度“主营业务成本”账户的借方发生额为 2 500 万元；2008 年 1 月，2007 年 12 月销售给某单位的一批产品由于质量问题被退回，其成本为 200 万元；该企业的会计报表批准报出日为 2008 年 3 月；“其他业务成本”账户借方发生额为 50 万元。

该企业 2007 年度利润表中的“营业成本”的项目金额为：

25 000 000－200 000＋500 000＝25 300 000（元）

本例中，企业一般应当以“主营业务成本”和“其他业务成本”两个总账账户的借方发生额之和，作为利润表中“营业成本”的项目金额。当年发生销售退回的，应加上销售退回商品成本后的金额，填列“营业成本”项目。

【例 11－11】 西南铝业股份有限公司 2007 年 12 月 31 日“资产减值损失”账户当年借方发生额为 50 万元，贷方发生额为 20 万元。

该企业 2007 年度利润表中“资产减值损失”的项目金额为：

500 000－200 000＝300 000（元）

本例中，企业应当以“资产减值损失”总账账户借方发生额减去贷方发生额后的余额，作为利润表中“资产减值损失”的项目金额。

【例 11－12】 至 2007 年 12 月 31 日，西南铝业股份有限公司“主营业务收入”账户发生额为 200 万元，“主营业务成本”账户发生额为 50 万元，“其他业务收入”账户发生额为 40 万元，“其他业务成本”账户发生额为 35 万元，“营业税金及附加”账户发生额为 80 万元，“销售费用”账户发生额为 5 万元，“管理费用”账户发生额为 4 万元，“财务费用”账户发生额为 10 万元，“资产减值损失”账户发生额为 6 万元，“公允价值变动损益”账户为借方发生额 50 万元（无贷方发生额），“投资收益”账户贷方发生额为 80 万元（无借方发生额），“营业外收入”账户发生额为 10 万元，“营业外支出”账户发生额为 4 万元，“所得税费用”账户发生额为 16 万元。

该企业 2007 年度利润表中营业利润、利润总额和净利润的计算过程如下：

营业利润＝2 000 000＋400 000－500 000－350 000－800 000－50 000－40 000－100 000－60 000－500 000＋800 000＝800 000 元

利润总额＝800 000＋100 000－40 000＝860 000 元

净利润＝860 000－160 000＝700 000 元

本例中，企业应当根据多步式利润表的编制步骤，确定利润表中各主要项目的金额。

【例 11－13】 西南铝业股份有限公司 2007 年损益类账户“本年累计数”金额如表 11－8 所示：

表 11－8　　损益类账户本年累计数　　单位：元

账户名称	借方发生额	贷方发生额
主营业务收入		1 250 000
主营业务成本	750 000	
营业税金及附加	2 000	
销售费用	20 000	
管理费用	158 000	
财务费用	41 500	
投资收益		31 500
营业外收入		50 000
营业外支出	49 700	
所得税费用	102 399	

根据上述资料，编制该公司 2007 年度利润表，如表 11－9 所示：

表 11－9　　利 润 表

编制单位：西南铝业股份有限公司　　2007 年度　　单位：元

项　　目	本期金额
一、营业收入	1 250 000
减：营业成本	750 000
营业税金及附加	2 000
销售费用	20 000
管理费用	158 000
财务费用	41 500
资产减值损失	0
加：公允价值变动收益（损失以“－”号填列）	0
投资收益	31 500
二、营业利润（亏损以“－”号填列）	310 000
加：营业外收入	50 000
减：营业外支出	49 700
三、利润总额（亏损总额以“－”号填列）	310 300
减：所得税费用	102 399
四、净利润（净亏损以“－”号填列）	207 901

四、利润表的作用

1. 利润表可以反映企业一定会计期间的收入和费用情况。为计算企业在一定会计期间所取得的经营成果，需要将企业在本会计期间的收入和费用资料从有关的账户抄列于“利润表”的有关项目栏，这样在“利润表”上就可以清晰地反映出企业一定会计期间内收入的实现和费用的发生等详细情况。

2. 利润表可以反映企业一定会计期间的经营成果。计算企业在一定会计期间所取得的经营成果，是编制“利润表”所要达到的主要目的。将抄入本表的有关收入和费用资料进行一定的加工整理，就会计算出企业在一定会计期间所取得的经营成果。

3. 利润表可以为企业进行盈利能力的分析等提供数据资料。利用“利润表”所提供的数据，可以将企业在不同会计期间取得的收入、发生的费用和实现的利润等情况进行对比，也可以与同行业的其他企业进行对比，进而分析和预测企业未来的盈利能力。

延伸阅读

企业的主营业务利润越多，企业的获利能力就越强吗？

在实际工作中，经常遇到一个问题：企业的主营业务和其他业务划分不清楚。如果按照企业主营业务利润越多，企业的获利能力就越强，企业越有生命力的规则来判断，极容易造成失误，有可能越想准确反而越不准确，怎么办？唯一的办法就是不只看主营业务利润，更要看企业的营业利润，因为营业利润表明的是依靠企业日常经营活动获取的利润，这笔收入是经常发生的，费用也是随着收入的发生而出现的，所以营业利润能够比较好的反映出企业的盈利能力。2006 年新颁布的《企业会计准则》取消了在利润表中进行主营业务利润的计算步骤，而是直接进行营业利润的计算。

本章小结

会计信息的输出主要采取编制财务会计报告的形式。财务会计报告是以货币为单位综合反映企业的财务状况、经营成果和现金流量等情况的书面文件。

资产负债表是反映企业某一特定日期财务状况的会计报表。它采用账户式格式，是根据“资产 = 负债 + 所有者权益”会计等式的基本原理设计的。利润表是反映企业在一定会计期间的经营成果的会计报表。利润表的格式采用多步式，是根据“收入 - 费用 = 利润”会计等式的基本原理设计的。多步式利润表主要反映营业利润、利润总额、净利润等指标。

关键词（中英文对照）

财务会计报告　　financial and accounting report

会计报表	accounting statements
会计报表附注	notes to accounting statements
资产负债表	balance sheet
利润表	profit statement
现金流量表	cash flows statement
所有者权益变动表	statement of changes in owners' equity

自 测 题

一、单项选择题

1. 资产负债表是反映企业在(　　)财务状况的会计报表。

A. 某一特定时期　　B. 某一特定会计期间
C. 一定时间　　D. 某一特定日期

2. 根据“资产 = 负债 + 所有者权益”这一平衡公式填列的会计报表是(　　)。

A. 主营业务收支表　　B. 利润表
C. 资产负债表　　D. 现金流量表

3. 综合反映企业在一定会计期间经营成果的会计报表是(　　)。

A. 资产负债表　　B. 所有者权益变动表
C. 利润表　　D. 现金流量表

4. 资产负债表中“长期借款”和“应付债券”项目填列的方法是(　　)。

A. 根据总账账户期末借方余额直接填列
B. 根据总账账户期末贷方余额直接填列
C. 根据总账账户及其所属明细账户期末余额分析计算填列
D. 根据若干总账账户期末余额计算填列

5. “应付账款”的明细账户期末如有借方余额应填入资产负债表(　　)。

A. “应收账款”项目　　B. “预收款项”项目
C. “应付账款”项目　　D. “预付款项”项目

二、多项选择题

1. 财务报表按其编报时间的不同，可分为(　　)。

A. 损益表和财务状况变动表　　B. 月份报表
C. 资产负债表　　D. 季度报表

E. 年度报表

2. 资产负债表的左方结构中包括(　　)等项目。

A. 流动资产和固定资产　　B. 流动资产和流动负债

C. 长期投资和无形资产　　D. 固定资产和所有者权益

E. 长期投资和长期负债

3. 下列账户中，可根据其贷方余额直接填列资产负债表项目的有(　　)。

A. 坏账准备　　B. 存货跌价准备

C. 累计折旧　　D. 短期借款

E. 应付职工薪酬

4. 下列资产负债表项目中，需要根据几个总账账户的余额计算填列的有(　　)。

A. 短期借款　　B. 货币资金

C. 应付职工薪酬　　D. 存货

E. 预收款项

5. 利润表的结构形式主要有(　　)。

A. 多步式　　B. 账户式

C. 单步式　　D. 报告式

E. 多栏式

三、判断题

1. 资产负债表在基本结构上是以“资产＝负债＋所有者权益”的会计平衡式为依据的。(　　)

2. 利润表是反映企业在某一特定日期财务状况的会计报表。(　　)

3. 利润表中的“本月数”一般应根据有关账户发生额填列。(　　)

4. 资产负债表中的资产总额与负债及所有者权益总计必须相等。(　　)

5. 在资产负债表上没有“库存商品”。(　　)

四、业务练习题

某企业与要填制的资产负债表项目有关的总账账户和明细账账户的余额情况如下：

库存现金	1 500	
银行存款	25 500	
原材料	40 000	
生产成本	5 000	
库存商品	30 000	
预付账款	20 000（借方余额）	
其中：A单位		10 000（贷方余额）
B单位		30 000（借方余额）
累计折旧	15 000	

应付账款	53 000（贷方余额）
其中：X单位	66 500（贷方余额）
Y单位	13 500（借方余额）

【要求】 根据上述资料分析计算填列资产负债表中“货币资金”、“预付款项”、“存货”、“累计折旧”和“应付账款”等项目。

第十二章

会计工作组织

学习提示

会计工作组织由会计核算组织形式和会计工作组织管理两大内容构成。

会计核算组织形式主要讲述了通过运用会计凭证、账簿和会计报表之间不同的组合方式来对经济活动进行核算和监督。会计凭证、账簿和会计报表之间不是彼此孤立，而是相互联系的，为了充分发挥会计的有效作用，必须合理规定各种凭证、账簿和报表之间的衔接关系，使其有机结合，准确提供管理上所需要的会计信息。

会计工作组织管理主要讲述了在会计工作中怎样配备会计人员、设置会计机构和执行会计法规。为实现会计的目标，无论是反映企业管理层受托责任履行情况或是为会计报表使用者提供决策有用信息，都要求企业管理当局做好会计工作组织管理。

学习时要把握三种主要的会计核算组织形式的结合方式、核算步骤、优缺点及其适应范围，清晰认识，科学合理地组织会计核算工作，科学有效地运行会计法规和各项规章制度，对充分发挥会计在经济管理中的作用具有重要意义。

第一节　会计核算组织形式

前面各章系统阐述了设置会计科目和账户、复式记账、填制和审核会计凭证、登记账簿等会计核算方法。在实际工作中，企事业单位应根据自身的业务性质、业务数量多少、人员配备、经营规模以及管理要求等具体情况，将上述各种会计核算方法按一定的形式有机结合起来，形成适合本单位特点和管理要求的会计核算组织形式。

一、会计核算组织形式概述

会计核算组织形式也称账务处理程序或会计核算形式，是指账簿组织、记账程序和记账方法结合的会计核算技术组织方式。其中账簿组织是指会计凭证和账簿的种类、格式，会计凭证与账簿之间的联系方式；记账程序和方法是指从原始凭证到编制记账凭证、登记明细分类账和总分类账、编制会计报表的工作程序和方法等。

不同的企事业单位应科学、合理地选择适用于本单位的会计核算形式，对于有效地组织会计核算具有重要意义：

1. 有利于会计工作程序的规范化，保证会计记录的完整性、正确性，并通过凭证账簿和报表之间的牵制作用，增强会计信息的可靠性；

2. 可以减少凭证、账簿的使用数量，避免核算环节和手续繁琐重复，节约会计管理中的人力、物力和财力；

3. 可以充分发挥会计核算和监督的基本职能，并为会计参与企业经营决策奠定良好的基础。

一个单位的经济业务性质、经营规模大小、经济业务繁简程度以及管理要求不同，对会计核算形式的要求也不一样，但其基本模式是相同的。会计核算形式的基本模式如图 12－1 所示。

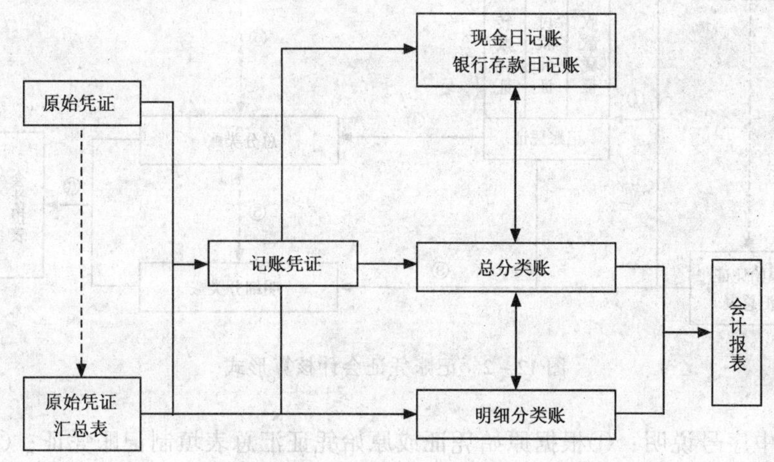

图 12－1　会计核算形式的基本模式

一般来说，会计核算形式的确定应符合以下三项基本要求：

1. 要与本单位经营规模的大小、经济业务的繁简相适应。

2. 符合内控制度的要求，保证全面、准确、及时地提供会计信息，满足微观和宏观经济管理的需要。

3. 有利于会计人员的分工协作，建立岗位责任制，提高工作效率。

目前，我国企事业单位采用的会计核算形式主要有以下三种：记账凭证会计核算形式；汇总记账凭证会计核算形式和科目汇总表会计核算形式。

二、记账凭证会计核算形式

（一）记账凭证会计核算形式的特点和核算要求

记账凭证会计核算形式是指对发生的经济业务事项都是根据原始凭证或汇总原始凭证编制记账凭证，然后据以登记总分类账的一种会计核算形式。其特点是直接根据记账凭证逐笔登记总分类账，它是会计核算中最基本的一种会计核算形式，其他各种会计核算形式都是在此基础上演变和发展起来的。在实际工作中，如果采取记账凭证会计核算形式，一般不采用专用格式的记账凭证，通常采用的是通用格式记账凭证，这样记账凭证的设置就比较简化。

采用记账凭证会计核算形式，一般应设置现金日记账、银行存款日记账、总分账和明细分类账。现金、银行存款日记账和总分类账均采用三栏式；明细分类账可根据需要采用三栏式、数量金额式或多栏式；记账凭证可采用一种通用格式的记账凭证，也可采用收、付、转三种格式的记账凭证。在这种会计核算形式下，总分类账一般应按户设页。

（二）记账凭证会计核算形式的核算步骤和使用范围

记账凭证会计核算形式，如图 12－2 所示。

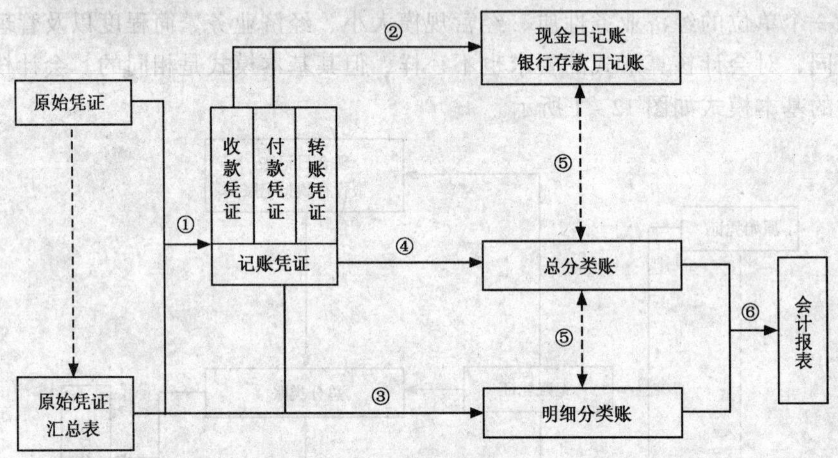

图 12－2　记账凭证会计核算形式

图中序号说明：①根据原始凭证或原始凭证汇总表填制记账凭证；②根据收款凭证和付款凭证及所有原始凭证逐笔登记现金日记账和银行存款日记账；③根据记账凭证和原始凭证（或原始凭证汇总表）登记各种明细账；④根据记账凭证逐笔登记总分类账；⑤月终，现金日记账、银行存款日记账中有关账户的余额，以及各种明细分类账余额的合计数，分别与总分类账中有关账户的余额核对相符；⑥月终，根据总分类账和明细分类账资料编制会计报表。

这种会计核算形式的优点是：简单明了，手续简便，总分类账可以较详细地记录和反映经济业务的发生情况；缺点是：登记分类总账工作量较大，也不便于会计分工。因此，记账凭证会计核算形式一般只适用于规模较小、经济业务量较少的单位。

三、汇总记账凭证会计核算形式

（一）汇总记账凭证会计核算形式的特点和核算要求

汇总记账凭证会计核算形式的基本特点是：根据记账凭证，编制汇总记账凭证，再根据汇总记账凭证登记总分类账。在实际工作中，如果采取汇总记账凭证会计核算形式，应该采用专用格式的记账凭证，这样才能满足编制汇总记账凭证的需要。

采用这种会计核算形式，应设置现金日记账、银行存款日记账、总分类账和明细分类账。现金日记账和银行存款日记账的格式采用三栏式；总分类账可以采用三栏式，也可以采用多栏式；明细分类账可采用三栏式、数量金额式或多栏式。汇总记账凭证分为汇总收款凭证、汇总付款凭证和汇总转账凭证三种，并分别根据收款、付款、转账三种记账凭证汇总填制。汇总记账凭证要定期填制，间隔天数视单位业务量多少而定，一般为5天或10天，每月汇总编制一张，月终结出合计数，据以登记总分类账。

汇总收款凭证和汇总付款凭证，应以库存现金、银行存款账户为中心设置，因为这两个账户的收付发生情况，反映了现金存量和银行存款存量的变动情况，单位应及时掌握。具体来说，汇总收款凭证，应根据现金和银行存款的收款凭证，分别以这两个账户的借方设置，并按与该两个账户对应的贷方账户归类汇总。汇总付款凭证则方向相反。对于现金和银行存款之间相互划转的业务，应视同汇总付款凭证处理。

汇总转账凭证，一般按有关账户的贷方分别设置，并以对应科目的借方账户归类汇总，因此，汇总转账凭证只能是一贷一借或一贷多借，而不能相反。这种做法，既反映了经营过程中各种存量变动情况，又与单位资金运动的方向相一致。为简化会计核算，如在一个会计期间内，某一贷方科目的转账凭证不多，可直接根据转账凭证登记分类账。

（二）汇总记账凭证会计核算形式的核算步骤和使用范围

汇总记账凭证会计核算形式，如图12－3所示。

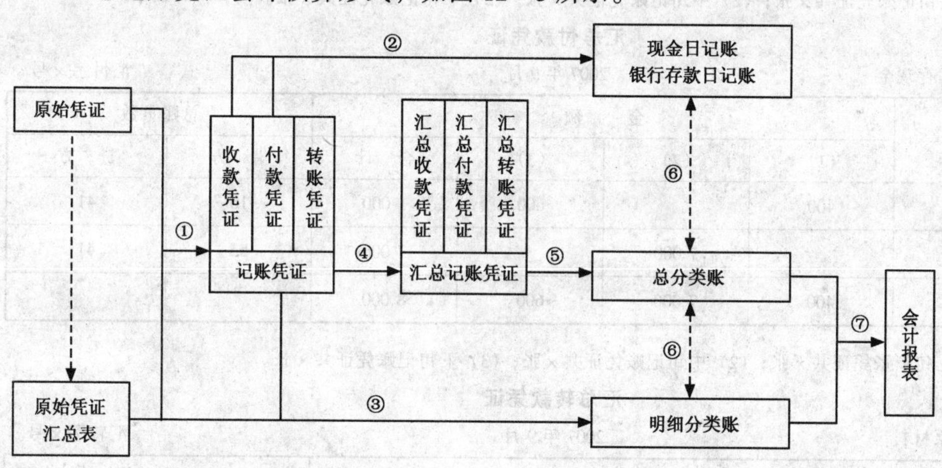

图12－3 汇总记账凭证会计核算形式

图12－3中序号说明：①根据原始凭证或原始凭证汇总表填制收款凭证、付款凭证和转账凭证；②根据收款凭证和付款凭证及所有原始凭证逐日逐笔登记现金日记账和银行存款日记账；③根据收款凭证、付款凭证、转账凭证或原始凭证，或原始凭证汇总表，逐笔登记明细分类账；④根据收款凭证、付款凭证和转账凭证，定期编制汇总收款凭证、汇总付款凭证和汇总转账凭证；⑤月终，根据汇总收款凭证、汇总付款凭证和汇总转账凭证登记总分类账；⑥月

提示：

汇总记账凭证编制的全程实例，请阅读本书第八章第三节怎样编制汇总记账凭证的相关内容。

终，现金日记账的余额和银行存款日记账的余额，及各明细分类账的余额合计数，与总分类账有关账户的余额核对相符；⑦月终，根据总分类账、明细分类账资料编制会计报表。

采用这种会计核算形式的优点是：可以大大简化总分类账的登记工作，能清晰反映各账户之间的对应关系，且既易于及时掌握资金运动情况，又简化了记账凭证的整理归类；缺点是：由于记账凭证的汇总是按有关账户的借方或贷方而不是按经济业务性质归类汇总的，不利于会计人员分工。这种会计核算形式一般适用于规模较大、业务较多的企业。

现以工业企业为例，简要说明汇总记账凭证的编制方法，如表 12－1 至表 12－3 所示。

表 12－1 汇总收款凭证

借方科目：银行存款　　2007 年 9 月　　汇收字 × 号

贷方科目	金额				总账页数	
	(1)	(2)	(3)	合计	借方	贷方
实收资本	10 000			10 000	24	85
其他业务收入	15 000	40 000	10 000	65 000	24	102
应收账款	5 000		10 000	15 000	24	16
合计	30 000	40 000	20 000	90 000		

附注：(1) 上旬记账凭证共 × 张；(2) 中旬记账凭证共 × 张；(3) 下旬记账凭证共 × 张。

表 12－2 汇总付款凭证

贷方科目：库存现金　　2007 年 9 月　　汇付字 × 号

借方科目	金额				总账页数	
	(1)	(2)	(3)	合计	借方	贷方
其他应收款	400		600	1 000	10	41
应付职工薪酬		7 000		7 000	55	41
合计	400	7 000	600	8 000		

附注：(1) 上旬记账凭证共 × 张；(2) 中旬记账凭证共 × 张；(3) 下旬记账凭证共 × 张。

表 12－3 汇总转款凭证

贷方科目：原材料　　2007 年 9 月　　汇转字 × 号

借方科目	金额				总账页数	
	(1)	(2)	(3)	合计	借方	贷方
生产成本	14 000	20 000	13 000	47 000	50	71
制造费用	6 000	10 000	7 000	23 000	80	71
销售费用	4 000	6 000		10 000	92	71
管理费用	6 000	4 000		10 000	60	71
合计	30 000	40 000	20 000	90 000		

附注：(1) 上旬记账凭证共 × 张；(2) 中旬记账凭证共 × 张；(3) 下旬记账凭证共 × 张。

四、科目汇总表会计核算形式

（一）科目汇总表会计核算形式的特点和核算要求

科目汇总表会计核算形式的主要特点是：定期编制科目汇总表，并据以登记总分类账。

采用这种会计核算形式，对凭证和账簿的要求及记账程序，与前两种会计核算形式基本相同。在实际工作中，如果采取科目汇总表会计核算形式，通常采用通用格式的记账凭证，记账凭证的设置就比较简化。

科目汇总表的性质和作用，与汇总记账凭证相似，但两者的结构和编制方法不同。科目汇总表不分对应科目进行汇总，而是将所有科目的本期借方、贷方发生额汇总在一张科目汇总表内，然后据以登记总分类账。为了便于汇总，必须注意以下几点：

1. 每一张收款凭证一般应填列一个贷方科目；每一张付款凭证一般应填列一个借方科目；转账凭证则应填列一个借方科目和一个贷方科目，一式二联，一联为借方科目转账凭证，一联为贷方科目转账凭证。

2. 为了便于登记总分类账，科目汇总表上的科目排列，应按总分类账上科目排列的顺序来定。

3. 科目汇总表汇总的时间不宜过长，业务量多的单位可每天汇总一次，一般间隔最长不超过 10 天，以便对发生额进行试算平衡，及时了解资金运动状况。

（二）科目汇总表会计核算形式的核算步骤和使用范围

科目汇总表会计核算形式，如图 12－4 所示。

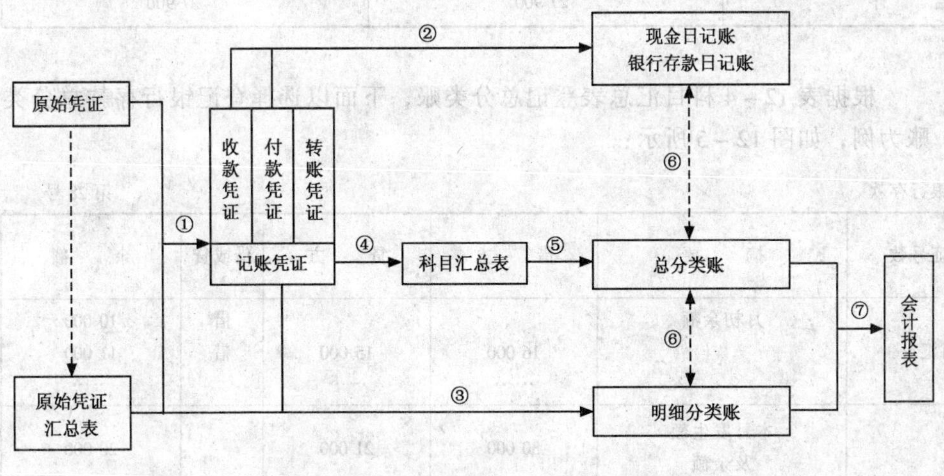

图 12－4　科目汇总表会计核算形式

图中序号说明：①根据原始凭证或原始凭证汇总表编制收款凭证、付款凭证和转账凭证；②根据收款凭证和付款凭证及所有原始凭证登记现金日记账和银行存款日记账；③根据原始凭证或原始凭证汇总表、记账凭证登记各种明细分类账；④根据记账凭证，每日或定期编制科目汇总表；⑤根据科目汇总表，每日或定期登记总分类账；⑥月终，现金日记账、银行存款日记账和明细分类账分别与总分类账核对；⑦月终，根据总分类账和明细分类账资料编制会计报表。

想一想：

三种会计核算形式在登记总账上有什么不同？

采用这种会计核算形式的优点是：汇总手续较为简单，不仅可以简化总分类账的登记，还可以每天或定期就科目汇总表进行试算平衡，便于及时发现问题，采取措施；缺点是：科目汇总表反映不出账户之间的对应关系，不便于了解经济业务的内容。科目汇总表会计核算形式一般适用于经营规模较大、经济业务较多的单位。

现简要说明科目汇总表的编制及其过账的方法，如表 12－4 所示：

表 12－4 **科目汇总表**

2007 年 10 月 1 日至 10 日 第 × 号

会计科目	本期发生额	
	借　方	贷　方
库存现金	500	
银行存款	16 000	15 000
原材料		1 200
生产成本	1 200	
应付账款	10 200	1 500
主营业务收入		10 000
其他业务收入		200
合　计	27 900	27 900

根据表 12－4 科目汇总表登记总分类账，下面以选择登记银行存款总分类账为例，如图 12－5 所示：

会计科目：银行存款 第 28 号

2007 年		凭证号数	摘　要	借　方	贷　方	借或贷	余　额
月	日						
10	1		月初余额			借	10 000
	10	科汇 ×		16 000	15 000	借	11 000
				……	……		……
	31		本月发生额及余额	30 000	21 000		20 000

图 12－5 银行存款总分类账

第二节　会计工作组织管理

一、会计机构

会计机构是组织处理会计工作的职能机构，是企、事业单位按照会计制度组织、领导和处理会计工作的专职机构。合理设置会计机构是保证会计工作顺利进行的必要条件。

（一）会计机构的设置

各单位是否需要设置会计机构，因各单位情况不同而由各单位根据自己的会计业务需要和管理需要决定。原则上各单位应当设立专门从事会计工作的职能部门，即会计机构。但由于各单位经营特点和业务规模的大小不同，会计业务的复杂程度不同，机构人员设置的要求不同等情况，各单位可根据业务需要决定是否设置专门的会计机构，或者在有关机构中设置会计人员并指定会计主管人员；不具备设置条件的，应当委托经批准设立从事会计代理记账业务的中介机构代理。

通常实行独立核算的大中型企业、实行企业化管理的事业单位，以及财务收支数额较大、会计业务较多的机关团体和其他组织，都要设置由本单位领导人直接领导的会计机构，并配备必要的会计人员。其中国有和国有资产占控股地位或者主导地位的大、中型企业还必须设置总会计师。

对于财务收支数额不大、单位业务形式比较简单、会计核算不太复杂的单位，可以不设置专门的会计机构，可在有关机构中设置会计人员并指定会计主管人员。

对于一些不具备配备专职会计人员条件的小型经济组织，包括一些应当建账的个体工商户可委托经批准设立从事会计代理记账业务的中介机构代理记账。代理记账的中介机构一般是指专门记账公司、会计师事务所或者其他社会咨询服务机构。

（二）会计机构内部组织形式

企业会计机构内部核算形式一般分为独立核算机构、半独立核算机构和报账单位。

1. 独立核算机构。实行独立核算的企业必须具备一定的条件，通常要有一定的自有资金，有独立经营自主权，能够编制计划，单独计算盈亏，单独在银行开户，并经工商行政部门注册登记。

实行独立核算单位的核算组织形式可以分为集中核算和分散核算两种。

集中核算是指账务处理工作全部集中在会计部门进行的形式。单位内部的其他部门和下属单位只对其发生的经济业务填制原始凭证或原始凭证汇总表，送交会计部门。原始凭证或原始凭证汇总表经会计部门审核后，填制记账凭证，据以登记有关账簿，编制会计报表。其优点是可以精简人员减少核算环节，简化核算手续，有利于掌握全面经营情况。

分散核算是指单位会计部门以外的其他部门和下层单位，在会计部门的指导下，对其发生的经济业务填制原始凭证或原始凭证汇总表，然后分别登记与其有关的明细分类账，而会计部门则登记总分类账和另一部分明细分类账，编制会计报表等。一个企业是实行集中核算还是分散核算，应视企业规模的大小和经营管理的要求来决定。

2. 半独立核算机构。半独立核算企业所属的分厂、分部、分公司，若其规模比较大，生产、经营上具有一定的独立性，但不具备完全独立核算的某些必要条件，如没有独立的资金，不能在银行单独开户等，则应实行半独立记账并编制会计报表，然后将会计报表送会计部门汇总。其优点是能使部门负责人和职工及时掌握生产成本和财务成果，便于动员职工参与企业管理。

3. 报账单位。报账单位是指企业内部不单独计算盈亏，只记录和计算几个主要指标，进行简易核算，以考核其工作质量的单位和部门。这些单位和部门平时只向上级领用备用金，定期向上级报销，所有收入全部解缴上级，由会计部门集中进行核算。

（三）会计机构内部稽核制度和岗位设置

1. 会计机构内部稽核制度。稽核是稽查和复核的简称。内部会计稽核工作是会计机构本身对于会计核算工作进行的一种自我检查和审核工作，其目的在于防止会计核算工作中所出现的差错和会计人员舞弊。通过稽核，对日常核算工作中所出现的疏忽、错误等及时加以纠正或制止，以提高会计核算工作的质量。稽核工作的主要内容包括：稽核工作的组织形式和具体分工；稽核工作的职责、权限；审核会计凭证、会计报表的方法等。

从会计工作实际情况来看，会计稽核是会计工作的重要内容，加强会计稽核工作是做好会计核算工作的重要保证。目前一些单位存在的会计数据失真、账目不清、会计核算混乱等问题，都与会计机构内部稽核制度不健全有关。但会计机构内部的稽核制度不同于单位内部的审计制度，会计稽核制度是会计机构内部的一种工作制度，单位审计制度是在会计机构之外另行设置的内部审计机构或审计人员对会计工作进行再检查的一种制度。

2. 会计机构岗位责任制。会计机构岗位责任制称会计人员岗位责任制，是指在会计机构内部按照会计机构的工作内容和会计人员的配备情况，将会计机构的工作划分为若干个工作岗位，并为每个岗位规定职责和要求的责任制度。各单位本着有利于加强会计管理、改进会计作风、提高工作效率，以及有利于分清职责、严明纪律、考核干部的要求建立、健全会计机构岗位责任制。

会计人员的工作岗位一般分为：会计主管、出纳、资产核算、工资核算、成本费用核算、收入利润核算、资本金核算、往来核算、总账报表稽核等。这些岗位可以一人一岗、一岗多人，各单位可以根据自身的特点具体确定。为贯彻内部牵制的原则，出纳人员不得兼管稽核、会计档案保管及收入、费用、债权、债务账目的登记工作。

不同岗位上的会计人员在完成本职工作的同时，要与其他岗位上会计人员密切配合，相互协作，共同做好本单位会计工作。实行会计人员岗位责任制，并不要求会计人员长期固定在某一岗位上，会计人员之间的分工，应该有计划地进行轮换，以便会计人员能较全面地了解和熟悉各项会计工作，提高业务水平，把会计工作做得更好。

二、会计人员

会计人员是指从事会计工作，处理会计业务，完成会计任务的人员。每个会计主体都应根据工作的需要，合理配备会计人员，这是做好会计工作的决定性因素。

（一）会计人员的配备

1. 设置总会计师。《会计法》规定，国有的和国有资产占控股地位或者主导地位的大中型企业必须设置总会计师，负责组织领导本单位的会计核算和会计监督等方面的工作。总会计师由具有会计师以上专业技术资格的人员担任。总会计师的任职资格、任免程序、职责权限按《总会计师条例》规定办理。

2. 设置会计机构负责人（会计主管人员）。《会计法》规定，各单位应当根据会计业务的需要，设置会计机构，或者在有关机构中设置会计人员，并指定会计主管人员。会计机构负责人（会计主管人员）是在一个单位内具体负责会计工作的业务领导人员，主要负有组织、管理包括会计基础工作在内的所有会计工作的责任。不设置会计机构，只在其他机构中设置专职或兼职会计人员的单位，应在会计人员中指定会计主管人员，会计主管人员行使会计机构负责人的职权。作为会计主管人员，必须具有较高的专业素质和能力。《会计法》规定，担任会计机构负责人（会计主管人员），除取得会计从业资格证书外，还应当具备会计师以上专业技术职务资格或者从事会计工作三年以上经历。

3. 设置其他会计人员。会计机构应按照精简节约、提高素质和廉洁奉公的原则配备会计人员，并赋予必要的工作职责和权利，以便切实完成会计工作任务。

（二）会计人员的职责权限

1. 会计人员的主要职责。

第一，切实按照法律、法规的规定，完成会计机构的任务，发挥会计工作在维护社会主义市场经济秩序、加强经济管理和提高经济效益等方面的作用。

第二，坚持原则，维护会计法律、法规制度，反对贪污浪费和违法乱纪行为。切实制止变造、假造账目，违法乱纪和伪造会计报表，保障会计资料的正确性。

第三，忠于职守，廉洁奉公，自觉抵制不正之风，自觉接受内部监督，自觉接受财政、审计和税务部门的监督。

第四，重科学、讲技术、顾大局、讲效益，提高从事本职工作的品质和能力，遵守会计人员的职业道德。

2. 会计人员的主要权限。

第一，有权要求本单位和有关部门的领导和人员认真执行财经纪律和财务会计制度，共同按政策和制度办事。

第二，有权监督、检查本单位有关部门的资金活动、财务收支和物资管理情况，保证财产真实，收支合法、合理。

第三，有权如实反映情况，对不真实、不合理的原始凭证不予受理，对不符合实际情况的账务记录作出反映，对不符合事实的会计报表予以抵制。

第四，有权对贪污浪费和违法收支的行为予以制止和纠正，并有权向单位领导或上级有关部门提出报告。

3. 会计人员素质和职业道德修养。

(1) 会计人员素质是指会计人员从事本职工作应具备的品质和能力，是完成会计工作的基本条件。它包括思想道德、专业知识、工作技能和改革创新四个方面。

①思想道德素质，内容包括坚持原则、秉公办事、热爱本职工作和有责任感。

②专业知识素质，内容包括熟悉并掌握国家有关政策和会计的基本理论和知识。

③工作技能，内容包括处理会计工作的技术和能力。

④改革创新，内容包括对社会主义市场经济的认识和掌握现代化管理技术、计算技术的要求和态度。

(2) 会计人员的职业道德一般是指会计人员的最高行为准则。这种行为准则必须体现三个特征：一是必须突出会计职业的特点，符合会计职业要求；二是应该言简意明，便于记忆；三是应该联系会计工作实际，但又要与会计工作有所区别。

财政部发布的《会计基础工作规范》，要求会计人员遵守职业道德，树立良好的职业品质，严谨的工作作风，严守工作纪律，努力提高工作效率和工作质量。具体应该做到：

敬业爱岗，即热爱本职工作，努力钻研业务，使自己的知识和技能适应所从事工作的需要。

熟悉法规，即熟悉财经法律、法规和国家统一的会计制度，并结合会计工作进行广泛宣传。

依法办事，即按照会计法律、法规和国家统一的会计制度规定的程序和要求进行会计工作，保证所提供的会计核算合法、真实、准确、及时、完整。

客观公正，即办理会计事务应当实事求是、客观公正。

搞好服务，即熟悉本单位的生产经营和业务管理情况，运用掌握的会计信息和会计方法，为改善本单位内部管理、提高经济效益服务。

保守秘密，即保守本单位的商业秘密，除法律规定和单位领导人同意外，不能私自向外界提供或者泄露单位的会计信息。

三、会计法规体系

会计法规是我国经济法规的一个组成部分，它是由国家和地方立法机关及中央、地方各级政府和行政部门制定颁发的有关会计方面的法律、法规、制度、办法和规定。这些法律、法规、制度和办法是贯彻国家有关方针、政策和加强会计工作的重要工具，是处理会计工作的规范。

会计法规体系可以从法律来源上划分为下列三个层次：一是由全国人民代表大会统一制定的会计法律，如《会计法》，它是一部规范我国会计活动的基本会计法规；二是由国务院（或财政部）制定的会计行政法规，如《企业会计准则》等，它是按照基本法规的要求制定的专项会计法规，是制定会计制度的依据；三是由企业根据《企业会计准则》的规定，结合企业具体情况制定的会计核算办法。

（一）会计法

《会计法》是会计法规体系中权威性最高、最具法律效力的法律规范，是制定其他各层次会计法规的依据，是会计工作的基本大法。《会计法》于1985年公布，以后经过两次修改，其目的主要是为了规范会计行为，保证会计资料真实和完整，加强经济管理和财务管理，提高经济效益和维护社会主义市场经济秩序。1999年新修订的《会计法》共分七章五十二条，其中包括：总则，会计核算，公司、企业会计核算的特别规定，会计监督，会计机构和会计人员，法律责任和附则。

（二）企业会计准则

企业会计准则是企业会计确认、计量和报告行为的规范，是制定企业会计制度的依据，也是保证会计信息质量的标准。为了适应社会主义市场经济和对外开放的需要，经国务院批准，我国财政部于1992年11月发布了《企业会计准则》，并自1993年7月1日起执行，此后又研究制定了多项具体准则。2006年2月15日财政部长第33号令，颁布了修订后的《企业会计准则——基本准则》，以及38项具体会计准则构成的新会计准则体系。新会计准则体系由基本准则和具体准则两个层次构成，其中基本准则在整个准则体系中起统驭作用，具体准则是依据基本准则制定的具体规定。

1. 基本准则。基本会计准则是进行会计核算工作必须遵守的基本要求，财政部1992年11月发布的《企业会计准则》即属于基本会计准则。为进一步规范企业会计确认、计量和报告行为，保证会计信息质量，2006年2月，财政部又对《企业会计准则——基本准则》进行了修订，并自2007年1月1日起实施。新的《企业会计准则——基本准则》的内容主要包括会计基本前提、会计信息质量要求、会计要素和财务会计报告等。

2. 具体会计准则。具体会计准则是以基本会计准则为依据，规定各会计要素确认、计量和报告的原则和对会计处理及其程序作出的具体规定，2006年2月1日财政部［财会2006第3号］文件，发布了《企业会计准则第1号——存货》等38项具体准则，将会计基本准则的要求进一步具体化。

（三）企业会计制度

企业会计制度是直接指导各个企业办理会计业务，实施会计核算的重要规范。会计制度主要是指由企业根据《企业会计准则》的规定，制定的适合于本企业使用的比准则更细、更具体的会计事务处理办法。

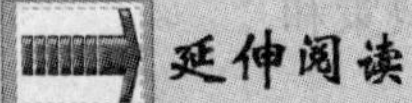

延伸阅读

一、2006年新《企业会计准则》

新《企业会计准则》由三部分内容构成:一是基本准则,在整个准则体系中起统驭作用,主要规范会计目标、会计假设、会计信息质量要求、会计要素的确认、计量和报告原则等。基本准则的作用是指导具体准则的制定和尚未有具体准则规范的会计实务问题提供处理原则;二是38项具体准则,主要规范企业发生的具体交易或事项的会计处理原则;三是会计准则应用指南,主要包括具体准则解释和会计科目、主要账务处理等,为企业执行会计准则提供操作性规范。这三项内容既相互独立,又互为关联,构成一个完整的体系。

二、主要会计法规目录

中华人民共和国会计法(中华人民共和国主席令第24号);

企业财务会计报告条例(中华人民共和国国务院令第287号);

国家经济贸易委员会、国家发展计划委员会、财政部、国家统计局关于印发中小企业标准暂行规定的通知(国经贸中小企[2003]143号);

国务院国有资产监督管理委员会办公厅关于在财务统计工作中执行新的企业规模划分标准的通知(国资厅评价函[2003]327号);

财政部、国家档案局关于印发〈会计档案管理办法〉的通知(财会字[1998]32号);

财政部关于印发〈会计基础工作规范〉的通知(财会字[1996]19号)。

本章小结

会计核算组织形式是指账簿组织、记账程序和记账方法的结合的会计核算技术组织方式。

记账凭证会计核算形式是最基本的记账程序,它的特点是根据记账凭证逐笔登记总账,其优点是能够清晰了解每笔经济业务发生的原因,但记账工作量过大。目前绝大多数企业都采用科目汇总表会计核算形式,它的优点是根据科目汇总表登记总账,简化了登记总账的工作;汇总记账凭证会计核算形式,因需要编制相当多汇总记账凭证,这项工作比较繁琐,因此实际工作中应用得比较少。

会计工作组织管理就是为了适应会计工作的综合性、政策性和严密细致性的特点,对会计机构的设置、会计人员的配备、会计制度的制定与执行等项工作所作的统筹安排工作。各单位原则上应设置会计机构,配备会计人员。会计法规是国家和地方立法机关以及中央、地方各级政府和行政部门制定颁布的有关会计方面的法律、法规、准则和制度等。

关键词（中英文对照）

会计核算组织形式	bookkeeping procedures
记账凭证会计核算形式	bookkeeping procedure using vouchers
汇总记账凭证会计核算形式	bookkeeping procedure using summary vouchers
科目汇总表会计核算形式	bookkeeping procedure using categorized account summary
会计工作组织	organization of accountant work
会计机构	accounting organization
会计人员	accounting personnel
会计法	accounting law
企业会计准则	accounting standard of business enterprise

自 测 题

一、单项选择题

1. 各种会计核算形式的主要区别在于(　　)。
A. 原始凭证的种类和格式不同
B. 记账凭证的种类和格式不同
C. 所编会计报表的种类和格式不同
D. 登记总分类账的依据和方法不同
2. 科目汇总表会计核算形式的优点是(　　)。
A. 便于分析经济业务的来龙去脉
B. 便于查对账目
C. 可以减少登记总账的工作量
D. 总分类账的记录较为详细
3. 中华人民共和国会计法明确规定由(　　)管理全国的会计工作。
A. 财政部　　B. 国务院
C. 注册会计师协会　　D. 全国人大
4. 不属于会计专业职务的是(　　)。
A. 会计师　　B. 助理会计师
C. 总会计师　　D. 会计员

二、多项选择题

1. 记账凭证会计核算形式一般适用于(　　)的单位。

A. 规模小　　　　　　　　　　　B. 规模较大

C. 经济业务较少　　　　　　　　D. 经济业务较多

2. 汇总记账凭证会计核算形式的优点有(　　)。

A. 可以减轻登记总账的工作量

B. 在汇总记账凭证账务和总账中，可以清晰地反映科目之间的对应关系

C. 编制汇总记账凭证的工作量较小

D. 有利于会计核算工作的分工

3. 科学地组织会计工作可以(　　)。

A. 保证会计工作质量，提高会计工作效率

B. 确保会计工作与其他经济管理工作协调一致

C. 加强各单位内部的经济责任制

D. 不设置专门的会计机构

4. 会计人员的主要职责是(　　)。

A. 进行会计核算　　　　　　　　B. 实行会计监督

C. 拟订经济计划　　　　　　　　D. 办理其他会计事项

三、判断题

1. 各种账务处理程序的主要区别主要表现在登记总分类账的依据和方法不同。(　　)

2. 记账凭证会计核算形式一般适用于规模小且经济业务较少的单位。(　　)

3. 汇总记账凭证可以明确反映账户之间的对应关系。(　　)

4. 实行会计工作岗位责任制，可以一岗多人，也可以一岗一人或一人多岗。(　　)

5. 高级会计师就是总会计师。(　　)

四、业务题（选作）

【目的】 练习科目汇总表会计核算形式的应用。

【资料】

重庆宗申股份有限公司 2007 年 7 月上旬发生的业务如下：

1. 7 月 2 日收到甲公司汇来前欠货款 4 000 元存入银行。

2. 7 月 5 日向乙厂销售 A 产品一批，售价 10 万元，增值税 17 000 元，货款尚未收到。

3. 7 月 6 日为乙厂代垫运杂费 1 万元，已通过银行支付。

4. 7 月 8 日向甲公司提供运输劳务，价款 5 000 元，尚未收到。

5. 7 月 10 日到银行提取 1 万元的备用金。

【要求】 根据上述业务编制会计分录，再根据分录编制该公司 7 月 1 日至 10 日的科目汇总表。

第十三章

会计业务发展与账户再认识

学习提示

本章内容是在前面已经学习了会计科目、会计账户和企业主要会计事项的基础上，再从更深层的角度、不同环节来审视会计反映和监督内容，为进一步深入学习会计核算业务和认识账户，作初略的探索。

本章第一节简单介绍了会计业务发展的计提减值准备，非货币性资产交易和债务重组；第二节介绍了为什么要对账户进行分类，分类的原则是什么；熟悉账户按会计要素分为哪些账户，以及各类账户之间的分类和联系；掌握账户按用途和结构的分类，该种分类能够提供什么性质的核算指标以及怎样记录经济业务。

学习时应该以发展的观点，引导学生了解会计业务进一步发展，为将来更深入地学习会计实务奠定基础；应引导学生回顾第三章、第五至七章等学习过的账户，再次深入对账户的性质和结构认识，了解各类账户之间的区别和联系。

建议观看职业情景动画演示 1301 会计业务发展。

第一节　会计业务发展

前面章节介绍的是企业发生的基本经济业务会计事项的处理，也是基础会计重点要求掌握的学习内容。但是，处于市场经济的企业，它的经营活动不可能仅仅只发生这些比较简单的会计事项，还可能发生众多特别经济事项，如：资产的八大减值准备，融资性租赁，外币业务的处理等等。由于本教材面对的是会计初学者，因此对于会计实务中的发展型业务，只介绍以下几个部分的业务处理，以引导学生注意学习这些方面的内容，提高学生对会计学科的深入学习的兴趣。

一、资产减值

资产减值的基本含义是指资产的可收回金额低于其账面价值。根据《企业会计准则第 8 号——资产减值》的规定，企业应当在资产负债表日判断是否存在可能发生减值的迹象。资产减值包括应收账款、存货、固定资产、对外投资、无形资产等方面。本内容只介绍关于应收账款减值的基本内容。

企业应当在资产负债表日对应收账款的账面价值进行检查，有客观证据表明该应收账款发生减值的，应当将该应收账款的账面价值减记至预计未来现金流量现值，减记的金额确认减值损失，计提坏账准备。

企业应当设置“坏账准备”科目，核算应收账款的坏账准备计提、转销等情况。企业当期计提的坏账准备应当计入资产减值损失。“坏账准备”科目的贷方登记当期计提的坏账准备金额，借方登记实际发生的坏账损失金额和冲减的坏账准备金额，期末余额一般在贷方，反映企业已计提但尚未转销的坏账准备。

坏账准备可按以下公式计算：

当期应计提的坏账准备 = 当期按应收款项计算应提取坏账准备金额 -（或 +）“坏账准备”科目的贷方或借方余额

企业计提坏账准备时，按应减记的金额，借记“资产减值损失—计提的坏账准备”科目，贷记“坏账准备”。冲减多计提的坏账准备时，借记“坏账准备”科目，贷记“资产减值损失—计提的坏账准备”科目。

【例 13-1】 2007 年 12 月 31 日，西南铝业股份有限公司对应收丙公司的账项进行减值测试，应收账款余额合计为 100 万元，西南铝业股份有限公司根据丙公司的资信情况确定按 10%计提坏账准备。2007 年年末计提坏账准备的会计分录为（假定“坏账准备”账户已有贷方余额 6 万元）：

借：资产减值损失——计提的坏账准备	40 000	
贷：坏账准备		40 000

二、非货币性资产交易

本教材在前面的经济业务都主要是以货币性资产的交易进行讲述的。这里仅对非货币性资产交易业务作十分简要的介绍。

非货币性交易是指交易双方主要以存货、固定资产、无形资产、长期股权投资等非货币性资产进行的交换。该交换不涉及或只涉及少量的货币性资产。其中，货币性资产，是指企业持有的货币资金和将以固定或可确定的金额收取的资产，包括现金、银行存款、应收账款和应收票据以及债券投资等。非货币性资产，是指货币性资产以外的资产。

非货币性资产交换一般不涉及或只涉及少量货币性资产，即涉及少量的补价。在涉及少量补价的情况下，以补价占整个资产交换金额的比例低于 25%作为参考。支付的货币性资产占换入资产公允价值（或者占换出资产的公允价值与支付的货币性资产之和）的比例低于 25%（不含 25%），视为非货币性资产交换；高于 25%（含 25%）的，则视为以货币性资产取得非货币性资产。

三、债务重组

债务重组是指在债务人发生财务困难的情况下，债权人按照自己与债务人达成的协议或者法院的裁定作出让步的事项。债务重组之所以受到政府、企业的高度重视和广泛采纳，是因为通过债务重组，一般能避免债务人倒闭性清算给债权人带来的更大的损失。

通常情况下在债务重组活动中，债务人会获得重组收益，债权人会发生重组损失。债务重组主要有以下几种方式。

1. 以资产清偿债务，是指债务人转让其资产给债权人以清偿债务的债务重组方式。债务人通常用于偿债的资产主要有：现金、债券投资、股权投资、存货、固定资产、无形资产等。这里所指的现金，包括库存现金、银行存款和其他货币资金。在债务重组的情况下，以现金清偿债务，是指以低于债务的账面价值的现金清偿债务。如果以等量的现金偿还所欠债务，则不属于本章所指的债务重组。

2. 将债务转为资本，是指债务人将债务转为资本，同时债券人将债权转为股权的债务重组方式。但债务人根据转换协议，将应付可转换公司债券转为资本的，则属于正常情况下的债务转为资本，不能作为本章所指债务重组。债务转为资本时，对股份有限公司而言，是将债务转为股本；对其他企业而言，是将债务转为实收资本。将债务转为资本的结果是，债务人因此而增加股本(或实收资本)，债权人因此而增加股权。

3. 修改其他债务条件，是指修改不包括上述第一、第二种情形在内的债务条件进行债务重组的方式，如减少债务本金、降低利率、免去应付未付的利息、延长偿还期限等。

4. 以上三种方式的组合，是指采用以上三种方式同时清偿债务的债务重组形式。例如，以转让资产清偿某项债务的一部分，另一部分债务通过修改其他债务条件进行债务重组。

第二节 会计账户再认识（一）

本书第三章已经阐明，账户就是按会计要素的具体内容进一步分类，分门别类地记录经济业务的工具。为了实现会计提供经济信息的目标，满足内部管理和外部有关各方面的需要，企业必须设置和运用一系列账户，组成一个完整的账户体系，从不用角度对会计要素的增减变动情况及其结果进行反映。

为了对账户体系有一个清楚、完整的认识，认识各个账户的性质、核算的内容及其用途，了解不同账户之间的联系与区别，以及各个账户在整个账户体系中的地位和作用，就应该根据账户之间的内在联系，采用一定的标准对账户进行分类。

账户分类的标准很多，但最基本和最主要的是按账户的经济内容分类和用途结构分类。本节主要说明账户按经济内容的分类。

账户的经济内容是指账户所反映的或所核算的具体内容。由于账户之间最根本的区别就在于其反映的经济内容不同，因此账户最基本的分类就是按经济内容分类。在我国，账户按其所反映的经济内容不同可以分为六大类，即资产类账户、负债类账户、所有者权益类账户、成本类账户、损益类和共同类账户。下面分别介绍这六类账户各自所包括的具体账户名称（参照我国《企业会计准则—应用指南》）

一、资产类账户

资产类账户是反映企业资产增减变动和结余情况的账户。按照资产的流动性，可以分为以下两类：

（一）反映流动资产的账户

包括："库存现金"、"银行存款"、"其他货币资金"、"交易性金融资产"、"应收票据"、"应收股利"、"应收利息"、"应收账款"、"其他应收款"、"坏账准备"、"预付账款"、"材料采购"、"原材料"、"材料成本差异"、"库存商品"、"商品进销差价"、"存货跌价准备"等账户。

（二）反映非流动资产的账户

包括："长期股权投资"、"长期股权投资减值准备"、"固定资产"、"累计折旧"、"固定资产减值准备"、"工程物资"、"在建工程"、"在建工程减值准备"、"固定资产清理"、"无形资产"、"无形资产减值准备"、"长期待摊费用"和"待处理财产损溢"等账户。

二、负债类账户

负债类账户是反映企业负债增减变动和结余情况的账户。按照负债偿还期限的不同，可以分为以下两类：

（一）反映流动负债的账户

包括："短期借款"、"应付票据"、"应付账款"、"预收账款"、"应付职工薪酬"、"应付股利"、"应交税费"、"其他应付款"和"预计负债"等账户。

（二）反映长期负债的账户

包括："长期借款"、"应付债券"、"长期应付款"、"专项应付款"和"递延所得税负债"等账户。

三、所有者权益类账户

所有者权益类账户是反映所有者权益增减变动和结余情况的账户。按照所有者权益的来源不同，可以分为以下两类：

（一）反映所有者投入资本和准备资本的账户

包括："实收资本"和"资本公积"账户。

（二）反映所有者投资收益的账户

包括："盈余公积"、"本年利润"和"利润分配"和"库存股"账户。

四、成本类账户

成本类账户是用来归集生产经营过程中发生的费用并据以计算成本的账

户。在制造业中，成本类账户按生产经营的阶段可以分为以下两类：

（一）供应过程中的成本计算账户

此类账户用来归集材料购入时的价款及采购费用，计算材料的采购成本，主要有“材料采购”账户。

（二）生产过程中的成本计算账户

此类账户用来归集产品生产过程中的各种费用，并据以计算产品的生产成本。主要有“生产成本”账户和“制造费用”账户。

成本类账户与资产类账户有着密切的联系。从某种意义上讲，成本类账户也是资产类账户，因为其借方期末余额代表的也是企业的资产。例如：“材料采购”账户的借方期末余额为已付款而尚未入库的在途材料或商品，“生产成本”账户的借方期末余额为尚未完成的在产品，这些都是企业的流动资产。

延伸阅读

成本类账户，期末若产品完工，其产品制造成本应该转入“存货”账户中；期末若保留在产品成本，其余额也应该转入“存货”账户。

五、损益类账户

损益类账户是用来反映企业的收入和费用并据以计算财务成果的账户。按照收入的来源及成本费用的用途与企业生产经营活动之间关系的直接程度，损益类账户可分为以下三类：

（一）反映营业损益的账户

此类账户反映的是与企业生产经营活动直接相关的收入和成本费用。主要包括：“主营业务收入”、“其他业务收入”、“主营业务成本”、“营业税金及附加”、“其他业务支出”、“销售费用”、“管理费用”、“财务费用”和“投资收益”账户。

延伸阅读

“投资收益”账户贷方反映企业对外投资所取得的收益，借方反映对外投资所取得损失。

（二）反映营业外损益的账户

主要有“营业外收入”和“营业外支出”账户。

（三）反映扣减利润总额的账户

主要有“所得税费用”账户和“以前年度损益调整”账户。

六、共同类账户

共同类账户是指具有借方或者贷方余额双重性质的账户。按 2006 年新

《企业会计准则》规定，共同类账户包括：清算资金往来、货币兑换、衍生工具、套期工具和被套期项目账户，在此就不在一一阐述。

账户按经济内容分类除了可以分为上述类别以外，还可以按其反映经济内容的详略程度不同，分为总分类账户和明细分类账户，这已在本书第三章中阐明，因此不再重复。

下面将上述账户分类用图 13－1 列示如下。

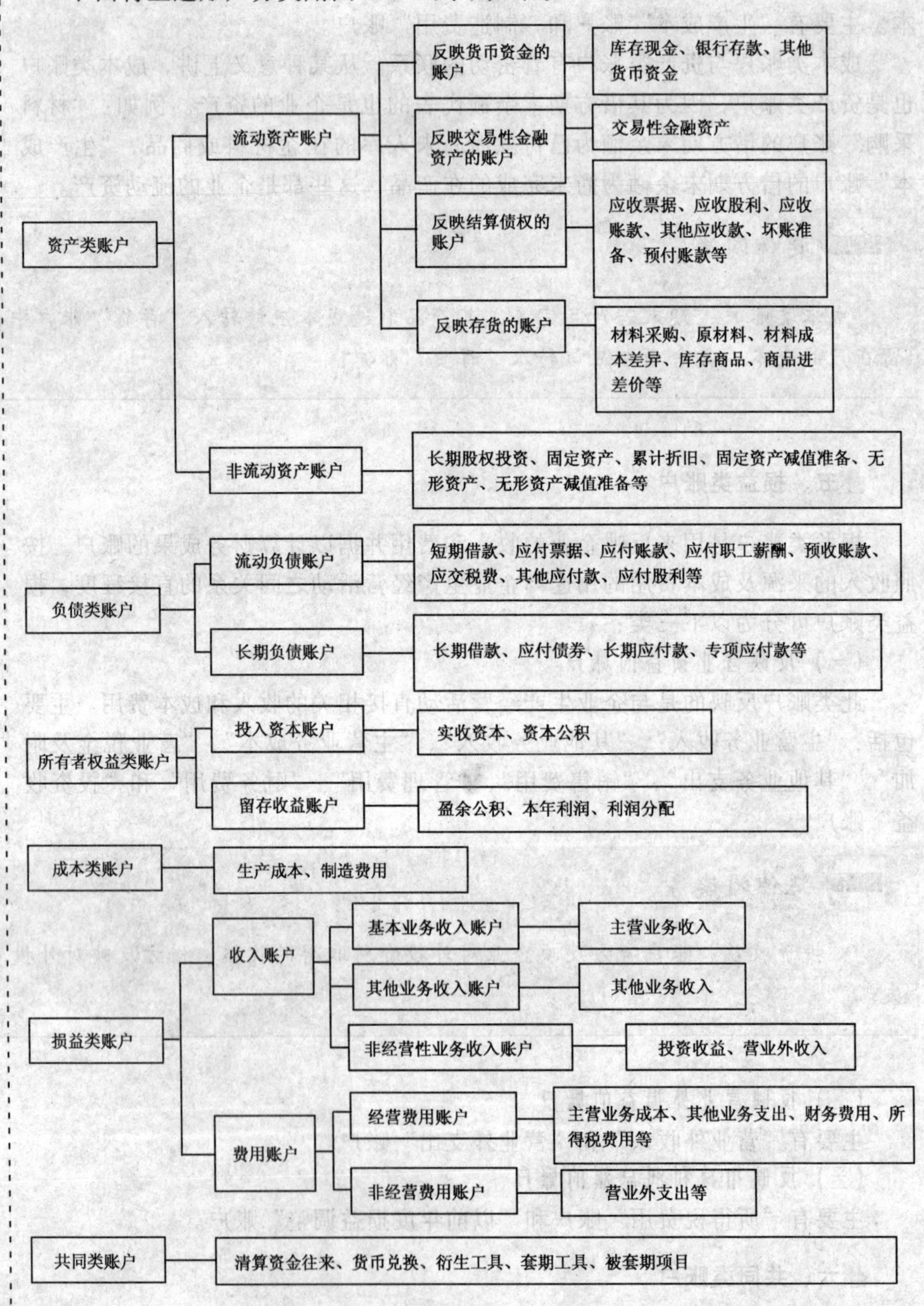

图 13－1

第三节 会计账户再认识（二）

如前所述，账户按经济内容分类是认识账户分类的基础，它对于正确区分账户的经济性质，合理地设置和运用账户，具有重要的意义。但是，仅仅将账户按经济内容进行分类，还不能使我们更详细地了解各种账户的用途和结构，以及它们如何提供企业经营管理和对外报告所需要的各种核算指标。因此，有必要进一步学习账户按用途和结构的分类。

账户的用途是指设置和运用账户的目的，即通过账户记录提供什么核算指标。账户的结构是指在账户中如何登记经济业务，即“借方”登记什么，“贷方”登记什么，期末是否有余额，余额在哪一方，表示什么内容。

以制造业企业为例，其账户按用途和结构可以分为以下 10 类：即盘存账户、结算账户、资本和资本增值账户、集合分配账户、跨期摊配账户、收入账户、费用账户、成本计算账户、财务成果账户和调整账户。

下面分别说明各类账户的用途和结构特点。

一、盘存账户

盘存账户是用来反映和监督各项财产物资和货币资金的增减变动及实际结存数的账户。此类账户的结构是：借方登记财产物资和货币资金的增加数；贷方登记财产物资和货币资金的减少数；余额在借方，表示财产物资的结存数。如图 13 – 2 所示。

盘存账户

借　　方	贷　　方
期初余额：各项财产物资和货币资金的期初结存数 发生额：本期各项财产物资和货币资金的增加数	发生额：本期各项财产物资和货币资金的减少数
期末余额：各项财产物资的期末结存数	

图 13 – 2　盘 存 账 户

属于盘存类账户的主要有“库存现金”、“银行存款”、“原材料”、“库存商品”、“固定资产”等。其特点是反映的内容大都具有实物指标，而且其期末结存数可以通过实物盘点的方法来检查账实是否相符，从而发现和解决管理上存在的问题。

二、结算账户

结算账户是用来反映和监督企业与其他单位和个人之间债权、债务结算情况的账户。由于用途和结构的不同，此类账户又可以进一步分为债权结算账户、债务结算账户和债权债务结算（共同类性质）账户三类。

（一）债权结算账户

债权结算账户是用来反映和监督企业与其他单位和个人之间债权结算情况的账户。此类账户的结构是：借方登记企业债权的增加数；贷方登记债权的减少数；余额在借方，表示企业尚未收回的债权数额。可图示如下（图 13－3）：

债权结算账户

借　方	贷　方
期初余额：期初尚未收回的应收款和尚未结算的预付款实有数 发生额：本期应收款和预付款的增加数	发生额：本期应收款和预付款的减少数
期末余额：期末尚未收回的应收款和尚未结算的预付款实有数	

图 13－3　债权结算账户

属于债权结算账户的主要有“应收账款”、“应收票据”、“应收股利”、“应收利息”、“其他应收款”和“预付账款”等。

（二）债务结算账户

债务结算账户是用来反映和监督企业与其他单位和个人之间债务结算情况的账户。此类账户的结构是：贷方登记债务的增加数；借方登记债务的减少数；余额在贷方，表示企业尚未清偿的债务数额。可图示如下（图 13－4）：

债务结算账户

借　方	贷　方
发生额：本期借入款、应付款和预收款的减少数	期初余额：期初尚未偿还的借入款、应付款和尚未结算的预收款实有数 发生额：本期借入款、应付款和预收款的增加数
	期末余额：期末尚未偿还的借入款、应付款和尚未结算的预收款实有数

图 13－4　债务结算账户

属于债务结算账户的主要有“短期借款”、“应付票据”、“应付账款”、“预收账款”、“应付职工薪酬”、“应交税费”、“应付股利”、“其他应付款”、“预提费用”、“长期借款”和“长期债券”等。

（三）债权债务结算账户

债权债务结算账户又称往来结算账户，是用来反映和监督企业与其他单位和个人之间往来结算情况的账户。这类账户既反映债权结算业务，又反映债务结算业务，是典型的双重性质的账户。设置此类账户的目的，是为了满足会计管理的需要。因为在实际工作中，一些企业经常与之发生业务关系的单位和个人，有时是企业的债权人，有时又是企业的债务人，因此有必要在同一个账户中反映企业与该单位或个人之间的债权债务结算情况。

债权债务结算账户的结构是：借方登记企业债权的增加数和债务的减少数；贷方登记债务的增加数和债权的减少数；期末余额可能在借方也可能在贷方，若在借方则表示尚未收回的债权大于尚未偿付的债务的差额，若在贷方则表示尚未偿付的债务大于尚未收回的债权的差额。

属于债权债务结算账户的主要有“应收账款”（同时核算应收及预付款项）和“应付账款”（同时核算应付及预收款项），也有的企业直接设置“其他往来”账户核算债权债务结算情况，“清算资金往来”、“货币兑换”等账户。

三、资本和资本增值账户

资本和资本增值账户是用来反映和监督企业所有者权益的增减变动及其结余情况的账户。此类账户的结构是：贷方反映所有者权益的增加；借方反映所有者权益的减少；余额在贷方，表示期末企业所有者权益的实有数。

属于资本和资本增值账户的主要有“实收资本”、“资本公积”和“盈余公积”等账户。

四、集合分配账户

集合分配账户是用来归集和分配生产经营中某个阶段所发生的应由多个成本计算对象共同负担的某种费用的账户。此类账户的结构是：借方登记各种费用的发生数；贷方登记按照一定标准分配计入各个成本计算对象的费用分配数；期末一般无余额。

属于集合分配账户的主要有“制造费用”账户。

五、成本计算账户

成本计算账户是用来反映和监督企业生产经营过程中某一阶段所发生的，应计入成本的全部费用，并确定各个成本计算对象的实际成本账户。其账户结构是：借方登记应计入成本的全部费用，包括直接计入各个成本计算对象的费用和按一定标准分配计入各个成本计算对象的费用；贷方登记转出的已完成某一过程的成本计算对象的实际成本；期末余额在借方，表示尚未完成某一过程的成本计算对象的实际成本。

属于成本计算账户的主要有“生产成本”、“劳务成本”等账户。

六、收入账户

收入账户是用来反映和监督企业在一定会计期间内所取得的各种收入和利得的账户。其账户结构是：贷方登记本期收入和利得的增加数；借方登记本期收入和利得的减少数，以及期末转入“本年利润”账户的收入和利得数；期末结转后该类账户无余额。可图示如下（图 13 – 5）：

收入账户

借　方	贷　方
发生额：收入和利得的减少数及期末转入“本年利润”账户的收入和利得	发生额：本期收入和利得的增加数

图 13－5　收 入 账 户

属于收入账户的主要有“主营业务收入”、“其他业务收入”、“营业外收入”和“投资收益”账户。

七、费用账户

费用账户用来反映和监督企业在一定会计期间内所发生的应计入当期损益的各种费用的账户。其账户结构是：借方登记当期费用发生的增加数；贷方登记当期费用发生的减少额，以及期末转入“本年利润”账户的费用发生数；期末结转后该类账户无余额。可图示如下（图 13－6）：

费用账户

借　方	贷　方
发生额：本期费用发生的增加数	发生额：本期费用发生的减少数以及期末转入“本年利润”的费用

图 13－6　费 用 账 户

属于费用类账户的主要有“主营业务成本”、“营业务税金及附加”、“其他业务支出”、“销售费用”、“财务费用”、“营业外支出”和“所得税费用”账户。

八、财务成果账户

财务成果账户是用来反映和监督企业在一定会计期间内生产经营活动的最终成果，并据以确定企业利润或亏损数额的账户。其账户结构是：贷方登记期末从各收入类账户中转入的各项收入和利得；借方登记期末从各费用类账户中转入的各项费用；期末余额若在贷方，表示收入大于费用的差额，即为企业到本期末实现的累计利润（含期初的累计利润或亏损）；期末余额若在借方，则表示本期费用大于收入的差额，即为企业到本期末发生的累计亏损（含期初的累计利润或亏损）。可图示如下（图 13－7）：

财务成果账户

借　方	贷　方
期初余额：期初的累计亏损 发生额：应计入本期损益的各项费用	期初余额：期初的累计利润 发生额：应计入本期损益的各项收入
期末余额：到本期末为止的累计亏损	期末余额：到本期末为止的累计利润

图 13－7　财务成果账户

属于财务成果账户的主要有“本年利润”账户。这里需要说明的是，到年终结算的时候，要把“本年利润”账户的余额转入“利润分配”账户，年终结转后“本年利润”账户应无余额。

九、调整账户

调整账户是用来调整被调整账户的账面余额，以便计算被调整账户的实际余额的账户。在实际会计工作中，由于管理上的需要，某些会计要素的具体内容需要用两个指标从不同方面进行反映和监督，相应地也就需要设置两个账户，一个反映其原始状况，另一个反映其增减变动情况，两相对照可反映出变动后的实际情况。调整账户按照其调整方式的不同，可进一步分为备抵账户、附加账户和备抵附加账户三类。

（一）备抵账户

备抵账户又称抵减账户，是用来抵减被调整账户的账面余额，以求得被调整账户实际余额的账户。其调整方式可用下列计算公式表示：被调整账户余额 - 调整账户余额 = 被调整账户的实际余额。

因此，备抵账户的余额与被调整账户的余额必定方向相反：如果被调整账户的余额在借（贷）方，则备抵账户的余额一定在贷（借）方。

按照被调整账户的性质，备抵账户又可分为资产备抵账户和权益备抵账户两种。

1. 资产备抵账户。资产备抵账户是用来抵减某一资产账户（被调整账户）的账面余额，以求得该资产账户实际余额的账户。最典型的资产备抵账户是“累计折旧”账户，其对应的被调整账户是“固定资产”账户。由于管理上既需要了解固定资产的原始投资价值，又需要了解其磨损情况，因此在核算上就规定“固定资产”账户只反映固定资产的原始价值，其磨损的价值则通过另设的“累计折旧”账户反映，两相对照才能反映出固定资产的折余价值。可用公式表示如下：

“固定资产”账户借方余额 - “累计折旧”账户贷方余额 = 固定资产净值
（固定资产原值）　　　　（累计折旧金额）　　　　（折余价值）

属于资产备抵账户的还有“坏账准备”、“固定资产减值准备”、“长期股权投资减值准备”等账户。

2. 权益备抵账户。权益备抵账户是用来抵减某一权益账户（被调整账户）的账面余额，以求得该权益账户实际余额的账户。例如，“利润分配”账户就是“本年利润”账户的备抵账户。“本年利润”账户的期末贷方余额反映的是本年累计实现的利润数，“利润分配”账户的期末借方余额反映的是本年已累计分配的利润数，用“本年利润”账户的贷方余额减去“利润分配”账户的借方余额，得到的是本年尚未分配的利润数。可用公式表示如下：

“本年利润”账户贷方余额 - “利润分配”账户 = 本年尚未分配的利润数
(本年累计实现的利润数)(本年累计分配的利润数)(“利润分配”账户贷方余额)

（二）附加账户

附加账户是用来增加被调整账户的账面余额，以求得被调整账户的实际余额的账户。其调整方式可用下列公式表示：

被调整账户余额－附加账户余额＝被调整账户的实际余额

因此，附加账户的余额与被调整账户的余额一定在同一方向：如果被调整账户的余额在借（贷）方，则附加账户的余额一定也在借（贷）方。

在实际工作中，纯粹的附加型账户很少见。

（三）备抵附加账户

备抵附加账户是指既可以用来抵减也可以用来附加被调整账户的账面余额，以求得被调整账户实际余额的账户。这是一种兼具备抵账户和附加账户功能的双重性质账户，其调整方式可用下列公式表示：

被调整账户余额±备抵附加账户余额＝被调整账户的实际余额

在实际运用中，备抵附加账户是起备抵作用还是附加作用，取决于该账户余额与被调整账户余额的方向是否一致。当二者方向相同时，该账户是附加账户；当二者方向不同时，该账户是备抵账户。

属于备抵附加账户的主要有“材料成本差异”账户。

十、其他类别账户

其他类别账户主要指跨期摊配账户和待处理账户，分别包括“长期待摊配用”账户和“待处理财产损益”账户。

案例

刚上财经大学一年级的小王，对开设的《基础会计》课程特别感兴趣，学习起来也比较用功。因为老师讲过，这门课程是其他会计课程学习的基础，如同建造楼房必须打好基础一样，这门课程学习不好，以后学期开设的专业会计课程的学习就会缺乏根基。

对《基础会计》的绝大部分内容，小宋都能比较熟练的掌握和应用，唯有账户的分类问题让他有些头疼。如果说账户按其反映的经济内容分类方法还是“小菜一碟”的话，那么，账户按其用途和结构分类方法则是一只“拦路虎”，有些账户的结构他怎么也琢磨不透，比如“固定资产”账户和“累计折旧”账户，按它们所反映的经济内容来看，都属于资产类账户，但为什么它们的结构却是完全相反的呢？

在自习时间，好学的小王找到了与他一样对《基础会计》课程感兴趣的小周，向他提出了学习中遇到的不解问题，希望好朋友能给出满意的答复。

小周听后没有立即回答小王的问题，他沉思片刻说：“其实，与你所说的情况相同的还有应收账款和坏账准备账户、本年利润和利润分配账户、原材料和材料成本差异账户等。其中的每一对账户都像固定资产账户和累计折旧账户一样，在会计核算中存在着某种联系，但却具有不同的用途，所以才会设计成相反的账户结构。”

你认为小周同学的回答能够解决小王心中的疑团吗？

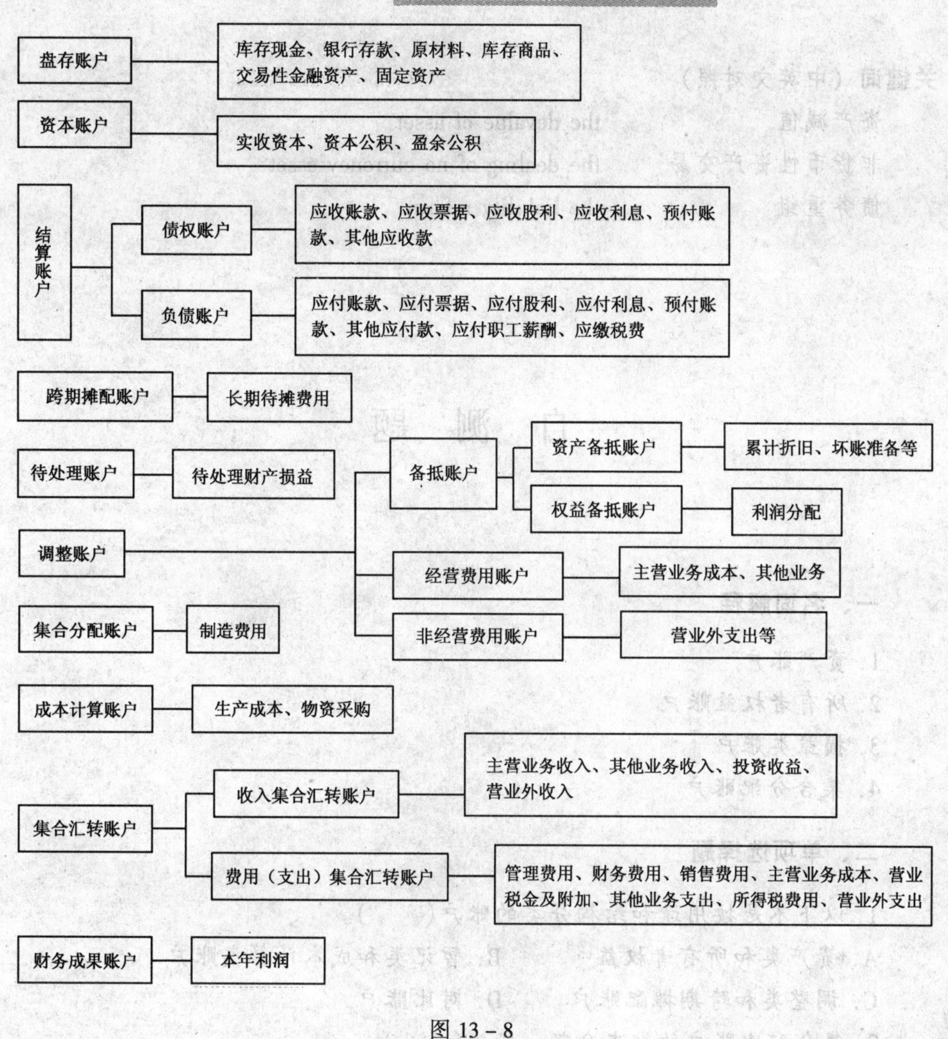

图 13－8

本章小结

本章第一节初略地介绍了资产减值、非货币性交易和债务重组等企业不常见的会计业务，为进一步学习会计核算业务起到指导性作用。

本章主要阐述的是会计账户的分类问题，目的是使初学者进一步认识各个账户的经济内容及其在整个账户体系中的地位和作用，了解不同账户之间的联系与区别，掌握各类账户的结构特点，从而能正确地运用账户登记经济业务。

本章第二节和第三节分别从不同角度对账户进行了分类，其中第二节的重点是按经济内容进行分类，以及可分为哪几类，每一类可以包括哪些账户；第三节的重点是各类账户的用途和结构。对于初学者来说，由于对各个账户在核算业务中的具体运用的不熟悉，因此在这里还不能深刻理解和把握各类账户的特点及其相互之间的联系与区别，但只要记住账户按不同标准可分为哪些不同种类以及各自包括哪些主要账户就可以了。

关键词（中英文对照）

资产减值	the devalue of asset
非货币性资产交易	the dealing of no currency asset
债务重组	the liability reform

自 测 题

一、名词解释

1. 资产账户
2. 所有者权益账户
3. 损益类账户
4. 集合分配账户

二、单项选择题

1. 以下不是按用途和结构分类的账户(　　)。
A. 资产类和所有者权益　　B. 暂记类和成本计算类账户
C. 调整类和跨期摊配账户　　D. 对比账户

2. 集合配比账户的期末余额一般为(　　)。
A. 借方　　B. 贷方
C. 零　　D. 不确定

3. 账户按经济内容分类，“制造费用”账户属于(　　)。
A. 成本类账户　　B. 损益类账户
C. 资产类账户　　D. 负债类账户

4. 在借贷记账法下，账户之间最本质的差别是(　　)。
A. 账户的格式　　B. 账户的结构
C. 账户的用途　　D. 账户反映的经济内容

5. 按用途结构分类，“现金”账户属于(　　)。
A. 资本账户　　B. 结算账户
C. 盘存账户　　D. 财务成果账户

6. “主营业务成本”账户属于(　　)。
A. 集合分配账户　　B. 成本费用账户
C. 成本计算账户　　D. 盘存账户

7. 对账户进行分类的依据是账户的(　　)。

A. 不同名称　　B. 不同标志

C. 不同核算内容　　D. 不同记账方向

8. 下列账户中，反映企业经营积累的账户是(　　)。

A. 实收资本　　B. 资本公积

C. 盈余公积　　D. 主营业务收入

9. 下列账户中，反映企业利润形成的账户是(　　)。

A. 主营业务收入　　B. 投资收益

C. 本年利润　　D. 利润分配

10. 下列账户中，反映企业利润分配的账户是(　　)。

A. 未分配利润　　B. 本年利润

C. 利润分配　　D. 投资收益

11. 下列账户中，属于集合分配账户的是(　　)。

A. 生产成本　　B. 累计折旧

C. 制造费用　　D. 物资采购

12. 下列账户中，属于财务成果计算账户的是(　　)。

A. 主营业务收入　　B. 其他业务收入

C. 利润分配　　D. 本年利润

三、多项选择题

1. 下列账户中属于调整账户的有(　　)。

A. 累计折旧　　B. 利润分配

C. 预提费用　　D. 待摊费用

2. 下列关于调整账户的正确表述是(　　)。

A. 调整账户与被调整账户反映的经济内容相同

B. 调整账户与被调整账户的用途结构相同

C. 调整账户与被调整账户的用途结构不同

D. 调整账户不能脱离被调整账户而独立存在

3. 下列账户中，按经济内容分类属于损益类账户的是(　　)。

A. “本年利润”账户　　B. “利润分配”账户

C. “所得税”账户　　D. “管理费用”账户

4. 下列账户中，按经济内容分类，属于所有者权益类账户的是(　　)。

A. “实收资本”账户　　B. “盈余公积”账户

C. “资本公积”账户　　D. “利润分配”账户

5. “生产成本”账户按用途和结构分类，可以归类为(　　)。

A. 盘存账户　　B. 集合分配账户

C. 成本计算账户　　D. 费用账户

6. 对账户进行分类的意义在于(　　)。

A. 有利于全面认识各账户在整体账户体系中的作用

B. 有利于正确认识会计账户与会计凭证之间的关系

C. 有利于掌握各账户在提供会计核算指标上的规律性

D. 有利于正确认识会计账户与会计账簿之间的关系

7. 对账户进行分类的基本方法有( )。

A. 按账户反映的经济内容分类

B. 按账户的用途和结构分类

C. 按账户与会计凭证的关系分类

D. 按账户与会计等式的关系分类

8. 下列账户类别中，属于账户经济内容分类包含的类别有( )。

A. 资产类账户　　B. 债权债务结算账户

C. 投资权益账户　　D. 费用类账户

9. 下列账户中，反映企业流动资产的账户有( )。

A. 应收账款　　B. 其他应收款

C. 坏账准备　　D. 累计折旧

10. 下列账户中，反映企业非流动负债的账户是( )。

A. 短期借款　　B. 长期借款

C. 应付账款　　D. 长期应付款

11. 下列账户中，反映企业收入的账户有( )。

A. 主营业务收入　　B. 接受捐赠收入

C. 其他业务收入　　D. 营业外收入

12. 账户的用途是指( )。

A. 设置和运用账户的目的

B. 如何在账户中取得各种实物量指标

C. 在账户中如何记录经济业务

D. 通过账户记录能够提供什么核算指标

四、判断题

1. 在账户按用途结构分类时，应特别注意有的账户具有双重用途，因此可以列入两个类别。例如“固定资产清理”账户。( )

2. 由于跨期摊配账户是用来核算应由几个成本计算期的产品成本共同负担的费用，因此本账户不存在负债性质的跨期摊配账户。( )

3. 调整账户不能离开被调整账户，有调整账户就必然有被调整账户。( )

4. “累计折旧”账户，贷方登记折旧的增加数，借方登记折旧的减少数，因此它是负债类账户。( )

第十四章

会计假设与会计信息质量要求

学习提示

本章的内容可以根据不同的教学对象选择学习。

本章是全书最后部分的内容，是对前面知识的概括、总结和延伸。通过对本章的学习，期望能达到抛砖引玉的作用，以此培养学生对学习会计不断总结和不断钻研的精神。

本章在第一节介绍了会计核算的五个假设前提，即会计主体假设、持续经营假设、会计分期假设、货币计量假设、权责发生制假设；第二节主要介绍了会计信息的八个质量要求，即可靠性、相关性、可理解性、可比性、实质重于形式、重要性、谨慎性和及时性。

学习时应结合全书的内容，融会贯通地理解会计核算的五个假设前提；结合当前经济形势和会计环境，特别是伴随着“蓝田股份”神话的破灭和“安然”公司的轰然倒塌，有关会计信息的质量问题再度成为人们关注的焦点。学习时应结合全书内容，融会贯通地理解会计核算的五个假设前提，培养学生高度重视会计信息质量工程，不断提高学生的职业判断能力。

第一节　会计假设

会计基本假设是企业会计确认、计量和报告的前提，是对会计核算所处时间、空间环境等所作的合理设定。会计基本假设包括会计主体、持续经营、会计分期、货币计量和权责发生制。

一、会计主体

会计主体是指企业会计确认、计量和报告的空间范围。

在会计主体假设下，企业应当对其本身发生的交易或者事项进行会计确认、计量和报告，反映企业本身所从事的各项生产经营活动。明确界定会计主体是开展会计确认，计量和报告工作的重要前提或必要条件。

首先，明确会计主体，才能划定会计所要处理的各项交易或事项的范围。在会计工作中，只有那些影响企业本身经济利益的各项交易或事项才能加以确认，计量和报告。那些不影响企业本身经济利益的各项交易或事项不能加以确认、计量和报告，会计核算中涉及的资产、负债的确认，收入的实现，费用的发生等，都是针对特定会计主体而言的。

其次，明确会计主体，才能将会计主体的交易或者事项与会计主体所有者的交易或者事项以及其他会计主体的交易或者事项区分开来。例如，企业所有者的经济交易或者事项是属于企业所有者主体所发生的，不应纳入企业会计核算的范围。但是，企业所有者投入到企业的资本或者企业向所有者分配的利润，则属于企业主体所发生的交易或者事项，应当纳入企业会计核算的范围。

会计主体不同于法律主体。一般来说，法律主体必然是会计主体。例如，一个企业作为一个法律主体，应当建立财务会计系统，独立反映其财务状况、经营成果和现金流量。但是，会计主体不一定是法律主体，例如企业集团编制合并报表所依据的便是合并主体而非法律主体。

动脑筋：

我国有一些企业推广了内部银行，实行内部经济核算。试问：这样的组织属于企业内部的核算单位，它们是会计主体吗？

【例 14－1】 某母公司拥有 10 家子公司，母子公司均为不同的法律主体，但母公司对子公司拥有控制权，为了全面反映由母子公司组成的企业集团整体的财务状况、经营成果和现金流量，就需要将企业集团作为一个会计主体，编制合并财务报表。

【例 14－2】 某基金管理公司管理了 10 只证券投资基金。对于该公司而言，一方面公司本身既是法律主体，又是会计主体，需要以公司为主体核算公司的各项经济活动，以反映整个公司的财务状况、经营成果和现金流量；另一方面各只基金尽管不属于法律主体，但需要单独核算，并向基金持有人定期披露基金的财务状况和经营成果等，因此，每只基金也属于会计主体。

二、持续经营

持续经营是指在可预见的将来，企业将会按当前的规模和状态继续经营下去，不会停业，也不会大规模削减业务。在持续经营假设下，企业进行会计确认，计量和报告应当以持续经营为前提。明确这一基本假设，就意味着会计主体将按照既定的用途使用资产，按照既定的合约条件清偿债务，会计人员就可以在此基础上选择会计政策和估计方法。

企业持续经营假设与会计主体经营假设有着密切的联系。持续经营假设是在确定了企业是会计主体之后作出的规定。因为只有设定了企业作为一个会计主体之后，才能假设它能够存在多久？只有设定它在可预见的未来，能持续经营下去，才能进一步选择和确定会计核算的具体方法。

【例 14－3】 某企业购入一条生产线，预计使用寿命为 10 年，考虑到该企业将会持续经营下去，因此可以假定企业的固定资产会在持续的生产经营过程中长期发挥作用，并服务于生产经营过程，即不断地为企业生产产品，直至生产线使用寿命结束。为此，该生产线就应当根据历史成本进行记录，并采用折旧的方法，将历史成本分摊到预计使用寿命期间所生产的相关产品的成本当中。

当然，在市场经济环境下，任何企业都存在破产、清算的风险，也就是说，企业不能持续经营的可能性总是存在的。因此，企业需要定期对其持续经营的基本前提作出分析和判断。如果可以判断企业不能持续经营，就应当改变会计核算的原则和方法，并在企业财务报告中作相应披露。如果一个企业在不能持续经营时还假定企业能够持续经营，并仍按持续经营的基本假设选择会计核算的原则和方法，就不能客观地反映企业的财务状况、经营成果和现金流量，误导财务报告使用者进行经济决策。

三、会计分期

会计分期是指将一个企业持续经营的生产经营活动期间划分为若干连续的、长短相同的期间。会计分期的目的，在于通过会计期间的划分，将持续经营的生产经营活动期间划分成连续，相同的期间，据以结算盈亏，按期编制财务报告，从而及时向财务报告使用者提供有关企业财务状况、经营成果和现金流量的信息。在会计分期假设下，企业应当划分会计期间，分期结算账目和编制财务报告。会计期间分为年度和中期，年度和中期均按公历起讫日期确定。中期是指短于一个完整的会计年度的报告期间。根据持续经营假设，一个企业将按当前的规模和状态持续经营下去，要想最终确定企业的生产经营成果，只能等到企业在若干年后歇业时核算一次盈亏。但是，无论是企业的生产经营决策还是投资者、债权人等的决策都需要及时的信息，不能等到歇业时。因此，就必须将企业持续经营的生产经营活动期间划分为若干连续的、长短相同的期间，分期确认、计量和报告企业的财务状况、经营成果和现金流量。由于有了会计分期，才产生了当期与以前期间、以后期间的差别，出现了权责发生制和收付实现制的区别，才使不同类型的会计主体有了记账的基准，进而出现了应收、应付、折旧、摊销等会计处理方法。

四、货币计量

货币计量是指会计主体在进行会计确认、计量和报告时以货币计量，反映会计主体的财务状况、经营成果和现金流量。在会计确认、计量和报告过程中选择货币作为基础进行计量，是由货币本身的属性决定的。货币是商品一般等价物，是衡量一般商品价值的共同尺度，具有价值尺度、流通手段、贮藏手段和支付手段等特点。其他计量单位，如重量、长度、容积、台、件等，都只能从一个侧面反映企业的生产经营情况，无法在量上进行汇总和比较，不便于会计计量和经营管理。因此，为全面反映企业的生产经营活动和有关交易事项，会计确认、计量和报告应选择货币作为计量单位。但是，统一采用货币计量也存在缺陷，例如，某些影响企业财务状况和经营成果的因素，如企业经营战略、研发能力、市场竞争力等，往往难以用货币来计量，但这些信息对于使用者决策也很重要。因此，企业可以在财务报告中补充披露有关非财务信息来弥补上述缺陷。

五、权责发生制

权责发生制是指凡是当期已经实现的收入和已经发生或应当负担的费用，不论款项是否收付，都应当作为当期的收入和费用；凡是不属于当期的收入和费用，即使款项是在当期收付，也不应当作为当期的收入和费用。在权责发生制假设下，应计入某一会计期间的收入和费用与款项的实际收付并不是一回事。例如：款项已经收到，但销售并未实现；或者款项已经支付，但并不是为本期生产经营活动而发生的。

第二节　会计信息质量要求

会计信息质量要求是对企业财务报告中所提供的会计信息质量的基本要求，是使财务报告中所提供会计信息对使用者决策有用所应具备的基本特征，它包括可靠性、相关性，可理解性、可比性、实质重于形式、重要性、谨慎性和及时性等。

一、可靠性

可靠性要求企业应当以实际发生的交易或者事项为依据进行会计确认、计量和报告，如实反映符合确认和计量要求的各项会计要素及其他相关信息，保证会计信息真实可靠、内容完整。具体包括以下要求：

1. 企业应当以实际发生的交易或者事项为依据进行会计确认、计量和报告，不能以虚构的交易或者事项为依据进行会计确认、计量和报告。

2. 企业应当如实反映其所反映的交易或者事项，将符合会计要素定义及其确认条件的资产、负债、所有者权益、收入、费用和利润等如实反映在财务报表中，真实反映企业生产经营及财务活动的历史面貌。

3. 企业应当在符合重要性和成本效益原则的前提下，保证会计信息的完整性，其中包括编报的报表及其附注内容等应当保持完整，不能随意遗漏或者减少应予披露的信息，与使用者决策相关的有用信息都应当充分披露。

【例 14－4】 某公司于 2007 年未发现公司销售萎缩，无法实现年初确定的销售收入目标，但考虑到在 2008 年春节前后，公司销售可能会出现较大幅度的增长，该公司为此提前预计库存商品销售，在 2007 年末制作了若干虚假的存货出库凭证，并确认销售收入实现。该公司的这一会计处理不是以其实际发生的交易事项为依据的，是公司虚构的交易事项，因此违背了会计信息质量要求中的可靠性原则，也违背了我国会计法的规定。

二、相关性

相关性要求企业提供的会计信息应当与财务报告使用者的经济决策需要相

关，有助于财务报告使用者对企业过去、现在或者未来的情况作出评价或者预测。

一项会计信息有无价值，关键是看其与使用者的决策需要是否相关，是否有助于决策或者提高决策水平。相关的会计信息应当有助于使用者评价企业过去的决策，证实或者修正过去的有关预测，因而具有反馈价值。相关的会计信息还应当具有预测价值，有助于使用者根据财务报告所提供的会计信息预测企业未来的财务状况、经营成果和现金流量。例如，区分收入和利得、费用和损失，区分流动资产和非流动资产、流动负债和非流动负债等，都可以提高会计信息的预测价值，进而提升会计信息的相关性。

为了满足会计信息的相关性要求，企业应当在确认、计量和报告会计信息的过程中，充分考虑使用者的决策模式和信息需要。当然，对于某些特定目的或用途的信息，财务报告可能无法完全提供，则企业可以通过其他形式予以提供。

三、可理解性

可理解性要求企业提供的会计信息应当清晰明了，便于财务报告使用者理解和使用。企业编制财务报告、提供会计信息的目的在于使用，而要使财务报告使用者有效地使用会计信息，应当能让其了解会计信息的内涵，弄懂会计信息的内容。这就要求财务报告所提供的会计信息应当清晰明了，易于理解。只有这样，才能提高会计信息的有用性，实现财务报告的目标，满足向使用者提供决策有用信息的要求。

鉴于会计信息是一种专业性较强的信息产品，因此，在强调会计信息的可理解性要求的同时，还应假定使用者具有一定的有关企业生产经营活动和会计核算方面的知识，并且愿意付出努力去研究这些信息。对于某些复杂的信息，例如，交易本身较为复杂或者会计处理较为复杂，但其对使用者的经济决策是相关的，就应当在财务报告中予以披露，企业不能仅仅以该信息会使某些使用者难以理解而将其排除在财务报告所应披露的信息之外。

四、可比性

可比性要求企业提供的会计信息应当具有可比性。具体包括下列要求：

1. 为了便于使用者了解企业财务状况和经营成果的变化趋势，比较企业在不同时期的财务报告信息，从而全面、客观地评价过去、预测未来，会计信息质量的可比性要求同一企业对于不同时期发生的相同或者相似的交易或者事项，应当采用一致的会计政策，不得随意变更。当然，满足会计信息可比性的要求，并不表明不允许企业变更会计政策，企业按照规定或者会计政策变更后可以提供更可靠、更相关的会计信息时，就有必要变更会计政策，以向使用者提供更为有用的信息，但是有关会计政策变更的情况，应当在会计报表附注中予以说明。

2. 为了便于使用者评价不同企业的财务状况和经营成果的水平及其变动

情况，从而有助于使用者作出科学合理的决策，会计信息质量的可比性还要求不同企业发生的相同或者相似的交易或者事项，应当采用规定的会计政策，确保会计信息口径一致、相互可比，即对于相同或者相似的交易或者事项，不同企业应当采用一致的会计政策，以使不同企业按照一致的确认、计量和报告基础提供有关会计信息。

五、实质重于形式

实质重于形式要求企业应当按照交易或者事项的经济实质进行会计确认、计量和报告，不应仅以交易或者事项的法律形式为依据。如果企业仅仅以交易或者事项的法律形式为依据进行会计确认、计量和报告，那么就容易导致会计信息失真，无法如实反映经济现实。

在会计实务中，交易或者事项的法律形式并不总能完全真实地反映其实质内容。所以，会计信息要想反映其所应反映的交易或者事项，就必须根据交易或者事项的实质和经济现实来进行判断，而不能仅仅根据它们的法律形式。

【例 14－5】 企业以融资租赁方式租入固定资产，虽然从法律形式来讲，企业并不拥有其所有权，但是由于租赁合同中规定的租赁期相当长，接近于该资产的使用寿命；租赁期结束时承租企业有优先购买该资产的选择权；在租赁期内承租企业有权支配该资产并从中受益等。从其经济实质来看，企业能够控制融资租入固定资产所创造的未来经济利益，所以，会计在进行确认、计量和报告时，应当将以融资租赁方式租入的固定资产视为企业的资产，反映在企业的资产负债表上。

【例 14－6】 企业在销售某商品的同时又与客户签订了售后回购协议。在这种情况下，就需要按照销售的经济实质来判断是否应当确认销售收入。如果企业已将商品所有权上的主要风险和报酬转移给购货方，满足了收入确认的各项条件，则销售实现，应当确认收入；如果企业没有将商品所有权上的主要风险和报酬转移给购货方，没有满足收入确认的条件，即使企业已将商品交付给购货方，销售也没有实现，不应当确认收入，通常应当将该售后协议作为融资协议来处理。

六、重要性

重要性要求企业提供的会计信息应当反映与企业财务状况、经营成果和现金流量有关的所有重要交易或者事项。

企业会计信息的省略或者错报会影响使用者据此作出经济决策的，该信息就具有重要性。重要性的应用需要依赖职业判断，一般来说企业应当根据其所处环境和实际情况，从项目的性质和金额的大小两方面来判断其重要性。

【例 14－7】 我国要求上市公司对外提供季度财务报告。考虑到季度财务报告披露的时间较短，从成本效益原则的角度考虑，季度财务报告没有必要像年度财务报告那样披露详细的附注信息。为此，我国中期财务报告会计准则规定，公司季度财务报告附注应当以年初至本中期末为基础编制，披露自上年度资产负债表日之后发生的、有助于理解企业财务状况、经营成果和现金流量变化情况的重要交易或者事项。对于与理解本中期财务状况、经营成果和现金流量有关的重要交易或者事项，也应当在附注中作相应披露。这一附注披露的要求，就体现了会计信息质量的重要性要求。

七、谨慎性

谨慎性要求企业对交易或者事项进行会计确认、计量和报告时应当保持应有的谨慎，不应高估资产或者收益、低估负债或者费用。在市场经济环境下，企业的生产经营活动面临着许多风险和不确定性，例如应收款项的可收回性、固定资产的使用寿命、无形资产的使用寿命、售出存货可能发生的退货或者返修等。会计信息质量的谨慎性要求，即需要企业在面临不确定性因素的情况下作出职业判断时，保持应有的谨慎，充分估计到各种风险和损失，既不高估资产或者收益，也不低估负债或者费用。但是，谨慎性的应用并不允许企业设置秘密准备，如果企业故意低估资产或者收益，或者故意高估负债或者费用，将不符合会计信息的可靠性和相关性要求，损害会计信息质量，扭曲企业实际的财务状况和经营成果，从而对会计信息使用者的决策产生误导，这是企业会计准则所不允许的。

八、及时性

及时性要求企业对于已经发生的交易或者事项，应当及时进行会计确认、计量和报告，不得提前或者延后。会计信息的价值在于帮助使用者作出经济决策，因此具有时效性。即使是可靠、相关的会计信息，如果不及时提供，也就失去了时效性，对于使用者的效用就会大大降低，甚至不再具有任何意义。在会计确认、计量和报告过程中贯彻及时性，一是要求及时收集会计信息，即在经济交易或者事项发生后，及时收集整理各种原始单据或者凭证；二是要求及时处理会计信息，即按照企业会计准则的规定，及时对经济交易或者事项进行确认或者计量，并编制出财务报告；三是要求及时传递会计信息，即按照国家规定的有关时限，及时地将编制的财务报告传递给财务报告使用者，便于其及时使用和决策。

【**例 14－8**】 我国上市公司需要按年公开披露年度财务报告，还需要按季披露季度财务报告，这就是会计信息及时性的具体体现。

案例解析

假设重庆宗申股份有限公司 2007 年度财务报告上反映的收入总额为 1 000 万（其中包括预收账款 250 万元），费用总额为 800 万元，实现利润为 200 万元。但对以下几个方面的情况未予考虑：应收账款 300 万元；本年应摊销的开办费 200 万元；本年应预提的借款利息 100 万元。

请你利用学习过的会计信息质量要求分析：重庆宗申股份有限公司对收入和费用的确认违背了会计信息质量方面的哪一条要求？按照该要求进行确认，重庆宗申股份有限公司本年的经营成果应是怎样一种情况？

本章小结

会计是以货币计量为基本形式，运用专门的方法，对经济活动进行核算和监督的一种管理活动。为了保证这些管理活动的正常进行，就必须对错综复杂的经济业务从空间上、时间上以及计量方法上作一些必要的合乎推理的判断和规定，这些规定和判断就是会计核算的前提。在会计核算的前提下，企业对经济业务事项进行了相应的账务处理，为会计信息使用者提供符合要求的会计信息，也就是我们本章给大家讲述的会计信息的八个质量要求。由于已经掌握了前面各章的会计方法和会计循环程序，学习本章的主要目的应该是加深理解相关的会计概念和融汇贯通相关会计业务知识。

关键词（中英文对照）

会计主体	accounting postulates
持续经营	continuing operations
会计分期	accounting period
货币计量	monetary unit
权责发生制	accrual basis
会计信息质量	quality of accounting information
可靠性要求	reliability request
相关性要求	relevance request
可理解性要求	understandability request
可比性要求	comparability request
实质重于形式	substance over form request
重要性要求	materiality request
谨慎性要求	prudence request
及时性要求	timeliness request

自 测 题

一、名词解释

1. 会计主体
2. 持续经营
3. 会计分期
4. 货币计量
5. 权责发生制

二、单项选择题

1. 在会计核算的基本前提中，界定会计核算和会计信息空间范围的是(　　)。

A. 会计主体　　B. 持续经营
C. 会计期间　　D. 货币计量

2. 会计核算使用的主要计量单位是(　　)。

A. 实物计量　　B. 货币计量
C. 时间计量　　D. 劳动计量

3. 导致产生本期与非本期概念的会计核算基本前提是(　　)。

A. 会计主体　　B. 持续经营
C. 会计分期　　D. 货币计量

4. 会计分期是建立在(　　)基础上的。

A. 会计主体　　B. 货币计量
C. 持续经营　　D. 权责发生制原则

5. 我国的会计期间包括会计年度和会计中期，并且均按公历起讫日期确定。下列不属于会计中期的是(　　)。

A. 旬　　B. 月度
C. 季度　　D. 年度

6. 实质重于形式要求是指企业应当按照交易或者事项的经济实质进行会计核算，而不应当仅仅按照它们的法律形式作为会计核算的依据。下列属于体现这种要求的业务是(　　)。

A. 购入固定资产　　B. 融资租入固定资产
C. 计提固定资产减值准备　　D. 经营租出低值易耗品

7. 以下会计处理不符合谨慎性要求的是(　　)。

A. 提取"委托贷款减值准备"　　B. 提取"秘密准备"

C. 提取"在建工程减值准备"　　D. 提取"预计负债"

8. 企业充分预计损失，不得多计收益的做法，遵循的是(　　)。

A. 谨慎性的要求　　B. 权责发生制的要求

C. 重要性的要求　　D. 实质重于形式的要求

三、多项选择题

1. 下面哪些单位是会计核算的主体(　　)。

A. 外贸公司　　B. 学校

C. 医院　　D. 文化局

2. 根据我国《企业会计准则》的规定，会计期间分为(　　)。

A. 年度　　B. 半年度

C. 季度　　D. 月度

3. 下列各项中，属于会计核算基本前提的有(　　)。

A. 会计主体　　B. 持续经营

C. 会计分期　　D. 货币计量

4. 在我国的会计期间中，称为会计中期的是(　　)。

A. 月度　　B. 季度

C. 年度　　D. 半年度

5. 对会计信息质量的一般要求有(　　)。

A. 相关性要求　　B. 可比性要求

C. 及时性要求　　D. 清晰性要求

四、判断题

1. 凡是会计主体都应该进行独立核算。(　　)

2. 法律主体可以是会计主体，会计主体一定是法律主体。(　　)

3. 会计计量单位只有一种，即货币量度。(　　)

4. 会计主要是以货币计价进行监督，不必进行实物监督。(　　)

5. 会计核算必须而且只能采用价值的形式。(　　)

技能实训篇

第一章 阶段模拟实训

第一节 借贷记账法模拟实习

【实习目的】 掌握借贷记账法的运用，掌握有关账户的结构，记账规则和付分录的编制。

【实习资料】 通达公司2007年3月份发生下列经济业务：

1. 从银行提取现金4 000元，以备零用；
2. 投资者投入资金10万元，存入银行；
3. 以银行存款4 000元，缴纳应交税金；
4. 购买一批已入库，价值10万元，款项尚未支付；
5. 以银行存款偿付前欠购料款12 000元；
6. 收到购货单位的前欠货款1万元，存入银行；
7. 从银行取得短期借款4万元，存入银行；
8. 以银行存款2万元购买设备一台；
9. 将资本公积8 000元转增资本；
10. 采购员预借差旅费2万元，以现金付讫；
11. 销售产品一批，价款12 000元，已收到并存入银行；
12. 将多余现金2 000元存入银行。

【实习要求】

1. 采用借贷记账法编制以上经济业务的会计分录。
2. 根据会计分录编制试算平衡表。

第二节 企业经营业务核算模拟实习

【实习目的】

1. 学生了解企业整体生产经营流程；
2. 强化学生对借贷复式记账法的运用；
3. 掌握材料物资采购成本计算、会计核算方法；
4. 掌握生产过程产品生产成本核算方法；
5. 掌握销售过程销售收入、销售成本核算方法；
6. 掌握损益账户转入“本年利润”的会计处理过程；
7. 掌握生产经营过程主要账户之间的关系；
8. 学习“T”形账户设置、账户登记、账户结账的基本方法。

【实习资料】 通达公司2007年3月份发生如下业务：

1. 1日，采购员王为预借采购费用1 500元赴重庆详瑞公司采购材料，以现金支付。

2. 3日，通达公司从重庆详瑞公司购入材料运达本企业，材料尚未验收入库，货款暂欠，见下表所示。

重庆详瑞公司购进材料情况 金额单位：元

甲材料	1 000公斤	单价20	计20 000	进项增值税	3 400
乙材料	900公斤	单价10	计9 000	进项增值税	1 530
合　　计			29 000		4 930

3. 9日，以银行存款支付上述材料的价款、税金以及对方代垫的运费800元。

4. 9日，本月发出甲种材料100公斤，每公斤20元。其中，A产品生产用55公斤，B产品用40公斤，车间一般耗用3公斤，行政管理部门维修用2公斤。

5. 财务科以现金100元购买办公用品。其中，车间办公室用40元，行政科室用60元。

6. 10日，采购员王为报销采购材料的其他采购杂费1 000元，余额6 500元交回。

7. 10日，以银行存款5 650元支付本月电费5 000元和进项增值税650元。其中，生产产品用4 000元（A产品2 500元，B产品1 500元），车间一般耗用400元，行政管理部门用600元。

8. 11日，按下列工资用途分配并结转本月工资。

A产品生产工人工资	100 000元
B产品生产工人工资	80 000元
车间管理人员工资	20 000元
行政管理人员工资	80 000元
销售部门人员工资	40 000元
合计	320 000元

9. 11日，按工资总额的14%计提职工福利费，2%提取工会经费，1.5%提取职工教育经费。

10. 11日，通达公司销售通过银行支付5万元产品广告费。

11. 14日，通达公司销售A产品300件，每件售价2 000元，增值税税率为17%，货款未收。

12. 15日，通达公司销售B产品500件，每件售价1 000元，增值税税率为17%，货款已收存入银行。

13. 28日，通达公司销售多余甲材料，收到现金560元。

14. 28日，18日销售材料的成本为400元。

15. 30日，本月应付短期借款利息7 200元。

16. 30日，本月生产完工A产品300件，每件280元：完工B产品600件，每件190元。

17. 30日，计算结转已销售产品的成本，A产品每件280元：B产品600件，每件190元。

18. 31日，将本月损益类账户转入“本年利润”。

【实习要求】

1. 设置“在途物资”、“原材料”、“生产成本”、“库存商品”、“T”账户，登记期初余额；

2. 根据以上业务，编制通达公司2007年3月会计分录；

3. 将会计分录反映的业务登记进入“在途物资”、“原材料”、“生产成本”、“库存商品”账户；

4. 请用连接线标示出“在途物资”、“原材料”、“生产成本”、“库存商品”账户之间的关系。

第三节 会计凭证填制模拟实习

【实习目的】 掌握记账凭证的填制方法。

【实习资料】 通达公司2007年3月份发生下列经济业务：

1. 收到宏业公司归还货款35 000元，存入银行。

2. 购入甲材料100吨，每吨单位价为400元，货款以银行存款支付。

3. 向银行借入半年期借款3万元。

4. 以现金5万元发放本月工资。

5. 销售给远洋公司甲产品800件，单价120元，货款尚未收到。

6. 生产车间制造甲产品领用A材料2吨，单位成本为800元，其中，生产车间制造产品耗用1吨，车间一般耗用和企业管理部门耗用各0.5吨。

7. 计算本月固定资产折旧，其中，车间应提24 000元，厂部应提4 000元。

8. 出售废料一批，收到现金1 000元。

9. 本月完工产品实际成本为8万元，结转入库。

【实习要求】 通达公司的记账凭证种类采用收、付、转三种格式。根据以上经济业务填制相应的记账凭证。

第四节 会计账簿设置与登记模拟实习

【实习目的】

掌握记账凭证的填制，会计账簿的设置与登记，错账的查找与更正。

【实习资料】

1. 通达公司2007年3月1日“现金日记账”的余额为600元，银行存款科目其他初余额为6万元。

2. 通达公司2007年3月1日发生如下与现金收付有关的经济业务：

(1) 用现金120元支付有关购买材料运费。

(2) 张明报销出差旅费2 400元。出差前借款为2 000元。垫付部分已付给张明本人。

(3) 从银行提取现金1.8万元准备发放工资。

(4) 用现金1.8万元发放工资。

(5) 陈华报销出差费2 250元，交回借款剩余750元。出差前借款为3 000元。

(6) 出售多余的材料收到现金货款800元。

(7) 将现金1 000元存入银行。

说明：企业的记账凭证采用收款凭证、付款凭证、转账凭证三种格式。

【实习要求】

1. 根据所给的资料，首先确认应填写的记账凭证名称，根据会计分录填制记账凭证。

2. 假设除货币资金外，其他账户均无余额，根据经济业务开设总分类账、日记账和明细分类账。

3. 根据填制的记账凭证登记有关的账簿。

4. 对登记账簿过程中发现的错请用正确的方法进行更正。

第五节　会计报表编制模拟实习

【实习目的】 会计报表的编制方法。

【实习资料】

资料 1. 通达公司 2007 年 3 月损益类账户的发生额如下：

科目名称	借方发生额	贷方发生额
主营业务收入		150 000
主营业务成本	60 000	
营业税金及附加	13 000	
其他业务收入		20 000
其他业务成本	8 000	
销售费用	16 000	
管理费用	40 000	
财务费用	19 000	
资产减值损失	6 000	
投资收益		8 000
营业外收入	3 000	
营业外支出	15 000	
所得税费用	69 795	

【实习要求】 根据上述资料编制该企业 2007 年 3 月份的“利润表”。

利　润　表

编制单位：通达公司　　　　2007 年 3 月份　　　　单位：元

项　　　目	本期金额	上期金额
一、营业收入		
减：营业成本		
营业税金及附加		
销售费用		
管理费用		
财务费用		

续表

项目	本期金额	上期金额
资产减值损失		
加：公允价值变动收益（损失以“—”号填列）		
投资收益		
二、营业利润（亏损以“—”号填列）		
加：营业外收入		
减：营业外支出		
三、利润总额（亏损总额以“—”号填列）		
减：所得税费用		
四、净利润（净亏损以“—”号填列）		

资料 2. 通达公司 2007 年 3 月份总账科目及所属明细科目的期末余额如下：

总账科目	借方	贷方	明细科目	借方	贷方
应收账款	38 000		A 公司	40 000	
			B 公司		2 000
预收账款	24 000		C 公司		36 000
			D 公司	12 000	
应付账款	52 000		E 公司	14 000	
			F 公司		70 000
			G 公司	4 000	
预付账款	16 000		H 公司	22 000	
			J 公司		6 000

【实习要求】 根据资料，编制资产负债表中的应收账款项目、预付账款项目、应付账款项目和预收账款项目。

第二章 综合模拟实习

一、《基础会计》模拟实习目的

1. 针对《基础会计》所学的会计理论知识，运用模拟会计核算的程序，使学生系统地掌握基础会计理论知识和会计基本技能，从而完成学生从理论到实践的认知过程。

2. 《基础会计》综合模拟实习运用会计核算方法，帮助学生理解和掌握会计的基本知识和基本技能，从而学会如何建账、填制和审核原始凭证、编制记账凭证、科目汇总、登账结账、编制会计报表。

3. 《基础会计》综合模拟实习教学重点在于会计的基础性、系统性和完整性。以一个模拟企业的特定会计期间为背景，让学生置身于一个模拟的会计环境中，通过业务的运行、账务的处理，培养学生如何成为一个合格的会计人员。

二、《基础会计》模拟实习的要求：

1. 根据各有关总账、明细账期初余额建账。
2. 根据发生的经济业务填写原始凭证。
3. 根据原始凭证编制记账凭证。
4. 根据记账凭证编制科目汇总表。
5. 根据科目汇总表登记总账。
6. 根据原始凭证和记账凭证登记明细账。
7. 月末计算完工产品成本和已销产品成本。
8. 月末结转本月（年）利润。
9. 月末编制会计报表。

三、账户期初余额

（一）总分类账户期初余额

资　产		负债及所有者权益	
账户名称	金　额	账户名称	金　额
现金	2 000	短期借款	100 000
银行存款	290 000	应付账款	10 000
应收账款	16 000	应付票据	
应收票据		应付职工薪酬	10 000
其他应收款			
固定资产	100 000	应交税金	10 000
累计折旧		资本公积	10 000
在途物资		实收资本	350 000
原材料	60 000	盈余公积	6 000
库存商品	20 000	所得税费用	
低值易耗品		应付利润	
生产成本	8 000	本年利润	
主营业务成本		主营业务收入	
营业费用		营业外收入	
其他业务支出		其他业务收入	
制造费用		投资收益	
管理费用		利润分配	
财务费用			
营业外支出			
合计金额	496 000	合计金额	496 000

（二）明细分类账户期初余额

资产			负债及所有者权益		
账户名称	子目	金额	账户名称	子目	金额
现金		2 000	短期借款	商品流转	100 000
银行存款		290 000	应付账款	重庆东风公司	10 000
应收账款	重庆渝东公司	6 000	应付票据	上海曙光公司	
	成都宏运公司	10 000			
应收票据	成都宏运公司		应交税费	应交所得税	10 000
其他应收款	李明			应交增值税	
固定资产		100 000	应付职工薪酬		10 000
累计折旧			资本公积		10 000
在途物资	成都中远公司		实收资本		350 000
	成都飞达公司		盈余公积		6 000
原材料	甲材料	30 000	本年利润		
	乙材料	30 000	利润分配	提取盈余公积	
库存商品	A 产品	10 000		应付利润	
	B 产品	10 000		未分配利润	
低值易耗品			应付利润		
生产成本	A 产品	4 000	主营业务收入	A 产品	
	B 产品	4 000		B 产品	
主营业务成本	A 产品		其他业务收入		
	B 产品		营业外收入		
其他业务成本					
制造费用					
营业费用					
财务费用					
管理费用					
营业外支出					
所得税费用					
合计金额		496 000	合计金额		496 000

四、重庆渝都公司会计基本信息：

公司法定名称：重庆渝都公司

纳税人登记号码：13962800333

单位电话号码：68686969

单位银行账户：0003366（重庆文化宫农业银行）

五、重庆渝都公司2001年12月经济业务：

1. 12月1日，向重庆山城公司购进甲材料1 000千克，单价5.00元，价款5 000元，增值税进项税850元，货款已支付。备注：后附增值税发票、转账支票、收料单各一张。

结算方式：转账

销货单位名称：重庆山城公司

纳税人登记号码：13883600333

单位电话号码：6847513

单位银行账户：00033668（重庆农业银行文化宫）

2. 12月1日，向重庆两江公司购进乙材料500千克，单价6.00元，价款3 000元，增值税进项税510元，乙材料已收入库。货款已付。

备注：后附增值税发票、转账支票、收料单各一张。

结算方式：转账

购货单位名称：重庆渝都公司

纳税人登记号码：13962800333

单位电话号码：68686969

单位银行账户：0003366（重庆文化宫农业银行）

销货单位名称：重庆山城公司

纳税人登记号码：13883600333

单位电话号码：6847513

单位银行账户：00033668（重庆文化宫农业银行）

3. 12月1日，收到投资单位重庆胜利公司投入机器设备一台，价值1万元。设备已验收入库。

备注：后附投资协议书、固定资产转移单各一张。

4. 12月1日，从重庆市农业银行借入短期借款3万元，款项已存入银行。

备注：后附借款凭证一张。

借款单位名称：重庆渝都公司

借款单位账户：0003366

借款种类：6个月

借款金额：1万元

借款用途：购材料款

核定还款日期：2002年6月1日

实际发放日期：2001年12月1日

5. 12月2日，以银行存款偿还短期借款2万元。

备注：后附还款凭证、转账支票各一张。

借款单位名称：重庆渝都公司

借款单位账户：0003366

借款单位开户银行：重庆市农业银行

贷款单位名称：重庆市农业银行

贷款单位账户：49832178

贷款单位开户银行：重庆市农业银行

贷款到期日：2001 年 12 月 1 日

贷款种类：临时借款

还借款金额：2 万元

6. 12 月 2 日，接受重庆远大公司捐赠设备一台，价值 1 万元。

备注：后附普通发票、捐赠资产交接单各一张。

7. 12 月 2 日，经公司股东会同意，将盈余公积 4 000 元转增资本。

备注：后附关于盈余公积转增资本的决议一份。

8. 12 月 3 日，从银行提取现金 2 000 元，以备零用。

备注：后附现金支票一张。

9. 12 月 3 日，收到重庆胜利公司投入的资金 5 万元，款项存入银行。

备注：后附投资协议书、进账单、收款收据各一张。

收款人名称：重庆渝都公司

收款人开户银行：重庆市农业银行

收款人账户：0005088

付款人名称：重庆胜利公司

付款单位账户：0006155

付款单位开户银行：重庆市农业银行

10. 12 月 4 日，以银行存款 1 800 元支付给重庆市交通管理局，支付汽车养路费。

备注：后附收据、转账支票各一张。

收款单位名称：重庆市交通管理局

收款单位账户：14455666

收款单位开户银行：重庆市农业银行

结算方式：转账

11. 12 月 4 日，以银行存款 2 000 元支付给重庆商业公司房租费。

备注：后附收据、转账支票各一张。

收款单位名称：重庆市商业公司

收款单位账户：1446688

收款单位开户银行：重庆市农业银行

结算方式：转账

12. 12 月 4 日，向重庆山城公司购进甲材料 2 000 千克，单价 5.00 元，价款 1 万元，增值税进项税 1 700 元，甲材料已验收入库，货款已付。

备注：后附增值税发票、转账支票、收料单各一张。

结算方式：转账

购货单位名称：重庆渝都公司

纳税人登记号码：13962800333

单位电话号码：68686969

单位银行账户：0003366（重庆文化宫农业银行）

销货单位名称：重庆山城公司

纳税人登记号码：13883600333

单位电话号码：6847513

单位银行账户：00033668（重庆文化宫农业银行）

13．12月4日，向重庆两江公司购进乙材料5 000千克，单价6.00元，价款3万元。增值税进项税5 100元，乙材料已验收入库，货款已付。

备注：后附增值税发票、转账支票、收料单各一张。

结算方式：转账

购货单位名称：重庆渝都公司

纳税人登记号码：13962800333

单位电话号码：68686969

单位银行账户：0003366（重庆文化宫农业银行）

销货单位名称：重庆两江公司

纳税人登记号码：13883600111

单位电话号码：6847555

单位银行账户：00051555（重庆文化宫农业银行）

14．12月5日，以银行存款1万元，交纳企业所得税。

备注：后附税收缴款书、转账支票各一张。

缴款单位代码：000513

缴款单位名称：重庆渝都公司

缴款单位开户银行：重庆市农业银行

缴款单位账户：0003366

入库的金额：1万元

结算方式：转账

15．12月5日，收到购货单位重庆渝东公司偿还前欠的货款5 000元，款项存入银行。

备注：后附进账单一张。

结算方式：转账

付款人名称：重庆渝东公司

付款人账户：144732

付款人开户银行：重庆市农业银行

收款人名称：重庆渝都公司

收款人账户：53863268

收款人开户银行：重庆市农业银行

16．12月5日，以银行存款5 000元向重庆机电公司购进机车一台。

备注：后附普通发票、转账支票、固定资产验收单各一张。

付款单位名称：重庆渝东公司

付款单位账户：144732

付款单位开户银行：重庆市农业银行

结算方式：转账

17. 12 月 6 日，向重庆渝东公司销售 A 产品 300 件，单价 20 元，价款 6 000 元，增值税销项税 1 020 元，收到款项存入银行。

备注：后附增值税发票、进账单各一张。

结算方式：转账

销货单位名称：重庆渝都公司

纳税人登记号码：13962800333

单位电话号码：68686969

单位银行账户：0003366（重庆文化宫农业银行）

购货单位名称：重庆渝东公司

纳税人登记号码：13883600555

单位电话号码：6847513

单位银行账户：00033668（重庆文化宫农业银行）

18. 12 月 6 日，将多余现金 1 000 元存入银行。

备注：后付现金交款单一张。

19. 12 月 6 日，向重庆市石化公司购进 90 号汽油 300 公斤，单价 2.60 元，共计 780 元，车库领用。

备注：后附普通发票、转账支票各一张。

收款人名称：重庆市石化公司

收款人账户：100832

收款人开户行：重庆市农业银行

结算方式：转账

20. 12 月 7 日，向重庆市五金商店购进消防水桶 20 只，每只 10.00 元，共计 200 元。

备注：后附普通发票、转账支票各一张。

收款人名称：重庆市五金商店

收款人账户：100653

收款人开户银行：重庆市农业银行

结算方式：转账

21. 12 月 8 日，以银行存款支付重庆市自来水厂本月的水费 1 500 元。

备注：后附收据、转账支票各一张。

收款人名称：重庆市自来水厂

收款人账户：100928

收款人开户银行：重庆市农业银行

结算方式：转账

22. 12 月 9 日，向重庆百货公司购进信签 1 000 个，单价 1.00 元，共计 1 000 元。

备注：后附普通发票一张。

结算方式：现金

23. 12 月 10 日，生产车间领用原材料（甲材料）一批，其中：A 产品耗用 2 300 元，B 产品耗用 2 000 元。

备注：后附领料单一份。

24. 12月10日，向重庆渝东公司销售B产品200件，单价30元，价款6 000元，增值税销项税1 020元，收到货款存入银行。

备注：后附增值税发票、进账单各一张。

结算方式：转账

销货单位名称：重庆渝都公司

纳税人登记号码：13962800333

单位电话号码：68686969

单位银行账户：0003366（重庆文化宫农业银行）

购货单位名称：重庆渝东公司

纳税人登记号码：13883600555

单位电话号码：6847513

单位银行账户：00033668（重庆文化宫农业银行）

25. 12月10日，以银行存款1 000元支付给重庆明星广告公司广告费。

备注：后附普通发票、转账支票各一张。

收款人名称：重庆市明星广告公司

收款人账户：100663

收款人开户银行：重庆市交通银行

结算方式：转账

26. 12月11日，从成都中远公司购进甲材料2 000千克，单价5.00元，价款1万元，增值税进项税1 700元，运杂费400元，以银行存款支付，材料在途。

备注：后附增值税发票、托收凭证、运输发票、货物交接单各一张。

结算方式：托收

计费里程：200公里

运价率：1.00元

运费 = 计费重量（吨）× 吨公里 × 运价率

= 2 × 200 × 1.00

= 400（元）

汽属单位：成都市运输公司

发货单位详细地址：成都市青羊宫101号

收款单位详细地址：重庆市文化宫220号

包装材料：木箱

购货单位名称：重庆渝都公司

纳税人登记号码：13962800333

单位电话号码：68686969

单位银行账户：0003366（重庆文化宫农业银行）

销货单位名称：成都中远公司

纳税人登记号码：13883600333

单位电话号码：6847513

单位银行账户：00033668（成都青羊公农业银行）

27. 12 月 11 日，从成都飞达公司购进乙材料 1 000 千克，单价 6.00 元，价款 6 000 元，增值税进项税 1 020 元，运杂费 400 元，以银行存款支付，材料在途。

备注：后附增值税发票、托收凭证、运输发票、货物交接单各一张。

计费里程：200 公里

运价率：1.00 元

运费 = 计费重量（吨）× 吨公里 × 运价率

= 2 × 200 × 1.00

= 400 元

汽属单位：成都市运输公司

发货单位详细地址：成都市青羊宫 001 号

收款单位详细地址：重庆市文化宫 220 号

包装材料：木箱

结算方式：托收

购货单位名称：重庆渝都公司

纳税人登记号码：13962800333

单位电话号码：68686969

单位银行账户：0003366（重庆文化宫农业银行）

销货单位名称：成都飞达公司

纳税人登记号码：13883600333

单位电话号码：6847513

单位银行账户：00033668（成都青羊公农业银行）

28. 12 月 11 日，向重庆黎明公司购进机器设备一台，价款 1 万元，款已付。

备注：后附普通发票、固定资产验收单、转账支票各一张。

收款人名称：重庆黎明公司

收款人账户：4433668

收款人开户银行：重庆市建设银行

结算方式：转账

29. 12 月 11 日，向重庆农业银行取得借款 10 万元，款项存入银行。

备注：后附银行借款借据、借款合同各一张。

借款单位名称：重庆渝都公司

借款单位账户：0003366

借款种类：三个月借款

借款金额：1 万元

借款用途：购材料款

核定还款日期：2002 年 3 月 11 日

实际发放日期：2001 年 12 月 11 日

30. 12 月 11 日，经董事会批准同意，以银行存款 1 万元归还胜利公司投资款。

备注：后附董事会批文一份、转账支票一张。

结算方式：转账

31. 12月12日，购进甲材料验收入库。

备注：后附收料单一张。

32. 12月12日，购进乙材料验收入库。

备注：后附收料单一张。

33. 12月12日，领用甲材料4 000元，其中：生产A产品耗用2 000元，生产车间耗用1 000元，厂部管理部门耗用1 000元。

备注：后附领料单一份。

34. 12月12日，领用乙材料6 000元，其中：生产B产品耗用4 000元，生产车间耗用1 000元，厂部管理部门耗用1 000元。

备注：后附领料单一份。

35. 12月13日，以银行存款支付贷款利息2 000元。

备注：贷款利息通知单一份。

贷款账户名称：重庆渝都公司

贷款账户号码：0003366

利息计算时间：2002年9月13日—12月13日

利息金额：2 000元

36. 12月13日，计提本月固定资产折旧4 000元。其中：生产车间计提2 000元，厂部管理部门计提2 000元。

备注：后附固定资产折旧表一份。

37. 12月13日，以银行存款3 000元向重庆供电局支付当月电费。其中：生产车间耗用2 000元，厂部管理部门耗用1 000元。

备注：后附收据、转账支票各一张。

收款人名称：重庆市供电局

收款人账户：668823

收款人开户银行：重庆市建设银行

结算方式：转账

38. 12月14日，采购员李明借差旅费1 000元，以现金支付。

备注：后附借款凭条一张。

39. 12月15日，向重庆五交化公司购进小台称一台，单价130元。

备注：后附普通发票、转账支票各一张。

收款人名称：重庆市五交化公司

收款人账户：1116899

收款人开户银行：重庆市农业银行

结算方式：转账

40. 12月15日，收到重庆胜利公司投资款2万元，款项已存入银行。

备注：后附投资协议书、进账单、收款收据各一张。

结算方式：转账

41. 12月15日，退休职工刘新报住院费350元，以现金支付。

备注：后附住院费用单一份。

42．12 月 15 日，向重庆渝东公司销售 A 产品 500 件，单价 20 元，价款 1 万元，增值税销项税 1 700 元，收到货款存入银行。

备注：后附增值税发票、进账单各一张。

结算方式：转账

销货单位名称：重庆渝都公司

纳税人登记号码：13962800333

单位电话号码：68686969

单位银行账户：0003366（重庆文化宫农业银行）

购货单位名称：重庆渝东公司

纳税人登记号码：13883600555

单位电话号码：6847513

单位银行账户：00033668（重庆文化宫农业银行）

43．12 月 16 日，用现金支付给重庆市明星广告公司广告费 1 000 元。

备注：后附普通发票一张。

结算方式：现金

44．12 月 17 日，李明报销差旅费 800 元，先借款 1 000 元，余款退回现金。

备注：后附差旅费一份。

45．12 月 17 日，重庆黎明公司破产倒闭多年，清算因长期无法支付的应付账款 1 万元，经批准转作资本公积。

46．12 月 18 日，用现金 1 000 元支付给重庆市交通局罚金，由于司机违章操作。

备注：后附收据一张。

47．12 月 18 日，向成都晓光公司销售 A 产品 1 000 件，单价 20 元，价款 2 万元，增值税销项税 3 400 元，同时，收到成都晓光公司签发的商业汇票一张。

备注：后附增值税发票一张。

结算方式：商业汇票

销货单位名称：重庆渝都公司

纳税人登记号码：13962800333

单位电话号码：68686969

单位银行账户：0003366（重庆文化宫农业银行）

购货单位名称：成都晓光公司

纳税人登记号码：13883600555

单位电话号码：6847513

单位银行账户：00033668（成都青羊公农业银行）

48．12 月 19 日，以银行存款 5 000 元向重庆市社会福利机构捐赠灾区贫困儿童。

备注：后附收据、转账支票各一张。

收款人名称：重庆市儿童福利院

收款人账户：4988653

收款人开户银行：重庆市农业银行

结算方式：转账

49. 12 月 19 日，从银行提取现金 2 000 元备用。

备注：后附现金支票一张。

50. 12 月 20 日，以现金 1 200 元支付给重庆市邮电局，订明年的报刊杂志。

备注：后附普通发票一张。

结算方式：现金

51. 12 月 21 日，领用甲材料 15 700 元。其中：A 产品耗用 8 000 元，B 产品耗用 7 000 元，车间耗用 500 元，厂部耗用 200 元。

备注：后附领料单一张。

52. 12 月 21 日，领用乙材料 16 400 元。其中：生产 A 产品耗用 8 000 元，生产 B 产品耗用 8 000 元，生产车间耗用 300 元。厂部管理部门耗用 100 元。

备注：后附领料单一张。

53. 12 月 21 日，从成都飞达公司购进乙材料 1 000 千克，单价 6.00 元，价款 6 000 元，增值税进项税 1 020 元，运杂费 200 元，开出商业汇票一张。

备注：后附增值税发票、商业汇票各一张。

结算方式：商业汇票

购货单位名称：重庆渝都公司

纳税人登记号码：13962800333

单位电话号码：68686969

单位银行账户：0003366（重庆文化宫农业银行）

销货单位名称：成都飞达公司

纳税人登记号码：13883600333

单位电话号码：6847513

单位银行账户：00033668（成都青羊公农业银行）

汇票到期日：3 月 22 日

计费里程：200 公里

运价率：1.00 元

运杂费 = 计费重量（吨）× 吨公里 × 运价率

= 1 × 200 × 1.00

= 200 元

汽属单位：成都市运输公司

发货单位详细地址：成都市青羊宫 101 号

收款单位详细地址：重庆市文化宫 220 号

包装材料：木箱

54. 12 月 22 日，乙材料验收入库。

备注：后附收料单一张。

55. 12 月 22 日，计算本月应付工资总额 14 000 元。其中：生产 A 产品工人的工资 5 000 元，生产 B 产品工人的工资 5 000 元，车间管理人员的工资 2 000 元，厂部管理人员的工资 2 000 元。

备注：后附工资计算单据一张。

56．12 月 23 日，按应付工资总额的 14%计提本月职工福利费。

备注：后附单据一张。

57．12 月 24 日，在重庆劳保商店购进车间用的劳保用品 500 元，现金支付。

备注：后附普通发票一张。

58．12 月 24 日，向成都晓光公司销售 B 产品 1 000 件，单价 30 元，价款 3 万元，增值税销项税 5 100 元，代垫运杂费 200 元，货款未收。

备注：后附增值税发票、托收凭证、转账支票各一张。

结算方式：托收

销货单位名称：重庆渝都公司

纳税人登记号码：13962800333

单位电话号码：68686969

单位银行账户：0003366（重庆文化宫农业银行）

购货单位名称：成都晓光公司

纳税人登记号码：13883600555

单位电话号码：6847513

单位银行账户：00033668（成都青羊公农业银行）

59．12 月 25 日，提取现金 14 000 元，准备发放本月工资。

备注：后附现金支票一张、工资结算清单一份。

60．12 月 25 日，向成都飞达公司销售 A 产品 500 件，单价 20 元，价款 1 万元，增值税销项税 1 700 元，代垫运杂费 500 元。收到商业汇票一张。

备注：后附增值税发票、商业汇票各一张。

结算方式：商业汇票

销货单位名称：重庆渝都公司

纳税人登记号码：13962800333

单位电话号码：68686969

单位银行账户：0003366（重庆文化宫农业银行）

购货单位名称：成都飞达公司

纳税人登记号码：13883600555

单位电话号码：6847513

单位银行账户：00033668（成都青羊公农业银行）

61．12 月 26 日，年终盘点清算，发现甲材料盘盈 50 千克，单价 5.00 元，价款 250 元，经调查，是由于收发计量不准造成。

备注：后附存货盘点盈亏报告表一张。

62．12 月 26 日，经公司研究决定，将此盘盈材料的价值冲减管理费用处理。

63．12 月 26 日，年终盘点清查，发现乙材料盘亏 50 千克，单价 6.00 元，价值 300 元，经调查，是由于收发计量不准造成的。

备注：后附存货盘点盈亏报告表一张。

64．12 月 26 日，经公司研究决定，将此盘亏的乙材料转作管理费用处理。

65．12 月 26 日，在年终财产清查中，盘盈机器设备一台，估计价值 2 万元，已计提折旧5 000元，报有关部门批准。

备注：后附固定资产盘点盈亏报告表一张。

66．12月26日，经公司研究决定，将此盘盈的设备转作营业外收入。

67．12月27日，收到成都晓光公司划来的货款35 300元。

备注：后附托收凭证一张。

68．12月27日，向重庆光明公司销售A产品800件，每件20元，价款16 000元，增值税销项税2 720元。货款已收到。

备注：后附增值税发票、进账单各一张。

结算方式：转账

销货单位名称：重庆渝都公司

纳税人登记号码：13962800333

单位电话号码：68686969

单位银行账户：0003366（重庆文化宫农业银行）

购货单位名称：重庆光明公司

纳税人登记号码：13883600555

单位电话号码：6847513

单位银行账户：00033668（重庆文化宫农业银行）

69．12月27日，向重庆航天公司销售B产品1 000件，每件30元，价款3万元，增值税销项税5 000元，货款已收到。

备注：后附增值税发票、进账单各一张。

结算方式：转账

销货单位名称：重庆渝都公司

纳税人登记号码：13962800333

单位电话号码：68686969

单位银行账户：0003366（重庆文化宫农业银行）

购货单位名称：重庆渝东公司

纳税人登记号码：13883600555

单位电话号码：6847513

单位银行账户：00033668（重庆文化宫农业银行）

70．12月27日，结转本月A产品产品成本。

备注：后附产品成本计算表一张。

71．12月27日，结转本月B产品产品成本。

备注：后附产品成本计算表一张。

72．12月28日，汇总制造费用，月末将制造费用汇总分配计入A、B产品成本。

备注：将本月发生的制造费用按A、B产品生产工人的工资比例分配计入A、B产品的成本。

分配率＝制造费用总额×A、B产品生产工人工资

A产品应分配的制造费用＝A产品生产工人工资×分配率

B产品应分配的制造费用＝B产品生产工人工资×分配率

73. 12月28日，结转本月已销售产品成本。

备注：后附产品销售成本计算表。

74. 12月30日，将本月实现的各项收入转入“本年利润”账户。

75. 12月30日，将本月发生的各项成本费用结转到“本年利润”账户。

76. 12月30日，按利润总额的33%计算应交所得税。

77. 12月30日，将本月所得税结转到“本年利润”账户。

78. 12月30日，按税后利润的50%计算给应付给投资者的利润。

79. 12月30日，年末将“利润分配”各明细账的余额转入“利润分配—未分配利润”账户。

80. 12月30日，年末将“本年利润”转入“利润分配—未分配利润”账户。